Good Classroom 寻找中国好课堂

中国教育报刊社人民教育家研究院
明远未来教育研究院　组编

因材循导 自觉建构

潘建明自觉教育初中数学课型15例

潘建明 —— 著

开明出版社

图书在版编目(CIP)数据

因材循导　自觉建构：潘建明自觉教育初中数学课型 15 例/潘建明著.
—北京：开明出版社，2022.8
 ISBN 978-7-5131-7479-4

Ⅰ.①因… Ⅱ.①潘… Ⅲ.①中学数学课－教案(教育)－初中
Ⅳ.①G633.602

中国版本图书馆 CIP 数据核字(2022)第 061697 号

责任编辑：张慧明

YINCAI XUNDAO ZIJUE JIANGOU PAN JIANMING ZIJUE JIAOYU CHUZHONG SHUXUE KEXING 15LI

因材循导　自觉建构：潘建明自觉教育初中数学课型 15 例

作　者：	潘建明
出　版：	开明出版社
	（北京市海淀区西三环北路 25 号　邮编 100089）
印　刷：	北京飞达印刷有限责任公司
开　本：	787mm×1092mm　1/16
印　张：	22.5
字　数：	320 千字
版　次：	2022 年 8 月第 1 版
印　次：	2022 年 8 月第 1 次印刷
定　价：	68.00 元

印刷、装订质量问题，出版社负责调换。联系电话：(010)88817647

寻找中国好课堂

丛书编委会

总 顾 问：顾明远　史宁中
编委会主任：夏　越　吕同舟
编委会副主任：李有增　咸　平　张圣华　张天国
编　　　委：（以姓氏笔画为序）

于　漪	万玉霞	马　承	王　君
王红梅	王海兴	王崧舟	王瑜琨
支玉恒	任　勇	华应龙	关　超
孙双金	阳玉涓	李　桢	李素香
吴正宪	邱学华	余映潮	汪智星
汪瑞林	张天国	张玉新	张圣华
张齐华	张学伟	张新洲	陈　琴
陈雨亭	罗才军	周远生	赵谦翔
贲友林	咸　平	俞正强	祝　禧
夏　越	倪　花	徐　斌	徐长青
唐江澎	唐彩斌	龚雄飞	盛新凤
彭才华	董一菲	曾军良	赖配根
潘小明	潘建明	薛法根	魏书生

主　　　编：张新洲　赖配根
副 主 编：王瑜琨　齐林泉　汪瑞林　关　超
项 目 编 辑：田洪江　杨翠艳

中国教育报刊社人民教育家研究院
明远未来教育研究院　　　　　　　组编

总序

寻找中国好课堂

《中共中央 国务院关于深化教育教学改革全面提高义务教育质量的意见》（以下简称《意见》）指出："强化课堂主阵地作用，切实提高课堂教学质量。"那么，为什么要强化课堂主阵地作用？

第一，课堂是实施教育教学的主要场所，课堂教学是完成国家课程标准的主要形式，而国家课程标准规定的内容是落实国家教育方针，为培养德、智、体、美、劳全面发展的社会主义建设者和接班人而制定的具体的教育内容，体现了国家意志。只有达到了课程标准的要求，才能完成育人的任务。课程标准的实施，关键在教师的课堂教学。教师必须认真学习研究国家课程标准和各学科的标准要求，认真上好每一节课，教好每一个学生。课堂教学做不好，国家课程标准就会落空。

第二，课堂教学是培养发展学生思维的主渠道。《意见》要求："教师课前要指导学生做好预习，课上要讲清重点难点、知识体系，引导学生主动思考、积极提问、自主探究。"就是说，课堂教学不只是简单地传授现存的知识，而是要在教学过程中发挥学生学习的主体性，引导学生探索和思考，通过对课文的辨析，培养学生的思维能力。传统的课堂教学，往往只是老师提问，学生回答，很少让学生自己提出问题，自己探索寻求答案。有的老师把课文分析得很透彻，但学生接受多少却是一个未知数。只有会思考并能提出问题，才能培养学生的批判性思维、创新性思维。面对当前社会和经济的变革，科技的日新月异，许多研究表明，当今社会展开竞争的并不单纯是机器人，而是人类的头脑。只有不断突破思维定式，才能适应时代的变化。因此，课堂是帮助学生发展思维的主要场所。

第三，学习需要在集体中进行。当前有一种误解，认为个性化学习就是个别学习、孤立的自我学习。其实，学习需要在集体环境中进行。课堂是集体学习最好的场所，学生在课堂上与教师、同伴互相讨论、互相启发，甚至互相争论，能够促进思维的发展，以及对知识的深刻理解。同时，在与同伴共同学习中能培养学生的交流能力与合作精神。这是当今社会最重要的能力和品质。

第四，学习要靠教师引领和熏陶。教师不仅仅是知识的传授者、学习的组织者，教师的一言一行都在影响着学生。教师自身的知识魅力和人格魅力都会在课堂教学过程中展现出来，影响着学生。所以，立德树人的任务也主要通过课堂教学来实现。

课堂教学需要改革。《意见》指出："融合运用传统与现代技术手段，重视情境教学；探索基于学科的课程综合化教学；开展研究性、项目化、合作式学习。精准分析学情，重视差异化教学和个别化指导。"在当今信息化、数字化、人工智能时代，传统的课堂教学已经不能适应形势的要求。课堂教学改革的核心是把教师的教转变为学生的学。要充分估计学生的潜力，发挥他们的潜能。教师要充分认识信息技术的差异性、开放性、互动性等特点，融合运用传统与现代技术手段，改变课堂教学的模式和方法。

因此，寻找中国好课堂，是新时代教育发展的需要，是全面提高教育质量的需要，是服务于"立德树人"目标的需要，是深化教育教学改革的需要。

中国基础教育从来就有许多好老师，从来就有许多好课堂。我们有1400多万名中小学教师，他们大多数人有教育情怀，深爱教育事业，真诚为孩子成长着想，探索创造了许多有效的教学方式和策略，有的甚至形成了自己的课堂风格，并提炼出自己的教学思想，影响、引领了众多教师超越自我，走向卓越。

好课堂扎根中国优秀传统文化土壤、遍布中国大地，需要我们用心去挖掘、去提炼。但是多年来，能够充分体现教师综合素质的精彩课堂常常被忽略。有的人习惯从国外引进一些时髦的教育理念，而忽略了总结我们本土一线的教书育人的成功经验。然而，有效的教育教学思想和方法往往是从本民族的传统文化中生长出来的，生搬硬套别国的做法是不可取的，结果都不理想。只有祛除"文化自卑"心态，我们才会真正地发现李吉林、王崧舟、窦桂梅、唐江澎等老师精彩的语文教学课堂，吴正宪、华应龙、唐彩斌等老师生动的数学教学课堂……这样的课堂我们还可以举出一大串，就如"寻找中国好课堂"丛书收入的课例，每一个都闪耀着教育教学智慧。我们应该认真总结中国课堂的经验，讲好中国教育故事。

中国教育报刊社人民教育家研究院组织编写的"寻找中国好课堂"丛书，正是基于新时代、新课标、新课程改革，积极探寻符合学生成长需求和时代要求的教育教学规律，服务于全国的课堂教学改革。

"寻找中国好课堂"丛书，从"教学设计""课堂实录""课后反思"等方面（具体设计栏目每本有所差异），全景展示出优秀教师上好每一堂课的风采和他们的"工匠精神"。"寻找中国好课堂"丛书的一个可贵之处，就在于其呈现的课例都是经受深化教育教学改革的风雨，在我们中国这块广袤的土地上吸吮中华优秀传统文化的养料并与广大同行互动交流结出的硕果，因此它们不仅属于中国，也属于世界。

让我们走进课堂，走进教育的深处，走向中华民族伟大复兴的美好未来！

中国教育学会名誉会长

顾明远

2020年元月

前言

走向数学素养教育的智慧深处

数学是人类最高超的智力成就之一,也是人类心灵最独特的思维创作。数学就是这样美好,它澄净人的心魂,涤尽人的蒙昧,增长人的智慧,给人的睿智思想添辉。数学素养教育是科学,科学的价值在于求真;数学素养教育是艺术,艺术的生命在于创新。数学素养教育的意义在于唤醒人的德行、理性和创造性(包括数学教育人本身)。

我们对数学素养教育的认识常常会受到我们所处的时空的限制,稳固的思维范式没有摆脱先验性的价值判断和演绎性论断的束缚,我们很难走出"先验的围城"。然而时代变革的浪潮正以惊人的速度与力度影响并改变着我们的生存方式、学习方式和教学方式,它激起了我们对数学素养教育教学的反思,我们开始关注每个学生成才的不同潜能,开始相信"教学过程"其实就是学生"本质潜能"的开发和释放过程。

"本质理解"数学知识、数学文化、数学教育、数学素养、数学教学、学生的数学发展需要和学生的数学学习是做好数学教育人的重要前提。我们正处在新旧教育教学方式更替、冲突、交融、过渡时期,在新的教育转型期,必须用超越的眼光来观照当前的数学素养教育,以期获得一种对数学素养教育的"本质理解",让我们找到自己数学教育教学行为"健康发展"的"可靠起点"。我们要排除一切杂念,摒弃一切功利意识,耐得住寂寞,挡得住诱惑,改变自己的生存状态、心智模式和行走方式,走向数学素养教育的智慧深处。

任何教育思想都要在哲学、人文、科学等方面经得起时代的检验和洗礼,自觉数学教育思想也不应该例外。我本着追求真理的热忱,仰望中国数学素养教育的深邃星空,从观照中国数学素养教育进程的独特视角,凭着对数学素养教育浅薄的理解,大胆诠释生发,秉笔直书、不尤方正。数学素养教育博大精深,我所追求的"自觉数学教育思想"只是其浩瀚长河中的一朵浪花,在这本《因材循导 自觉建构——潘建明自觉教育初中数学课型15例》的撰写过程中,由于研究的时间不长、理论基础不够丰厚,囿于有限的数学教育教学视界,思想也不够敏锐和深邃,不免有错误和不足之处,敬请各位前辈、专家和同人批评斧正,其所谓嘤其鸣兮,求友其同音,亦寻其异声耳。

潘建明

2022年2月6日于江苏常州

目录

绪论 "自觉数学课堂"精要解读/001

课例1 章头起始课：关注整体结构，明晰学习策略
——以苏科版数学教材七年级下册"第三章 从面积到乘法公式"章头图教学现实为例/009

  教学主张/009

  教学设计/011

  课堂实录/019

  教学反思/030

  同行品悟/032

课例2 代数概念课：揭示本质内涵，促进自觉生成
——以苏科版数学教材九年级上册"一元二次方程(1)"教学现实为例/035

  教学主张/035

  教学设计/038

  课堂实录/043

  教学反思/052

  同行品悟/053

课例3　几何概念课：教、学、做相统一，讲、探、练相结合

　　——以苏科版数学教材九年级上册"圆(1)"教学现实为例/056

教学主张/056

教学设计/060

课堂实录/065

教学反思/073

同行品悟/075

课例4　法则新授课：促进内化，明晰"法理"

　　——以苏科版数学教材七年级上册"有理数加减法(1)"教学现实为例/078

教学主张/078

教学设计/081

课堂实录/085

教学反思/092

同行品悟/094

课例5　公式新授课：揭示公式本质，注意适用前提

　　——以苏科版数学教材八年级上册"平均数"教学现实为例/097

教学主张/097

教学设计/099

课堂实录/105

教学反思/114

同行品悟/116

课例6 定理新授课：真正理解，熟练掌握，灵活运用
——以苏科版数学教材八年级下册"三角形的中位线"教学现实为例/119

教学主张/119

教学设计/122

课堂实录/127

教学反思/133

同行品悟/135

课例7 例题教学课：建立关系理解，悟透方法规律
——以北师大版数学教材九年级下册"何时获得最大利润"教学现实为例/138

教学主张/138

教学设计/141

课堂实录/146

教学反思/155

同行品悟/157

课例8 习题讲评课：强化知识技能，形成迁移能力
——以苏科版数学教材七年级下册第37页"第18题等习题"教学现实为例/160

教学主张/160

教学设计/163

课堂实录/169

教学反思/174

同行品悟/176

课例9　图象作图课：数形结合，明晰机理

——以苏科版数学教材八年级上册"一次函数的图象(1)"教学现实为例/179

教学主张/179

教学设计/181

课堂实录/187

教学反思/197

同行品悟/199

课例10　尺规作图课：正确有序操作，明晰方法原理

——以苏科版数学教材九年级中考第一轮复习"尺规作图"教学现实为例/202

教学主张/202

教学设计/205

课堂实录/211

教学反思/220

同行品悟/222

课例11　单元复习课：关注知识体系化，促进深化与提高

——以苏科版数学教材七年级下册"第十章　二元一次方程组"复习课
教学现实为例/225

教学主张/225

教学设计/228

课堂实录/232

教学反思/239

同行品悟/241

课例12　专题复习课：加强综合运用，提升策略水平

——以苏科版数学教材九年级数学中考专题复习"一线三等角"教学现实为例/244

教学主张/244

教学设计/247

课堂实录/253

教学反思/260

同行品悟/262

课例13　考前"点睛"课：梳理典型问题，关注节点发力

——以苏科版数学教材八年级上册"第六章　一次函数"检测"点睛"教学现实为例/265

教学主张/265

教学设计/267

课堂实录/275

教学反思/283

同行品悟/285

课例14　考后讲评课：分类汇总，突出要点，提炼升华

——以苏科版数学教材九年级上学期期中数学试卷讲评教学现实为例/288

教学主张/288

教学设计/292

课堂实录/302

教学反思/311

同行品悟/313

课例15 综合实践课:自觉体悟,促进智慧生成
——以苏科版数学教材九年级下册"相似三角形(2)——中心投影"教学现实为例/316

教学主张/316

教学设计/320

课堂实录/325

教学反思/330

同行品悟/332

后记 走出当前初中数学教育现状的误区和局限性/335

绪论

"自觉数学课堂"精要解读

教育的现代化,不仅表现为显性的教育设施设备和教育教学技术的现代化,更重要的是隐性的促进学生终身成长的培育过程中表现出的策略水平、方法途径和能力素养的现代化!数学教育的理性不仅要关注如何让数学素养教育走向有效和高效,而且要关注如何让数学素养教育走向优效和优质,更重要的是关注如何让数学素养教育走向有序和有道。这些都是我们不得不深入探究的重要问题。

自觉数学课堂,既是"以学生学习为中心"的一种数学教育教学理念,又是我们的数学课堂教学能因材循导、促进学生自觉生成的价值追求。我们只有认识并改变了教学观念,教育教学行为才有可能改变课堂状态。我们要追求的是"教得生动、学得愉快;阳光活泼,宽广深刻"的教学境界。然而,在当下的教育秩序中,除了狭隘的灌输、刷题、测试和讲评之外,尚未有效设计出评估将来学生在工作和生活中真正重要的那些更宽泛的能力的方法,如判断力、诚信、求知欲、好奇心、创造性、自我激励、耐力、热情、交际技能等复杂特征。因此,我们要开放课堂,活化教学策略,延伸课堂功能,让学生经历学习体验,把动手的时间、空间最大化地留给学生,构建促进学生个性发展的新课堂。

这里先解读"自觉①"的含义。一名学生成不成才是由多方面因素决定的,其中最主要的是"他教"与"自教"是否达到了有机统一。"他教"就是他人(主要是教师)的讲授、启发、引导、释疑、示范等;"自教"就是受教育者的自我认识、自我要求、自我学习、自我思考、自我批判、自我进步等。自觉数学教育思想旨在增强学生的"自教"能力、激活教师的"他教"智慧,以期促进教育教学"生产关系"不断完善,教与学的"生产力"得到有效提升,特别是要激发学生"本质潜能"的释放。"自觉"是指唤醒学生的责任意识,实现自律和自主等内在自我发现、外在创新的自我解放意识,体现自我实现、自我完成和实现自我。这里的"自觉"主要表现为:

(1)自主:在教师的帮扶下逐步学会自主学习,走向自主成功。

(2)责任:指无须他人鞭策,能主动地采取适当的行动达成学习目标。

(3)自律:指在无外界强力的情况下,追求达成目标的能力。

(4)自强:指(向优秀的同伴学习)不断超越原来的自己。

(5)自为:指培养自己创新性动手能力。

(6)觉②悟:不断觉察反思、理论与实践的双向检视感悟。

自觉数学教育思想的本质就是让自己和别人在不断的"再自觉"过程中变得越来越美好。自觉的真正意义在于立足"平凡"去创造"不平凡"。教育教学过程本身是促进也是束缚学生发展的最大力量,我们要从数学课堂的组织层面和教学策略运用水平上来关注对数学课堂中学生生活方式的改造。

---

①自觉的英文是consciousness,《现代汉语词典》对"自觉"的解释是"自己有所认识而觉悟"。自觉的"自"是主动、自身的意思;"觉"是从自身出发,看周围的客体,并分析各个客体的规律关系。"自觉"表征为观点和态度,一定的观点和态度则根源于主体因认识而达到对对象的深刻理解,做到自我实现、自我完成、实现自我。自觉的哲学意义是内在自我发现、外在创新的自我解放意识,是创造自我的基本规律,是人类在自然进化中通过内外矛盾关系发展而来的基本属性,表现为对于人自我存在的必然维持和发展。佛道修炼境界便是要做到"自觉""觉他",进而达到"觉行圆满"。

②觉:觉势、觉人、觉事、觉智慧。

我们要还给学生理性的自由、人格的自由、心灵的自由和创新的自由，要让知识逻辑程序转化为学生的心理程序，要努力培养学生勇于自我超越的"积极精神"，打破学生数学学习中的僵化思维和自我封闭意识，把感悟、反省、质疑和批判作为一种生活方式，让学生学会自我否定和自我超越。

"自觉数学教育思想"重在体现：主导自觉、主体自觉和支持自觉。

(1)主导自觉。关注的是在教育教学过程中的导学(导读、导思、导练和导悟等)、导行(习惯、责任、方法、策略等)和导向(人生观、价值观、世界观和哲学观)等。

(2)主体自觉。反映的是在教育教学过程中造就学生的责任意识(学习心向、学习自信、阳光品质等)、自组织策略(自主性、效能性、批判性和创新性等)和自为能力(操作实践、素养要求、策略运用、学以致用等)。

(3)支持自觉。体现的是在教育教学过程中重在对学生学习的服务与支持，一般有高效呈现方式、适切资源推送、适合教法选择、利学环境营造、学习方法指导和平台工具使用等。

自觉数学教学主张的是在学生进行深入思考的基础上分析学生学科发展需要，针对学生差异精心设计和组织学习活动，做到因材循导、用变易原理(变式教学)突破学生认识上的封闭性，在多维互动和平等对话中，促进学生自觉体悟；在习惯培养(学习习惯和思维习惯)和方法引领(学习方法和学科思想方法)中，提升策略(发现问题、提出问题、分析问题和解决问题)运用水平和学习的自组织能力。本书由于篇幅的限制，主要阐述自觉数学课堂的创建。

自觉数学课堂既是"以学生学习为中心"的一种教育理念，也是培养学生良性差异互动、变式感悟的一种操作策略，更是因材循导，促进学生自觉感悟的根本旨归。它严格遵循学生原有的数学知识背景、认知差异和数学发展需要，遵从学生数学知识、能力和情感所组成的逻辑链生长的规律，以学生发展为本做起点，以因材循导为抓手，以自觉体悟为旨归，尊重学生个体差异，着力培养学生数学思维的严密性、深刻性、求异性、创新性和批判性；从而凝成可贵的数学学习品质，进而学会自我观照、自我调整，并最终达成自觉自悟、自我超越的理想目标。"自觉数学课堂"是以"学生发展为本"为基础，关注数学教育的全纳性（学生多向度潜能的开发）、全人性（学生本质力量的释放）和全面性（学生数学世界图景的建构），促进学生的自觉成长。

自觉数学课堂具体体现在：

(1)关注学生的个体差异和数学发展的需要，主动激发学生的"好奇心"、想象力，关注"问题意识"的养成，让学生经历尝试和探索过程，在做中体验感悟、增强实践能力和积累活动经验。

(2)通过多维互动展示思维过程，培养学生思维的严谨性、深刻性、求异性、创新性和批判性。

(3)通过高效的知识呈现方式，打破学生在认识上的封闭性，让学生在感悟过程中，掌握高效的学习策略，不断提升学习力，自觉养成良好的学习品质。

(4)让学生在数学课堂的人际交往过程中，形成阳光品质（自信、尊重、激情、灵动、活力和创新），并学会自我否定和自我超越，促进人格健全发展，而不是只关注数学知识表面化的力量，不求本质理解；纠缠学术规范，不注意创新思维的培养；关注学生"好胜心"的培养，而不是关注"好奇心"的养成；注重标准答案让学生学"答"，而不是学"问"；避免自主学习、合作学习和探究学习被形式化和空壳化，学生被培养为高分低能的"考试机器"。

自觉数学课堂结构图谱,如图绪 1-1 所示。

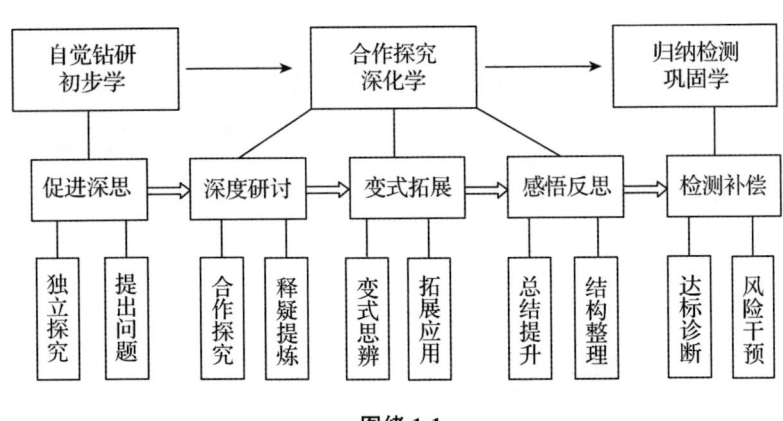

图绪 1-1

自觉数学课堂要从效度、广度、密度、深度、自觉度和适切度等维度来考量。效度,就是教学目标的达成度;广度,就是教学内容和组织面向全体的程度;密度,就是教学内容的量度是否适当;深度,就是学生的思维有效参与的深入程度;自觉度,就是学生积极主动参与的程度;适切度,就是教师采用的教学策略的适合程度。具体表现在:

(1)效率优先。以最快的速度、最高的效益和效率促进学生在知识与技能、过程与方法、情感态度与价值观"三维目标"上获得整合、协调、可持续的进步和发展。

(2)发展本位。"优效课堂"的真正奥秘在于"优效学习",要让学生实现"学会知识—基础学习能力—终身发展能力—成长智慧"的优效成长。

(3)和谐集约。发扬教学民主,在分析问题、讨论问题中积极鼓励学生大胆质疑、提看法,使学生在协作学习中有"解放感""轻松感"。

(4)学习中心。以学生发展为本,课堂教学的一切活动都要围绕学生学习这一中心来组织。

(5)灵活开放。解放学生的头脑、眼睛、双手、时间和空间,解放他们的思想，放飞他们的心灵，让学生的数学学习变得有趣味、有活力、有情境、有挑战性。

(6)动态生成。师生之间、生生之间和生本之间知识的汇聚、思维的碰撞、思想的交锋、情感的融合，将我们的有效教学转化为学生的有效学习。

自觉数学课堂的"十维标准"：

(1)目标——目的性，方向感。

(2)真实——存在性，生活感。

(3)亲切——亲情性，安全感。

(4)渐进——台阶性，自然感。

(5)激趣——生动性，兴奋感。

(6)良序——科学性，渐进感。

(7)扎实——充实性，厚重感。

(8)变化——思辨性，启迪感。

(9)开放——多元性，开阔感。

(10)智慧——策略性，成就感。

自觉数学课堂一般不提教学模式，旨在防止模式被固化，提倡让教师利用五大策略元素根据不同的课型进行创造性的设计和实施，从中提升教师的创造与创新能力，去唤醒学生的德行、激活学生的本质潜能、培育数学核心素养。自觉数学课堂的教学策略元素是"深思—展评—变式—体悟—回归"，旨在关注学生学习力的提高、优秀学习品质的养成和人格的健全。我们把数学教学提升到生命层次，使教学过程成为学生的生命被激活、被发现、被欣赏、被丰富、被尊重的过程，成为学生生命的自我发展、自我生成、自我超越、自我升华的过程。

自觉数学课堂五大策略元素[①]：

[①]策略元素没有先后逻辑顺序之分，可根据学情和教情进行合理选择。

(1) 深思——引发探究，深层思考，促进真学；

(2) 展评——提出问题，展示成果，多维促进；

(3) 变式——变式引领，扩开思域，学会创新；

(4) 体悟——实践感悟，互动领悟，自我觉悟；

(5) 回归——立足四基，凸显本质，提高四能。

新课程改革已经走向内涵发展期，其最显著的特征是要进行教育教学行为文化的深层次变革，它从以学科体系为中心向以学生的学习为中心变革，从关注教得完整向着学生学得完整变革。"因材循导、自觉体悟"的教学思想和策略的立足点是：学生的数学素养是多元的、综合的、立体的，其数学学习力的提升应遵从"简单模仿—初步掌握—本质理解—自觉运用—素养形成"的递进原则；"以学生发展为本的数学"是尊重学生差异、满足学生的数学发展需要，以学生全人发展为核心，促进学生全方位释放"本质潜能"。中国有良好的数学教育教学传统，我们只不过是试图将它的合理性进行适当的整理与规范而加以重新说明，通过整理、改造与规范，处理好继承和创新的关系，让中国的数学教育教学传统焕发出新的生命活力，使得我们的数学教学不再是一个传递内容而与人的成长无关的"管道"，而是不断加强对学生"数学气韵"熏陶的全人教育，是师生共同追求人格自由与个性解放的"自觉成长"过程。

什么是课型？所谓课型，一般指根据教学任务而划分出来的课堂教学的类型。换个角度来说，课型就是由一节课的教学内容、教学目标、教学方式、师生双方在教学中的地位所决定的一种课堂的教学结构。根据不同的需求（或研究线索），初中数学课堂可分为不同的课型。本书中的"课型分类"结构图谱如图绪1-2所示。本书中的15种课型是按初中数学常态教学线索进行分类的。并不是初中数学课堂中只有这15种课型，限于本书的篇幅，

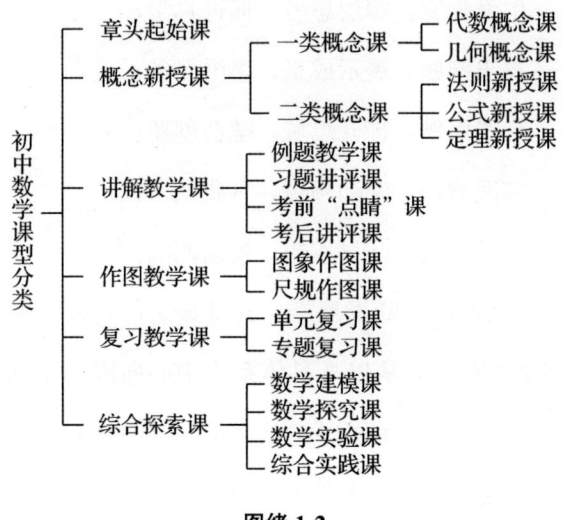

图绪 1-2

这里只给出常态教学的 15 种课型。这 15 种课型中的课例，只是为提升各位同人的"教学创造"提供一些参考的线索而已。

注：本书中的课例，以苏科版初中数学教材为主，以北师大版教材为辅。

课例 1

章头起始课：关注整体结构，明晰学习策略
——以苏科版数学教材七年级下册"第三章 从面积到乘法公式"章头图教学现实为例

教学主张

新课程改革以来，我国数学教材的编写思路由"部分—整体"转变为"整体—部分—整体"，人教版、北师大版、苏教版等初中数学教材，在章（单元）开头部分都增设了章头引言内容，也就是"章头图""章头语""章头问题""本章内容概述"等内容，有的甚至还罗列了本章的学习目标等。初中数学的知识体系整体呈现出环环相扣、层次递进的知识联系特征。因此，我们可以利用初中数学知识内容的这一特征，带领学生根据教材章节的安排来建构知识架构，从而方便学生系统地掌握所有的知识点。实际上，数学章头起始课是数学教学内容的重要组成部分，具有一定的"宏观调控"性，起

着为学生提供建构章节知识的框架与探究基本线索和学习方法的有效选择等作用。事实上，以"章头课"研究为切入点深化单元整体教学，可以提高整体单元的教学效率。章头起始课为学生学好本单元知识、能力提升、素养形成打开了一扇窗，给学生更好地提高学习效率找到一个突破口，能激发学生积极主动、独立思考、自觉学习的欲望。同时统领整个单元的教学，在章头起始课后，学生对本单元的知识、学法、数学思想都有了明确的了解，在以后的学习中能够做到事半功倍，游刃有余。因而，通过章头起始课对学生进行思维启迪和学法指导，才是真正提升单元教学效能的有效前提。

然而，从目前的数学课堂教学现状来看，无论是理论研究，还是实践探索，章头起始课都未得到应有的重视。主要是存在两种错误倾向：一种是认为章节起始课可有可无，只注重单元知识的传授和技能的训练，开门见山进入新课的教学；另一种是不能深刻认识章头起始课中蕴含着的知识体系的预构想、学习方法的指导、数学基本思想渗透、情感价值观等育人功能。事实上，章头起始课有没有"有效地"发挥其应有的功效，这与学生快速而有效地掌握本单元的学习内容休戚相关。因此，初中数学章头起始课的教学已经成为我们迫切需要研究的问题。

自觉数学课堂视域下的"章头起始课"的教学主张主要有以下几点：

1. 落实素养。章头起始课是数学核心素养在教学中有效落地的重要载体，章头起始课的教学研究要与核心素养相结合，是一个新的研究视域。

2. 知识体系。通过章头起始课的教学，能让学生"粗线条地"建立本单元的知识结构图谱。

3. 地位作用。通过章头起始课的学习，让学生认清本单元知识在数学知识体系中的地位，认识到其对个人终身发展、核心素养要求等关键能力和必备品格形成的作用。

4. 激发兴趣。根据引入情境或问题悬念，让学生对新单元的知识充满好奇，引发学习的兴趣，激发进一步探究的渴望。

5. 经验唤醒。认清本单元知识与已有知识经验的联系，理顺前位学习与后位学习的关系，把握好学习的"最近发展区"。

6. 学法指导。帮助学生明确对单元总体知识把握的重要性，让学生能根据单元的主要内容和总体特征，来制订有针对性的学习策略以及攻克办法，学生为学好本单元知识可以进行相应学习方法的选择。

7. 引起重视。将本章的数学思想方法、能力要求、思维方法等向学生做一个"粗线条的"介绍，让学生在后面具体的教学过程中能重点关注。

自觉数学课堂视域下的数学课堂教学是慎用"教学模式"的，不同的数学单元知识章头起始课应有相应的差异，这里只能给出一个我们常用的教学结构示意图(如图1-1所示)。

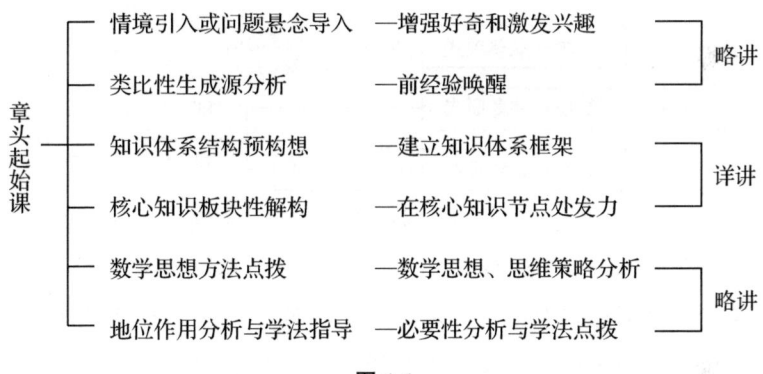

图 1-1

教学设计

苏科版初中数学教材的章头图部分写得非常好。以苏科版七年级数学下册"第三章　从面积到乘法公式"的章头图和引言为例，其具体反映在两个方面：一是该章头图和引言对本章学习内容的学习起了很好的导入作用，它向学生简明扼要并全面地展示了本章所需学习的主要内容及知识点，并让学生了解学习目标、蕴含的数学思想方法和需要采用的学习策略等，这样可以减少学生在学习过程中的盲目性，做到心中有数；二是它紧密联系生活和学生已学习的知识内容，促使学生将所学习的知识点编织成一个环环相扣的结构化网络。

一、教材分析

本章的内容是在学习了整式加减的基础上,进一步对整式乘法运算的研究,也是后继学习整式、分式、方程等内容的基础,学生学好这个单元内容的必要性和重要性就不言自明了。但在教学一开始不要被本章的标题所迷惑,本章的本质内容是整式的乘法和因式分解,面积只是帮助学生理解本单元公式和法则的背景知识,也就是说数形结合思想是学好本章的重要助手。本章的六节内容分为三部分,第1~3节的本质内容是整式的乘法,第4节是乘法公式,第5、6节是因式分解。本章的教材体系如图1-2所示。

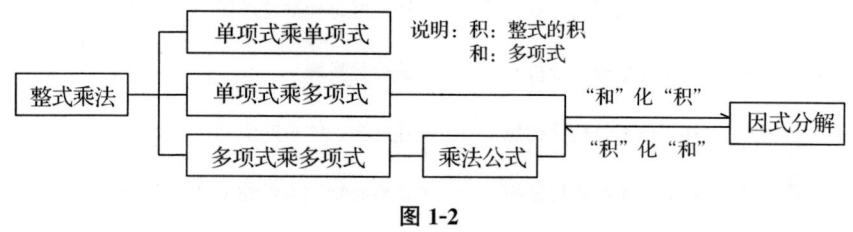

图 1-2

在教学过程中,教师只有从整体中去把握知识结构,才能使学生对所学知识掌握得更加牢固、对知识的理解更加深刻,也便于学生更好地将知识进行内化和加强知识之间的联系,达成数学核心素养所要求的目标。

二、教学目标

1. 双基水平

(1)通过章头图和章头语引出本章所学知识,帮助学生初步了解全章的知识生成,整体感知全章知识结构。

(2)了解相关法则和公式的几何背景,了解有关的运算法则和因式分解的大体方法。

2. 问题解决

(1)鼓励学生带着问题有目的地进行自主学习和合作学习,养成良好的学习习惯,形成良好的学习方法,为科学、高效地学好全章知识夯实基础。

(2)引导学生初步学会发现问题和解决问题的基本方法,引导学生初步感知整式乘法与因式分解之间的关系。

3. 学科思维

(1)初步感受从图形面积计算得出整式乘法法则、整式乘法公式的过程，并理解计算的算理，发展符号感，发展有条理的思考和表达能力。

(2)引导学生在整式乘法运算和因式分解过程中感知数形结合思想和转化思想，在图形面积与数式的相互转化过程中感受数学的生活趣味和文化魅力，激发学生学习数学的兴趣，唤起学生创新学习的激情。

三、重点、难点

重点：整式乘法的法则、乘法公式、因式分解的核心要点和主干内容。

难点：整式的乘法与因式分解之间的关系理解。

四、教法选择

本节课的教学宗旨是引导学生思考本章"学什么""为什么学""怎么学"，让学生带着问题思考，带着问题进入具体知识的探索，培养学生的问题意识和目标意识，让学生在章前就对全章有整体了解，指导他们学会整体感知章节知识，并能充满信心地发现问题，积极踊跃地自主探究，热情大方地合作交流，轻松快乐地创造学习。本章的教学要始终紧扣从"面积"到"乘法公式"来展开，利用数形结合中的"以形助数"来促进学生对本章知识的进一步理解。本节课的结构与流程选择是：经验唤醒—自觉体悟—探究导学—感悟回归。

五、学习活动

1. 经验唤醒(2分钟)

(1)乘法的运算律有哪些？

(2)同底数幂相乘的法则是什么？

(3)什么是单项式？什么是多项式？什么是整式？

设计意图：以上这些学生已经学过的知识，是本单元学习的奠基性知识，通过回顾这些知识，对新知结构的形成具有较好的引领作用。有很多教师在课堂引入中常用实际生活情境，实际生活情境具有吸引力，能激发学生的兴趣,但实际生活情境的"软肋"是对新知的"点"的作用比较明显,对新知的发生发展的"线"的认识作用不一定明显。

2. 自觉体悟(2分钟)

(1)对课题"从面积到乘法公式"的解读性探究。

(2)代数式中的字母可表示什么?探究"整式的乘法 $A·B$"中所能出现的类型:现在遇到的情境是,如果 A、B 都表示整式,可以将其乘积的形式归纳为三种类型:单项式乘单项式、单项式乘多项式、多项式乘多项式。

设计意图:在整式乘法的学习过程中,学生遇到的最大的难点是对相关运算法则的理解。突破难点的方法是对字母含义的本质理解和对乘法分配律法则的灵活运用。在代数式 $A·B$ 中,字母 A、B 表示什么?它们可以表示数和式,这里的式是指整式(单项式或多项式)。

3. 探究导学(29分钟)

(1)单项式乘单项式。(5分钟)

①情境设置:如图1-3所示,将几台型号相同的电视机叠放在一起组成"电视墙",计算图中这些电视墙的面积(每一个小长方形的长为 a,宽为 b)。

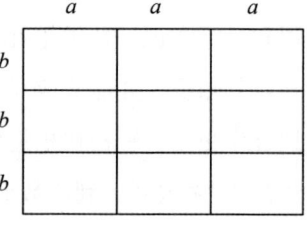

图1-3

我们可以看到,"电视墙"是一个长方形,由9个小长方形组成。从整体上看,"电视墙"的面积为长方形的长与宽的积:$3a·3b$;从局部看,"电视墙"中的每个小长方形的面积都是 ab,"电视墙"的面积是这些小长方形的面积和:$9ab$。

②$3a·3b=9ab$ 的成因分析:$3a·3b=(3×3)·(a·b)=9ab$。

再探:$4ab·5b$ 这两个单项式的积是 $20ab$ 吗?

③归纳单项式乘单项式的乘法法则:单项式与单项式相乘,把它们的系数、相同字母的幂分别相乘,对于只在一个单项式里含有的字母,则连同它们的指数作为积的一个因式。

(2)单项式乘多项式。(2分钟)

计算图1-4的面积,并把你的算法与同学交流。

如果把图1-4看成一个大长方形，它的长为$b+c+d$，宽为a，那么它的面积为$a(b+c+d)$。

如果把图1-4看成由3个小长方形组成的，那么它的面积为$ab+ac+ad$。

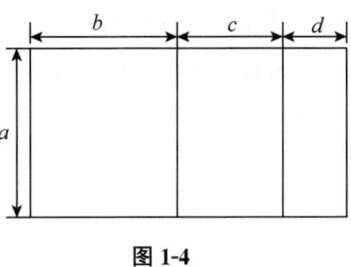

图1-4

由此得到：$a(b+c+d)=ab+ac+ad$。

法则归纳：单项式与多项式相乘，就是根据乘法分配律，用单项式乘多项式的每一项，再把所得的积相加。

(3)多项式乘多项式。(4分钟)

如图1-5，看图回答：

①大长方形的面积是_____，

四个小长方形面积分别是_____；

②由此可得出等式_____。

这样得出了和上面一致的结论，即$(a+b)(c+d)=ac+ad+bc+bd$。

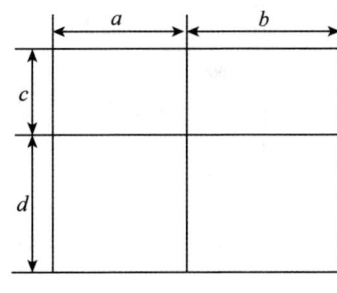

图1-5

多项式乘多项式法则：一般，多项式与多项式相乘，①先用一个多项式的每一项乘另一个多项式的每一项；②再把所得的结果相加。

例1. 计算：$(2x+3)(x^2-x-1)$(2分钟)。

解：原式$=2x^3-2x^2-2x+3x^2-3x-3$

$=2x^3+x^2-5x-3$

设计意图：在三个法则的学习过程中，以数学知识内部的发展逻辑主线为主，用数形结合思想，运用图形的面积"以形辅数"来帮助理解这三个法则，这是法则的背景知识，是教学的辅助，不可本末倒置。在单项式乘多项式和多项式乘多项式的计算过程中，最容易犯的错误是在乘法计算的过程中漏掉一些项，这一点提醒学生千万要注意。

(4)乘法公式。(5+4+2=11分钟)

①为什么要研究乘法公式？本章主要研究哪些乘法公式？

②完全平方公式。

怎样计算图1-6和图1-7阴影部分的面积？有哪些表示方法？

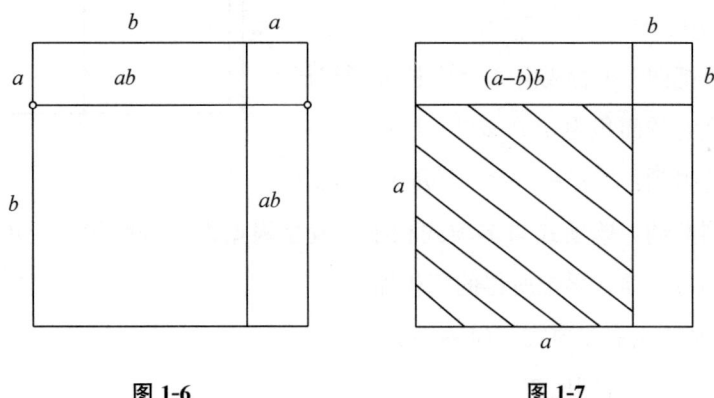

图1-6　　　　　　　　图1-7

完全平方公式　$(a+b)^2=a^2+2ab+b^2$

$(a-b)^2=a^2-2ab+b^2$

语言表述：两数和（或差）的平方等于这两数的平方和加上（或减去）这两数积的两倍。

③平方差公式。

怎样计算图1-8的面积？有哪些表示方法？

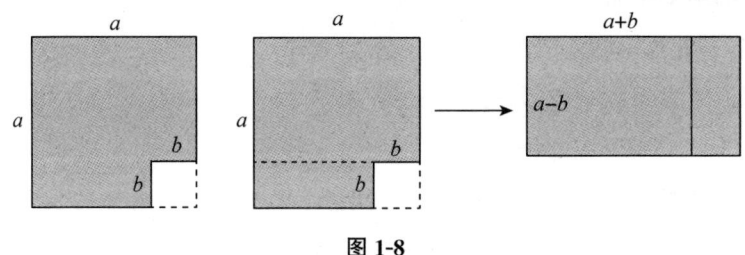

图1-8

平方差公式　$(a+b)(a-b)=a^2-b^2$

语言表述：两数和与这两数差的积等于这两数的平方差。

例2. 计算：$(3+2x+y)(3-2x-y)$。

解：原式$=-(2x+y-3)(2x+y+3)$

$$=-[(2x+y)^2-9]$$
$$=-(4x^2+4xy+y^2-9)$$
$$=-4x^2-4xy-y^2+9$$

设计意图：在乘法公式的学习过程中，遇到的最大困难是对公式的本质理解和正确运用。在平方差公式的学习中，教材中的图9-6，不太利于学生对教材意图的理解，现在可看图1-8，它能更好地促进学生对平方差公式认识的内化。

(5)因式分解。(7分钟)

①什么是因式分解？为什么要学习因式分解？

②因式分解要注意什么？

③怎样进行因式分解？既然因式分解和整式乘法是互为逆过程，你能从前面的整式乘法中得到一些因式分解的方法吗？

方法探究与指导，如图1-9所示。

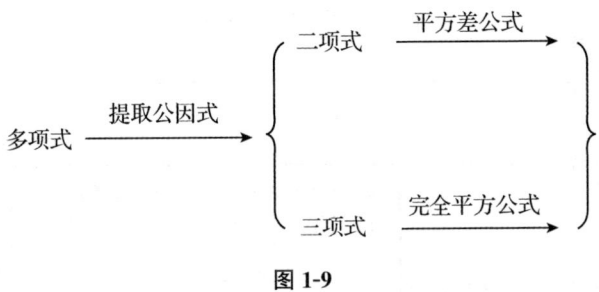

图 1-9

例3. 因式分解：$-2m^3+8m^2-8m$。

解：原式$=-2m(m^2-4m+4)$
$$=-2m(m-2)^2$$

设计意图：在因式分解的学习过程中，学生常常对因式分解的方法的综合运用感到困难，还要注意的是分解因式要分到不能分为止。怎样才能在进行因式分解的过程中提高学习策略的运用水平呢？请关注图1-9中的分解策略。

4. 感悟回归(10分钟①)

(1)知识结构整理：让学生在教师板书的基础上进行个性化的提炼与整理。

(2)学习难点分析：个人思考后，小组进行简单交流。

(3)学习方法准备：在小组交流的基础上，进行指导性点拨。

(4)简要检测。（略）

设计意图： ①通过章头图和章头语的教学，让学生发现章头图和章头语的重要作用是总领全章内容，帮助学生对全章内容的概况有一个了解，能够大致明确学习的方向，初步寻求解决问题的策略，以利于更高效地学习和掌握本章内容；②进行难点分析对提高学习效果的针对性是大有裨益的，很多时候学生就是因为重点难点不明确而无所适从，抓不住重点，找不到难点的突破口，而导致学习跟不上；③明确本章一些重要的数学思想方法和学习策略，能加强学习的针对性，是学好章节内容的重要保障。

5. 板书设计

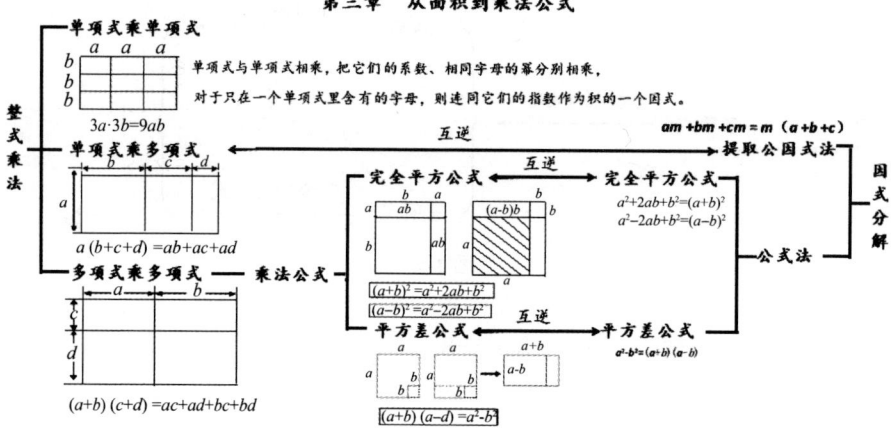

设计意图： 在章头起始教学中，由于内容较多，板书设计一定要精心策划，否则就会显得很庞杂，学生反而抓不住要点，也不利于知识结构化的提炼。其中板书中的图形用白板贴，可节约很多的时间。

---

①章头起始课的教学中新知的教学不是重点，重要的是通过本章知识、思想方法等相关内容的介绍，帮助学生厘清知识体系、找到学好本章的策略途径，因而这里我设计用时10分钟。

课例 1　章头起始课：关注整体结构，明晰学习策略

课堂实录

新教材中的章头图和引言恰好可以帮助学生了解本章学习的内容、地位和作用，初步明确本章学习内容，让学生感受数学知识发生和发展的逻辑关系，明白本章要学习的内容是什么，如何去学习，怎样学得更好。在明确了这些问题的基础上，引导学生去思考解决问题的方法和途径，渗透如猜想、类比、数形结合等数学思想和方法，获得获取新知能的智慧，提升元认知水平，这样学生学起来才会更有兴趣，也更轻松。

一、经验唤醒

师：在前面研究了同底数幂的相关知识的基础上，今天我们来研究"第三章　从面积到乘法公式"。说到乘法，我们先回忆下乘法的运算律有哪些。

生：乘法的运算律有交换律、结合律和分配律。（字母表示略）

师：同底数幂相乘的法则是什么？

生：同底数幂相乘，底数不变，指数相加。

师：什么是单项式？什么是多项式？什么是整式？（学生回答略）

教学启示：通过谈话法很自然地对本章学习的基础性知识进行了回顾，这些知识对新知结构的形成具有较好的奠基作用，同时也为所有的学生厘清了认知的起点。

二、自觉体悟

师：今天我们来研究"第三章　从面积到乘法公式"，谁来对课题"从面积到乘法公式"进行解读，谈谈你的理解？

生：从面积到乘法公式，反映的是一个过程，从图形的面积出发去学习乘法公式。

生：在学习乘法公式前，还有一个知识点，就是乘法运算。

师：谁的乘法运算？有理数的乘法运算？整式的乘法运算？

生：有理数的乘法运算我们研究过了！上学期我们学习了整式的加减，现在我们应该学习整式的乘法运算。

师：很好！两位同学分析得有道理。请大家回忆一下当初学代数式时，我们说代数式中的字母可表示什么？

生：数与式。

师：在目前我们所学的整式里，包含的式有哪些？

生：单项式或多项式。

师：如果我们将两个整式的乘法用 $A·B$ 来表示，其中 A、B 都是整式，大家说整式的乘法能用 $A·B$ 来表示的类型有哪些？

生：有单项式乘单项式。

生：还有单项式乘多项式。

生：还有多项式乘单项式，还有多项式乘多项式。

师：由于乘法具有交换律，我们将"单项式乘多项式"和"多项式乘单项式"看成同一类型的问题。现在我们可以将其分为几种类型？

生：有三种类型：单项式乘单项式、单项式乘多项式、多项式乘多项式。

教学启示：在整式乘法的学习过程中，学生遇到的最大的难点是对相关运算法则的理解。这里突破难点的方法是对字母含义的本质理解和让学生自己来学会分类，这奠定了分类探究乘法法则的基础。

三、探究导学

1. 单项式乘单项式

师：现在我们先来研究单项式乘单项式，先看这样的问题：如图1-10，大家都知道电视机的横切面是个长方形，我将几台型号相同的电视机叠放在一起组成"电视墙"，其中每一个小长方形的长为 a，宽为 b，计算图中这些电视墙的总面积。

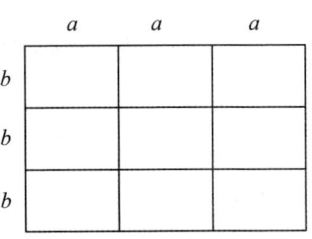

图1-10

生：$9ab$。

师：还有不同的答案吗？

生：$3a \cdot 3b$。

师：这里有两个不同的答案，大家想一下，在这两个答案中，哪一个正确？

生：都对！

师：为什么？

生：$3a \cdot 3b$ 是从整体上看得到的，$9ab$ 是从局部看得到的，"电视墙"中的每个小长方形的面积都是 ab，"电视墙"的面积是这些小长方形的面积和 $9ab$。这两个答案是相等的。

师：为什么它们是相等的？谁来谈谈其中的道理？

生：老师，是因为局部的面积之和等于整体的面积，小学里叫作局部和整体的关系。

生：我还有方法：因为乘法有交换律，所以有 $3a \cdot 3b = (3 \times 3) \cdot (a \cdot b) = 9ab$。

师：她说的对吗？（学生肯定）这里的 $3a$ 和 $3b$ 分别是单项式还是多项式？

生：两个都是单项式。

师：这就是单项式乘单项式的问题，再看看 $3a \cdot 3b = (3 \times 3) \cdot (a \cdot b) = 9ab$，单项式乘单项式的解决思路是什么？

生：把系数和字母分别相乘后作为积的一个因式。

师：好的，我们顺着这个思路，再请探究 $4ab \cdot 5b$ 的最后结果是多少？

生：$4ab \cdot 5b = (4 \times 5) \cdot a \cdot (b \cdot b) = 20ab^2$。

师：请提炼单项式乘单项式的法则，先说给自己听，再说给同学听，最后说给老师听。

生：单项式乘单项式的乘法法则：单项式与单项式相乘，把它们的系数、相同字母的幂分别相乘，对于只在一个单项式里含有的字母，则连同它们的指数作为积的一个因式。

师：在法则中积的系数等于各因式系数的积（有理数的乘法）；相同字母相乘（同底数幂的乘法）；只在一个单项式里含有的字母，要连同它的指数写在积里,注意不要把这个因式丢掉。

2. 单项式乘多项式

师:刚才我们探究了单项式乘单项式的法则,现在来探究单项式乘多项式的法则,请计算图 1-11 的面积,并把你的算法与同学交流。这个图形大家熟悉吗?

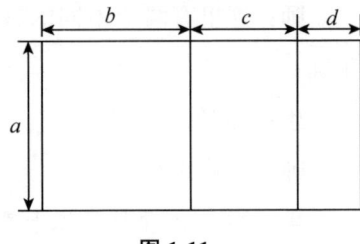

图 1-11

生:小学里推导乘法分配律时的图形。

师:那这个问题会解决吗?

生:老师,还是用局部和整体的关系解决。如果把图 1-11 看成一个大长方形,它的长为 $b+c+d$,宽为 a,那么它的面积为 $a(b+c+d)$。如果把图 1-11 看成由 3 个小长方形组成的,那么它的面积为 $ab+ac+ad$。由此得到:$a(b+c+d)=ab+ac+ad$。

师:在这个等式中,我们把 a 看成单项式,将 $(b+c+d)$ 看成多项式,这给了我们一个什么样的启发?

生:可以将它看成用来计算单项式乘多项式的法则。

师:单项式乘多项式应该是怎样的?

生:单项式与多项式相乘,就是根据乘法分配律,用单项式乘多项式的每一项,再把所得的积相加。

3. 多项式乘多项式

师:现在我们再来探究多项式乘多项式的法则,请看图 1-12,看图回答:大长方形的面积是多少(从整体上看)?

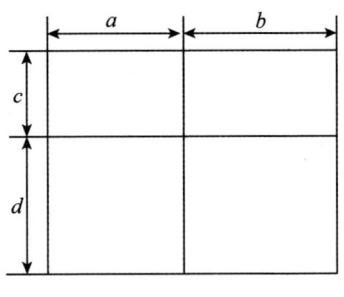

图 1-12

生:$(a+b)(c+d)$。

师:四个小长方形的面积分别是多少?

生:ac、ad、bc、bd。

师:根据局部和整体的关系,由此可得出的等式是什么?

生:$(a+b)(c+d)=ac+ad+bc+bd$。

师:这个等式可以用来干什么?

生：用于计算多项式乘多项式。

师：请归纳多项式乘多项式的法则。

生：多项式乘多项式法则：一般，多项式与多项式相乘，①先用一个多项式的每一项乘另一个多项式的每一项；②再把所得的结果相加。

师：在多项式乘多项式的过程中，实质上是两次运用乘法的分配律，如计算$(m+n)(a+b)$，若把$(a+b)$看成一个整体，则$(m+n)(a+b)=m(a+b)+n(a+b)=ma+mb+na+nb$。

例1. 计算：$(2x+3)(x^2-x-1)$。

师：这道题怎么做，谁来分析一下？

生：这是多项式与多项式相乘，先用一个多项式的每一项分别乘另一个多项式的每一项，再把所得的积相加。相乘时，必须做到不重不漏，所以要按一定的顺序进行，通常是选择多项式的第一项乘另一个多项式的每一项，依此类推，再把所得的积相加。

（板书）解：原式$=2x^3-2x^2-2x+3x^2-3x-3$

$\qquad\qquad\quad =2x^3+x^2-5x-3$

师：在做这类题时要注意：①计算时注意不能漏项。检查的方法是：在未合并同类项之前，看积的项数是否等于原来两个多项式项数的积，本题在未合并同类项之前，积的项数应是$2\times 3=6$，即6项。②多项式是单项式的和，每一项都包括前面的符号，在计算时一定要注意确定积中各项的符号。③最后结果中有同类项的要合并，并按某一字母的降幂或升幂排列。

教学启示：①在三个法则的学习过程中，教学明线是运用图形的面积"以形辅数"来帮助理解这三个法则，这是教学的辅助，教学暗线是数学知识内容生长逻辑规律；②单项式乘单项式是讲解中的重点，在教学中较为详细，其他两个法则是"点到为止"，综观整章内容不宜在此"纠缠"。

4. 乘法公式

师：事实上，在多项式乘多项式中，有一些特别的多项式乘多项式的结果很有代表性，也经常出现，可以帮助我们便捷地解决问题，我们把这些特别的多项式乘多项式的结果当作公式来学习，今后有很多的整式乘法公式，本章中只介绍两个公式，首先我们来看第一个，叫作完全平方公式。$(a+b)^2$ 和 $(a-b)^2$，看看这两个式子它们的完全平方体现在哪里？

生：一个是两数和的完全平方，另一个是两数差的完全平方。

师：它们各等于多少呢？大家先算一下，知道怎么算吗？

生：转化成多项式乘多项式的乘法来算。（学生独立完成计算）

生：$(a+b)^2=a^2+2ab+b^2$，$(a-b)^2=a^2-2ab+b^2$。

师：以往有很多同学，在这两个公式的运用过程中，会将中间的 $2ab$ 丢掉。怎样才能不丢掉 $2ab$？一种方法是牢记，事实上，我们可以看下面的图形，怎样计算图 1-13 和图 1-14 中阴影部分的面积？它有哪些表示方法？

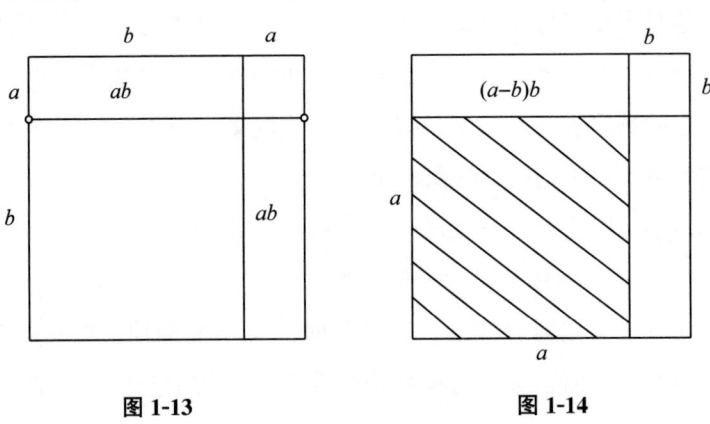

图 1-13　　　　　图 1-14

完全平方公式　$(a+b)^2=a^2+2ab+b^2$

$(a-b)^2=a^2-2ab+b^2$

生：依然用局部和整体的关系来处理，在图 1-13 中，从整体上看大正方形的面积是 $(a+b)^2$，从局部来看是 $a^2+b^2+ab+ab=a^2+2ab+b^2$，所以 $(a+b)^2=a^2+2ab+b^2$。

师：在图 1-13 中，我们把大正方形分割成几类图形？

生：两类，一类是正方形，另一类是长方形。

师：大正方形的面积是否可以用两个小正方形的面积的和来代替？

生：不能，还少两个长方形，它们的面积为 $2ab$。

师：$(a+b)^2=a^2+2ab+b^2$ 这个公式中的 $+2ab$ 能不能少？

生：不能！

生：在图 1-14 中，阴影部分的面积是 $(a-b)^2$，从局部来看是 $a^2+b^2-(a-b)b-(a-b)b=a^2-2ab+b^2$，所以 $(a-b)^2=a^2-2ab+b^2$。

师：我们可以将完全平方公式改写成 $(a\pm b)^2=a^2+b^2\pm 2ab$。所以它的语言表述是：两数和（或差）的平方等于这两数的平方和加上（或减去）这两数积的两倍。顺口溜是：首平方，尾平方，乘积两倍中间放，符号看中央。

（学生很有兴趣地重复了顺口溜）

师：现在我们再来研究平方差公式，请先计算 $(a+b)(a-b)$。

生：$(a+b)(a-b)=a^2-b^2$。

师：刚才我们用图形的面积来帮助我们理解和记忆完全平方公式，现在我们来看这样的问题，怎样计算图 1-15 的面积？它有哪些表示方法？

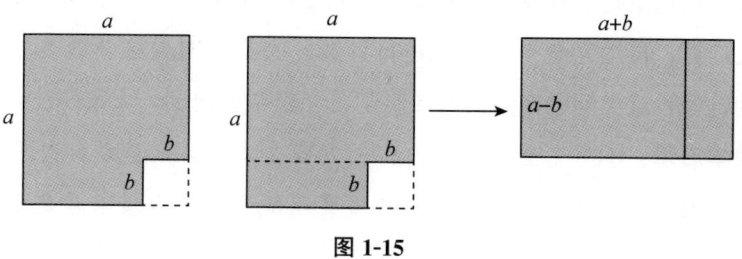

图 1-15

平方差公式　$(a+b)(a-b)=a^2-b^2$

生：在图 1-15 中，左边的图形阴影部分的面积表示的是 a^2-b^2，最右边的图形的面积是 $(a+b)(a-b)$，从中间这个图形可以看出它们是怎样拼接成的，所以左边图形阴影部分的面积和右边图形的面积相等，所以有 $(a+b)(a-b)=a^2-b^2$。

师：平方差公式用语言该怎样表述？

生：平方差公式的语言表述是：两数和与这两数差的积等于这两数的平方差。

师： 用平方差公式进行计算的前提是什么？

生： 等号左边是求两数和与这两数差的积，其中有两个相等的数，另一对是互为相反数。

师： 现在我们看一道例题，将这两个公式进行组合运用。

例2. 计算：$(3+2x+y)(3-2x-y)$。

师： 谁来分析一下这道题？

生： 在解题之前一定要仔细观察，后一个多项式各项都是负号，可以变形为各项均为正号。另外，通常我们总是将多项式变形为字母在前、数字在后进行排列，因此我们可以将两个多项式先变形再计算。

（板书）解：原式 $=-(2x+y-3)(2x+y+3)$

$\qquad\qquad =-[(2x+y)^2-9]$

$\qquad\qquad =-(4x^2+4xy+y^2-9)$

$\qquad\qquad =-4x^2-4xy-y^2+9$

师： 在这道题的计算中，变形后可将 $2x+y$ 看成一个整体，先用平方差公式计算，再用完全平方公式进行计算，去括号时要注意改变括号中所有项的符号，这类问题在后面的课时学习中经常会遇到，大家要注意。

教学启示： ①对完全平方公式和平方差公式的本质理解，可以从数和形两个方面结合起来进行，从数的方面要理解公式的本质来源是多项式乘多项式法则；从形的角度，一是要分清适用公式的形式特征，二是要从数形结合思想，运用图形的面积"以形辅数"来理解公式。②在乘法公式的学习过程中，学生遇到的最大困难依然是对公式的本质理解和正确运用。我先让他们用多项式乘多项式的法则进行计算得到公式，这是用计算来进行对公式的推断，这是本质的东西，再以图形来辅助对其认识的内化。

5. 因式分解

师： 前面我们介绍了整式的乘法和乘法公式，我们现在回头看看它们的本质特征，等号表示一个运算过程，它的左边和右边分别代表的是什么？

生： 等号的左边是两个整式的积的形式，右边是一个多项式（和的形式）。

师： 大家还记得小学时怎样分解质因数吗？

生：把一个合数分解成几个质因数的积。

师：今后我们很多时候会遇到要将一个多项式分解成几个整式的积的形式，（板书：把一个多项式分解成几个整式的积的形式叫作因式分解）因式分解是同学们必须掌握的学习工具，在今后的其他内容的学习中"用它没商量"。现在我们把刚才做的例1和例2的等号两边的式子反过来写就有：$2x^3+x^2-5x-3=(2x+3)(x^2-x-1)$ 和 $-4x^2-4xy-y^2+9=(3+2x+y)(3-2x-y)$，大家能看出因式分解与整式乘法是什么关系吗？

生：互为逆运算的关系。

师：从严格意义上来讲，它们不是互为逆运算的关系，叫作"互为逆变形"较为妥当。大家看看老师从开始上课到现在的板书过程，如图1-16所示，你们对如何进行因式分解想说点什么？

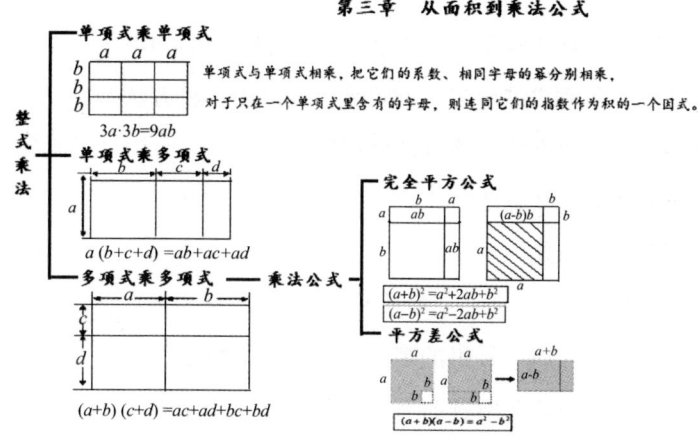

图 1-16

生：老师，只要将单项式乘多项式的法则反过来就是因式分解的方法：$ab+ac+ad=a(b+c+d)$。

师：好的，我们把这种方法叫作提取公因式法。

生：将完全平方公式反过来就是因式分解的方法：$a^2+b^2\pm 2ab=(a\pm b)^2$。

生：将平方差公式反过来就是因式分解的方法：$a^2-b^2=(a+b)(a-b)$。

师：我们把这种方法叫作公式法，但此时的这两个公式分别叫作因式分解的完全平方公式和平方差公式，和整式乘法律的公式刚好相反，这一点同学们一定要注意。

生：将多项式乘多项式的法则反过来也是因式分解的方法：$ac+ad+bc+bd=(a+b)(c+d)$。

师：对，这是今后要学到的分组分解法。

生：老师，将单项式乘单项式的法则反过来也应该是的。

师：同学们，你们有什么看法？

生：不是的。因为单项式乘以单项式的结果是单项式，反过来是将一个单项式分解为两个单项式的乘积，因式分解是将一个多项式进行分解，所以它不是的。

生：哦，我明白了。

师：本章中主要让同学们学习提取公因式法和运用公式法。请同学们思考一下将一个多项式进行因式分解是否只能用一种方法？

生：不是，几种方法应该可以同时用。

师：先考虑用什么方法？

生：先提取公因式。

师：为什么？

生：提取公因式后括号里的多项式就变得简单了。

师：对！在做因式分解题时首先要提取公因式，然后再用其他的方法，提取公因式后，括号里若是二项式，会想到再用什么方法？

生：平方差公式。

师：若提取公因式后，括号里是三项式，会想到再用什么方法？

生：完全平方公式。

师：对本章中因式分解的方法一般如图 1-17 所示。现在我们来看例 3。

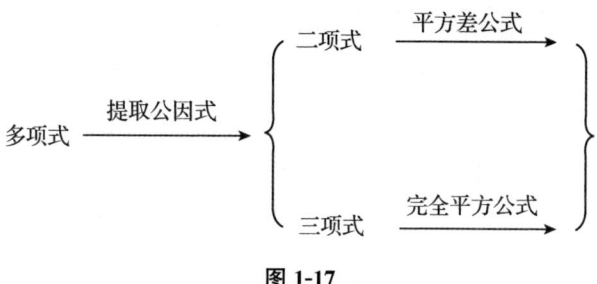

图 1-17

例 3. 因式分解：$-2m^3+8m^2-8m$。

师： 谁来分析一下？

生： 经观察后发现，各项都含有公因式 $-2m$，可先提取公因式(要一次性提干净)，提完后看能否可以用公式进行因式分解。

(板书)解：原式 $=-2m(m^2-4m+4)$
$\qquad\qquad =-2m(m-2)^2$

师： 这道题在提完公因式后，括号里是三项式，再运用完全平方公式进行因式分解。同学们，做因式分解题的时候要注意些什么？

生： 提公因式要提干净。

生： 分解要彻底，要分到不能分为止。

……

教学启示： ①在本章头起始课中，尽管是让学生对知识体系初步感知，但其感知的过程还是要遵循知识发生发展的逻辑线索，要让学生感到"顺理成章"；②因式分解这部分内容主要还是为了让学生有一个结构化"预想"，对方法和注意点只是点到为止。

四、感悟回归

1. 知识结构整理：让学生在教师板书的基础上进行个性化的提炼与整理。有一小组学生是这样整理的，如图 1-18 所示。

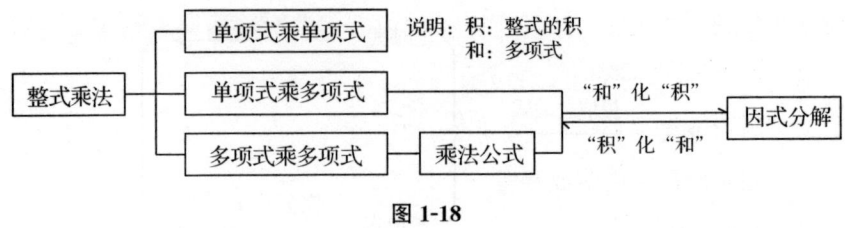

图 1-18

2. 学习难点分析：学生个人思考后小组进行简单交流。

学生对学习难点的归纳主要有以下三点：①整式的乘法不难，但容易错，特别要当心项数、系数和指数；②在乘法公式的学习中，掌握公式难度不大，但要准确运用公式，要认真辨别，当心项数、系数和指数，还有灵活运用不到位；③在因式分解中，首先要概念清楚，否则特别容易和整式乘法混淆，其次要灵活运用方法，最后要分到不能分为止。以上这些在本章的课时学习中要加以注意。

3. 学习方法准备：在学生小组交流的基础上进行指导性点拨。

学生的交流结果收集如下：每一课时的学习都要有自己要达成的目标；遇到问题要冷静，要观察分析；要将法则、公式认真领会掌握到位；要用数形结合等思想帮助理解和思考；要多做一些题目，提高运算能力；要灵活运用法则和公式等。

4. 简要检测。（略）

教学启示：在章头图和章头语的教学中，让学生对知识体系结构化整理、对重点和难学地方的分析、对要注意的地方的思考和对学习方法的选择等的交流是必不可少的，否则就失去了章头起始课的意义。让学生带着问题、方向、目标，少踏雷区，有针对性地学习，是学好本章节内容的重要措施和保障。

教学反思

苏科版初中数学教材在章末"小结与思考"的基础上，在章头增设了"章头图""章头语""章头问题""本章内容概述"等章引言内容，章节起始课的教学越来越受到广泛关注。事实上，不同内容的章头起始课教学策略是有所差异的，但大致的策略还是有章可循的。本节章头起始课的教学，从教师如何"教"到引导学生如何"学"写得还是比较详尽的，旨在为一线教师上好数学章头起始课提供借鉴或参考。

一、开门见山

章头起始课导入新课的方式很多，通常可以通过创设情境来引导和激发学生探求知识的欲望，使其一开始就有一个明确的探索目标和正确的思维方向，为整堂课的成功教学奠定良好的基础。但我选择了利用数学内部知识发生发展的逻辑线索来开门见山地导入新课，通过对代数式中字母的含义和两个整式的乘法可能出现的情况进行分类讨论，直接得到了本章中两个整式相乘的三种类型，极大地激发了学生的求知欲。

二、直观性强

心理学研究告诉我们，直观性、形象性是获得良好教学效果的有效手段之一。它能充分激发学生学习的兴趣与激情，在发掘学生思维潜能、加强学生对抽象理论概念的理解、强化记忆方面是纯语言讲解所无法比拟的。本章的题目是"从面积到乘法公式"，编者的意图是借助几何促进学生理解和掌握新知，培育数学核心素养。本节课中用了多个图形面积整体与局部的关系，让学生观察、分析、发现，有效地运用形象直观的教学手段，发掘章头图的潜在价值，促进他们对整式乘法法则和乘法公式的理解与掌握。

三、激发兴趣

夸美纽斯认为："兴趣是创造一个欢乐和光明的教学环境的重要途径之一。"心理学家的研究也表明：人们对自己感兴趣的事物总是力求探索它，认识它；兴趣是一个人力求认识并趋向某种事物特有的意向，是个体主观能动性的一种体现。本节课通过章头图和引言中的图形面积整体与局部关系的探索，唤起并激励学生学习新知识点的兴趣和激情，整节课学生都积极振奋地投入新知识的探究和学习之中。

四、问题意识

"问题是数学的心脏!"在本节课中通过教师精准的设问,激发了学生的问题意识,例如,从"整式是由单项式和多项式构成的,那么现在我们要研究两个整式相乘",学生会想"这样会出现哪些类型",整式相乘的三种类型就自然推出了;再如,"既然因式分解是整式乘法的逆变形,看看从上课到现在老师的板书",学生立即会想到"能不能从中得到如何进行因式分解的方法"。因式分解的提取公因式法、公式法都出来了,还多了一个分组分解法。由此可见,培养学生的问题意识是开启智慧大门的钥匙。

五、厘清关系

从本节课可以看出,章头起始课的教学要厘清几个关系:①教师应重视以"材"定"教",为学生后续课时学习构建教材的知识结构框架;②教师应关注以"能"定"教",为学生核心素养的提升理好教学线索;③教师应重视以"乐"定"教",为学生数学学习添乐趣,要培养数学学科的知音,而不是数学学科的陌路人;④教师应关注以"学"定"教",为学生后继课时学习的方向、目标、学法扫清障碍。

本节课从面积到乘法公式,从乘法公式到面积表达式,充分展示了数学里的"数"与"形"的和谐美,由"数"到"形",由"形"到"数",这样反复观察思考、操作运算,对提高学生的认识、锻炼他们的数学思维是大有益处的。数学是思辨的科学,本节课让学生在形与数转换、算式的变形与逆变形之间不断思辨,即内蕴着事物运动的变化、矛盾的转化等辩证法思想,有助于提升学生的数学素养。

同行品悟

以下是来自江苏省的部分听课教师对这节课的品悟。

一、动态生成

今天听了潘老师执教的七年级"第三章 从面积到乘法公式"的章头起始课,这是一节高度抽象概括的课,对学生的逻辑思维能力是很大的挑战。

潘老师借助数学知识发生发展的逻辑线索,让学生明白学习本章内容的必要性、图形面积的整体与局部的关系,帮助学生概括总结整式乘法的法则和完全平方公式等,并从中初步感受了数形结合的思想。其中,因式分解的含义、整式乘法的联系与区别、知识结构特征等,潘老师运用几个板块将这些细碎的知识点环环相扣,知识内在逻辑关联清晰可见。这节课充分体现了学生的主体地位,注重与学生的互动交流,及时捕捉、动态生成、辨析引导,这些都是值得我好好学习的。

二、循循善诱

潘老师的这节章头起始课,是借我的班上的。起初我很担心这个班的学生不能承担大市开公开课的重任,其原因有三:一是学生没有见过世面,平时主动发言的学生并不是太多,怕学生的反应跟不上潘老师的要求;二是这一章的内容看上去不多,但要说的话还是比较多的,怕学生紧张后时间不足;三是章头起始课大家都不重视,几乎没有人上过,想给学生事先指导,但心里没谱。但潘老师根据我提供的学情生情,理顺思路,以渐进式的问题串为载体,引导学生发现、归纳、建构,在潘老师的循循善诱下,课堂气氛活跃,大多数学生都有上佳的表现,圆满地完成了课堂任务,丰富了对本章的知识、思想方法、体系结构的认知,我在接下来的课时教学中一定会很轻松的。

三、主体地位

潘老师这节章头起始课的教学设计让我耳目一新,一节课涵盖了整章的知识内容,而且讲得基本到位,特别是让学生从中"悟"出来,这是一般人做不到的,体现了潘老师平日教学经验的广泛积累和扎实功底。精心设计的思维导图式板书脉络清晰,巧妙串联了本章内容的知识结构,清晰提炼了核心问题的基本模型、基本图形和方法,这点让我感受颇深。另外,这节章头起始课,本身就是一种挑战,但潘老师从核心知识点入手,鼓励学生大胆说一说、谈一谈,充分体现了学生的发展性主体地位,调动了学生的学习积极性,组织小组讨论,气氛热烈。特别是对数学思想和学习方法的指导,让学生有法可依、有章可循,真是一节好课。希望潘老师以后能常来指导。

四、亮点多多

潘老师的章头起始课"从面积到乘法公式"给我留下了深刻的印象,让我受益匪浅,其教学特点如下:①教学设计好,教学流程清楚,由易到难,层层铺垫,教学环节紧凑流畅,数学模型讲解透彻,注重数学方法的培养与基本数学思想的渗透,让学生的建构能力得到了提高。②潘老师课堂中的板书设计花费了很多心血,是思维导图式的板书,给人眼前一亮的感觉。运用思维导图符合学生理解、记忆的习惯,简洁明了,利于建立本章的知识结构,同时启发了思维,后半节课因式分解的问题学生很快就解决了。③潘老师课堂中选用的每一个例题都是精挑细选的,选取了典型而又能体现问题本质的题。大家都知道,上好一节章头起始课,选题也是很关键的,本节课中虽然有些题目对学生现有水平而言有一定的难度,但是经过一些优秀学生的细致分析后,各个层次的学生在数学学习上都有了不同程度的发展,难能可贵的是学生既获得了学习的乐趣,又分享了成功的喜悦。④教学节奏松弛有度,章头起始课知识点多,但潘老师舍得把时间留给学生,充分放手让学生自己动手、动口,学生在潜移默化中领悟知识,使学生完全成为课堂的主人,达到知识学习与能力培养的统一,说明他有深厚的教学功底,有较强的课堂驾驭能力。

本节章头起始课的作用是让学生在图形与数量的相互转化过程中感受数学的诗意韵味、文化魅力、思想灵气,激发学生学习数学的兴趣和激情。帮助学生了解全章的知识生成和框架构建,从而重点明确地突破难点;鼓励学生带着问题有目的地进行自主学习和合作学习,养成良好的学习习惯、形成良好的学习方法,为科学、高效地学好全章知识夯实基础。

课例 2

代数概念课：揭示本质内涵，促进自觉生成

——以苏科版数学教材九年级上册"一元二次方程(1)"教学现实为例

教学主张

概念是反映事物本质属性的一种思维方式，是人们对客观事物的一种认识。数学概念是反映现实世界的空间形式和数量关系的本质属性的思维形式。概念是数学知识的基础，是数学思想与方法的载体，是数学教学的重点内容，也是学生必须掌握的重要基础知识之一，它是数学基本技能的形成与提高的必要条件，是学生理解、掌握数学知识的首要条件，也是进行计算、推断和解题的前提，因此，数学概念教学非常重要。

然而，当下的数学概念(新授)教学的形势不容乐观，通常有以下几种典型的问题：

1. 教材弱化。现行的数学教材中有些时候并没有出示完整的数学概念,这给教与学都带来了一定的困惑。

2. 滑过现象。教师不重视概念教学,并没有按照教材编排体系去指导学生进行积极的探索,而是按照"定义+例题"的教学模式进行,概念的本质特征揭示不够,以"告诉"为主,然后刷题,造成做得越多错得越多的现象常有发生。

3. 理解不透。教师缺乏方法指导,学生缺乏对数学概念本质性的理解,大多数学生对概念的学习方法就是死记硬背,只知其然却不知其所以然。

4. 孤立认识。教师未让学生形成围绕新概念的结构体系,使得大多数学生脑海中的数学概念都是孤立的,在碰到一些综合性比较强的问题时,常常显得毫无头绪,束手无策。

5. 教法单调。教师过分注重定义的叙述,并且要求学生熟记定义,这样导致学生的数学概念学习单调乏味,甚至影响学生学习数学的兴趣。

6. 浅层学习。教师强塞给学生概念的定义与解题技巧,而丢掉了从问题到结论和方法之间的探索过程,教学停留在现成知识的传授上,没有从总体上去把握概念教学的本质,使学生所学知识处于零散无序状态,不能用数学思想和方法去观察、发现、分析数学问题。

自觉数学课堂视域下的"数学概念(新授)课"的教学主张:

1. 认识到位。概念是数学知识的基础,数学概念是进行数学运算、判断、推断的依据,是数学思想和方法的载体。数学概念的建立是解决数学问题的前提,一切分析、推理都要依据概念和运用概念来进行。

2. 学习基础。加强概念课的教学,正确理解数学概念是掌握数学基础知识的前提,学好概念是学好数学最重要的一环,学好概念是提高解题能力的关键,若学生概念理解不清就谈不上能学好数学。

3. 学困归因。每一个数学概念都是砌成数学大厦的砖块,不可偏废,如在一道题中有四个概念,学生对其中三个概念是清楚的,对另一个概念是模糊的,那么这道题做不对是一个大概率事件,因此,一些学生数学之所以差,概念不清往往是最直接的原因。

4. 本质揭示。教学中要关注概念的发生和发展过程，让学生看到概念的"全貌"，特别要关注对概念本质特征的揭示，让学生明晰概念的内涵与外延。

5. 形成体系。学生数学能力的发展取决于能否对数学概念牢固掌握与深刻理解，学生数学能力的强弱取决于对数学概念能否灵活应用，对概念的灵活应用又取决于是否对概念建立了关系性理解，因而，建立概念的结构化体系就显得十分重要。

6. 不断精致。由于概念本身具有严密性、抽象性和明确规定性，教学中要让学生在创设的情境中"经历"一遍发现、创新的过程，先用自己的语言来组织概念，在与同学交流和师生互动中不断精致，最后形成精确的概念，这个过程既能促进概念的内化，也能培养他们的创造精神。

7. 思辨分析。掌握概念是一个复杂的认识过程，学生对概念的掌握往往不是一次能完成的，要由具体到抽象，再由抽象到具体，多次反复进行。特别要对概念进行思辨分析，明晰概念的内涵与外延，并通过不断运用，加深对概念的理解和记忆，使新建立的概念得以牢固掌握。

8. 动态变式。在进行概念教学时，要遵循学生心理活动的特点和智力发展的规律，从实际出发，采取多种方式、方法进行教学，对于数学概念的教学应根据其不同的特点采取不同的教学手段，并且在教学时要淡化形式，注重实质，要由"静态的"教学定义向"动态的"生成过程过渡，才会起到事半功倍的效果。例如，可以利用"变式"的方法深化概念。所谓变式，是指提供的事例或材料不断地变换呈现形式，改变非本质属性，使本质属性"恒在"，可以使学生透过现象看到本质，真正理解和掌握概念。

代数概念(新授)课和几何概念(新授)课都是数学概念(新授)课，它们有很多相同点，也有一些不同点，这里给出"代数概念(新授)课"的一般结构与流程示意图(图2-1)。

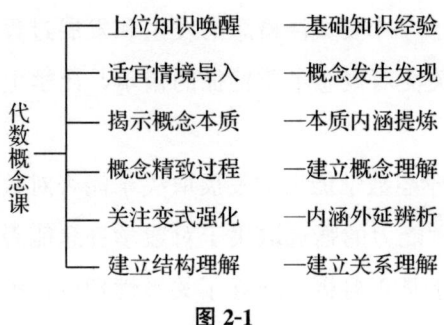

图 2-1

教学设计

一元二次方程是初中数学的重要内容,是学习二次函数、相似形、圆等后续内容的基础,在初中代数中占有重要地位。本节课以学生前位类比、自学体悟、合作探究和自主生成等学习活动,教师的引导启发、点拨为依托,学生从积极走向有效参与为主线来完成。在教学中渗透类比、化归、建模等数学思想,让学生充分观察、体验,同时营造轻松愉快、民主平等的对话式学习氛围,以此激发学生的学习热情,让课堂走向动态的精彩。

一、教学分析

本节课主要是通过实际问题的解决让学生感受到一元二次方程的应用在现实生活中大量存在,其数学模型在生产生活中有着广泛的应用,一元二次方程也是解决问题的工具模型,非常有必要学好它。通过用方程进行建模、提炼概括一元二次方程的概念和一般形式的过程,学生分析问题、解决问题的意识和策略得到提高;通过对一元二次方程的辨析、二次项及系数、一次项及系数和常数项的判断等提升学生的思辨能力等。

二、教学目标

1. 双基水平

(1)会根据实际问题列出一元二次方程,并能说出其步骤。

(2)会将列出的方程化为一般形式。

2. 问题解决

引导学生分析实际问题中的数量关系，类比一元一次方程的概念，抽象出一元二次方程的概念和一般形式。

3. 学科思维

通过数学建模的分析、思考过程，激发学生学习数学的兴趣，体会方程的模型思想，培养学生分析、归纳、建模的能力等。

三、重点、难点

重点：通过实际问题模型建立一元二次方程的概念，认识一元二次方程的一般形式。

难点：通过实际问题，建立一元二次方程的数学模型，再由一元一次方程的概念迁移到一元二次方程的概念，正确识别一般式中的"项"及"系数"等概念。

四、教法选择

因为学生已经学习了一元一次方程及相关概念，所以本节课主要采用体悟式、启发式、类比法教学；本节课从具体的问题情境中抽象出数学问题，建立数学方程，从而突破难点，充分体现了"经验唤醒—问题情境—模型提炼—概念归纳—强化辨析"的结构与流程。同时，学生在现实的生活情境中，经历数学建模，经过自主探索和合作交流的学习过程，产生积极的情感体验，在观察交流中发现问题、提出问题、分析问题，进而创造性地解决问题，有效提升自己的数学核心素养和思维品质。

五、活动设计

1. 问题引学

(1)看到方程会想到什么知识？怎样解释"元"和"次"？

(2)我们是从哪些方面来研究一元一次方程的？

(3)我们会从哪些方面来研究一元二次方程呢？

(4)什么是一元一次方程？

(5)一元一次方程的一般形式是什么？

设计意图：①让学生先学"问"，再学"答"，培养"问题"意识；②类比教学首先要帮学生厘清"类比源"，才能顺利地有效自觉生成；③唤醒认知的前经验，让学生学会处理"前位学习"与"后位学习"之间的关系。

2. 自觉体悟

(1)如图 2-2 所示，长方形花圃一面靠墙，另外三面所围成栅栏的总长度是 19 米，如果花圃的面积为 24 平方米，花圃的宽为 x 米，则可得方程：_____。

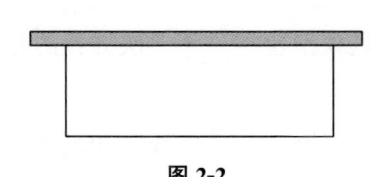

图 2-2

(2)两个连续整数的平方和等于 145，求其中较小的数。（设较小的数为 n）

(3)小亮、小明、小刚三个人中，小亮的年龄比小明的年龄小 7 岁，小刚的年龄比小明的年龄大 5 岁，并且小亮与小刚的年龄的乘积是 160，你知道这三个人的年龄各是多少岁吗？（设小明的年龄为 y 岁）

(4)在长 40 米，宽 22 米的长方形地面内，四周修筑同样宽的道路，余下的铺上草坪，要使草坪的面积达到 760 平方米，道路的宽应为多少？（设道路的宽应为 m 米）

设计意图：①因为数学来源于生活，所以以学生的实际生活背景为素材创设情境，易于被学生接受、感知；②帮助学生从实际问题中提炼出数学问题，初步培养学生的类比、概括和建模能力；③列出的方程与以前学到的不一样，具有多种形态，激发学生的好奇心和探究欲望。

3. 探究导学

(1)一般式化归：将方程 $x(19-2x)=24-x$ 整理为 $x^2-10x+12=0$。

设计意图：①让学生掌握将一元一次方程化为一元二次方程的一般步骤，为后面解一元二次方程服务；②为将列出的四个方程化为一元二次方程的一般形式奠定基础，培养学生运算素养。

(2)分组化归:将列出的四个方程:$x(19-2x)=24$,$n^2+(n+1)^2=145$,$(y-7)\cdot(y+5)=160$,$(40-2m)\cdot(22-2m)=760$ 进行一般式化归。

(3)观察归纳:$2x^2-19x+24=0$,$n^2+n-72=0$,$y^2-2y-195=0$,$m^2-31m+30=0$[①]四个方程哪两个方程是一元二次方程?它们与一元一次方程的区别在哪里?它们有什么共同特点呢?(学生分组讨论,然后各组交流)

共同特点:①一元;②二次;③整式。

(4)给出定义:像这样的方程两边都是整式,只含有一个未知数(一元),并且未知数的最高次数是2(二次)的方程,叫作一元二次方程。

一般,任何一个关于 x 的一元二次方程,经过整理,都能化成 $ax^2+bx+c=0(a\neq 0)$ 的形式。这种形式叫作一元二次方程的一般形式。

一个一元二次方程经过整理化成 $ax^2+bx+c=0(a\neq 0)$ 后,其中 ax^2 是二次项,a 是二次项系数;bx 是一次项,b 是一次项系数;c 是常数项。

设计意图:①通过上述情境分析,让学生小组合作,列出方程。在学生列出方程后,对所列方程进行整理,并引导学生分析所列方程的特征,得出一元二次方程的概念。②由于一元二次方程的概念是本节的重点,所以在形成概念的过程中主要引导学生积极主动进行自我尝试、自我分析、自我修正、自我反思,让学生真正理解一元二次方程概念的内涵:a.是整式方程;b.只含有一个未知数;c.未知数的最高次数是2。

(5)问题再探:①给木质器具表面刷油漆,每平方米需要用油漆100克,当我们把一个正方体表面刷满油漆时,恰好用掉油漆2400克,那么这个正方体的棱长是多少?(设这个正方体的棱长为 x 米)②一个数与3的差的平方等于9,这个数是多少?(设这个数为 x)

得到方程:$600x^2=2400$ 和 $(x-3)^2=9$,化成一般式 $x^2-4=0$ 和 $x^2-6x=0$。

[①]这里用了四个满项方程是为便于学生进行一元二次方程的一般形式和定义的归纳。

类比分析：这些方程是一元二次方程吗？如果是一元二次方程，那么 a、b、c 又分别是多少？你有什么感悟？

设计意图：强化学生对 $ax^2+bx+c=0(a\neq 0)$ 中 $a\neq 0$，b、c 可以为 0 的认知，本节课的教学是从一般到特殊的认知过程。

4. 变式强化

例1. 下列方程中哪些是一元二次方程？试说明理由。

(1) $1-x^2=0$ (2) $2(x^3-1)=3y$

(3) $2x^2-3x-1=0$ (4) $\dfrac{1}{x^2}-\dfrac{2}{x}=0$

(5) $(x+3)^2=(x-3)^2$ (6) $9x^3=5-4x$

例2. 将方程 $3x(x-1)=5(x+2)$ 化成一元二次方程的一般形式，并写出其中的二次项系数、一次项系数和常数项。

例3. 已知关于 x 的方程 $(k^2-1)x^2+(k+1)x-2=0$，

(1) 当 k 取何值时，此方程为一元一次方程？

(2) 当 k 取何值时，此方程为一元二次方程？并写出该一元二次方程的二次项系数、一次项系数、常数项。

（同学先讨论，同桌交流再进行归纳）

设计意图：①通过例1，使学生巩固一元二次方程的概念，把握概念的实质，通过对例1(5)的辨析使学生认识到要化成一般形式再判断，不可想当然；②通过例2使学生对项、系数(带符号)有清晰的认识；③通过例3来强化一般式中的 $a\neq 0$ 等概念。

5. 达标练习

(1) 某学校操场为长方形水泥地，面积约600平方米，长比宽多5米，若设该操场的长为 x 米，则可得一元二次方程(   )。

A. $x(x+5)=600$ B. $x(x-5)=300$

C. $x(x+5)=300$ D. $x(x-5)=600$

(2) 若关于 x 的方程 $(m+3)x^{|m|-1}+2mx-3=0$ 是一个一元二次方程，则 m 的值是(   )。

A. 任意实数　　　B. 3　　　　C. -3　　　　D. ±3

(3)若 $x=2$ 是关于 x 的一元二次方程 $x^2-mx+8=0$ 的一个根,则 m 的值是(　　)。

A. 6　　　　　　B. 8　　　　C. 5　　　　　D. -3

设计意图：①通过学生独立完成,教师公布答案后进行同位互批等真实的学情反馈,以掌握一手学情资料；②通过达标检测了解学生掌握的情况,据此来布置分层作业和进行补学活动等。

6. 总结感悟

引导学生从以下三个方面进行小结：

(1)本节课我们学习了哪些知识？

(2)学习过程中用了哪些数学方法？

(3)确定一元二次方程的项及系数时要注意什么？

设计意图：由学生进行总结和互相补充,以培养学生的归纳概括能力。

课堂实录

长期的教学实践告诉我们,只有让学生的学习主体地位得到回归,使他们真正成为学习的主人,积极主动地参与探究活动,让他们经历观察、分析、猜想、动手操作、合作探究、总结归纳、反思评价等学习活动的体验,才能使他们的数学学习兴趣更加浓厚,具有数学学习的热情和信心,学习能力才能得到加强,学习品质才能得到不断提升。

一、前位类比

学生在进行新知学习时,需要他们原有的知识和心智发展水平对新知学习的适合性。让八年级的学生(实质上进入八年级才3个月)上九年级的内容,不仅挑战学生的认知基础和认知策略,还会对学生的学习心理造成一定的压力,因此,在学习新知前,要通过提供体现出新旧知识间内在联系的相关问题,激发学生探求新知的积极性,唤醒学生的前经验,但这并不是传统意义上的预习,是以研究的方式思考问题和实践体验,而不是把教材内容进行简单的前移,其要点是简单、集约、本质和开放。在这节课中我设计了"引学问题链"来促进目标的达成。

1. "经验唤醒"环节教学片段

引学问题链:

师:看到方程会想到什么知识?怎样解释"元"和"次"?

生:看到方程会想到小学和初一学过的方程,特别是初一学过的一元一次方程。

生:"元"是未知数,"次"是未知数的次数(最高次数)。

师:看到今天学习的课题,你有什么想法?

生:什么是一元二次方程?

生:一元二次方程与前面学过的一元一次方程有什么联系与区别?

生:一元二次方程怎么解?

生:一元二次方程在生活中有哪些应用?

……

师:我们是从哪些方面来研究已学过的一元一次方程的?

生:主要从定义、解法和应用三个方面来研究。

师:我们会从哪些方面来研究一元二次方程呢?

生:也应该从定义、解法和应用这三个方面来研究。

师:那么,今天这节课我们主要研究一元二次方程的什么呢?

生:一元二次方程的定义!

教学启示: 在学生接受新知前,要让他们从精神、心理、智力、经验上都做好学习新知的准备,特别是要关注学生学习一元一次方程的经验,通过一元一次方程的知识结构让学生类比产生一元二次方程的知识结构,旨在培养学生的结构化思维和学会有序性思考,通过他们的感知、分析、判断、想象和归纳等心智活动,丰富基本活动经验,激发对新知的兴趣和好奇心。只有学生获得了实际的感观,才有探究和接受新知的"思维新基点",才能激发学生进一步探究的热情。

2."要点回顾"环节教学片段

师：什么叫方程？

生：含有未知数的等式叫作方程。

师：什么是一元一次方程？

生：在一个方程中，只含有一个未知数，且未知数的指数都是1，这样的整式方程叫作一元一次方程。

师：提炼一元一次方程定义中的核心要点？

生：①一元；②一次；③整式。

师：一元一次方程的一般形式是什么？

生：……

师：这里 a、b 为常数不难理解，为什么要 $a\neq 0$ 呢？

生：当 $a=0$ 时，这个方程就不是一元一次方程了！

教学启示：这里看似平淡无奇的教学，却有很深的用意，可帮学生回顾方程、一元一次方程和一元一次方程的一般形式等内容，这些都是生发一元二次方程定义和一般形式的类比基础，特别是"提炼一元一次方程定义中的核心要点"：①一元；②一次；③整式。这是让学生给一元二次方程下定义做准备的。在教学中我们要找到简单而有效的切入口，让学生便于将新知自觉地同化（或顺应，或平衡）到旧知中，这类活动的设计切入口要小，但要平中见奇、引人入胜，这是学生类比性认知的基础。

"教学的适切性"是"自觉教育"的前提。"自觉教育"的教学主张是教师要重在体现因材循导。"因材循导"反映的是教师要基于"真"学情，给出与学生的经验、能力相适应的教学资源和教学方法，精心策划系列递进的学习活动，唤醒学生释放出"创造（再创造）"与"创新"的本质潜能。在这个教学片段中，我通过"问题串"的形式引发学生的思维性活动，从而让学生为理解新知积累一些初步的经验。只有让学生积累了初步经验和基本的思考，学生才会有自己的想法，才会有思维碰撞的火花，才会有高层次对话的基础，才会有智慧生成的基础。

二、自觉体悟

"自觉教育"的教学主张中还要重视发展性主体(学生)的自觉体悟。"自觉体悟"反映的是在教学中要唤醒学生的自我责任意识、效能感和自组织学习力,让学生在独立探究中自悟、在多维互动中领悟、在学后反思中感悟,通过变式引领和自主创新等环节,使学生达到对认识对象的本质理解和自觉运用。"自觉教育"的教学过程中不仅十分重视学生学习的自主性、探究性、交互性、共生性等特质,还关注正确处理好学情与数学发展需要、课堂结构与流程、生成性与靶向性等一系列教学生产关系的平衡性。

1."自觉体悟"环节教学片段一

例. 根据题意列方程:如图 2-3,长方形花圃一面靠墙,另外三面所围成栅栏的总长度是 19 米,如果花圃的面积为 24 平方米,花圃的宽为 x 米,则可得方程:_____。

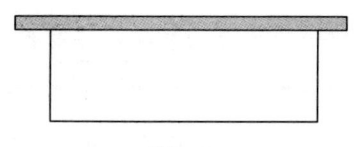

图 2-3

师:题中有几个等量关系?

生:两个。一个是长方形花圃的三面所围成栅栏的总长度是 19 米,另一个是花圃的面积为 24 平方米。

师:这两个等量关系有什么作用?

生:一个可以用来设未知数,另一个可以用来列方程。

师:这里的未知数已给大家设好了:设花圃的宽为 x 米。

生:可以由"栅栏的总长度是 19 米"这个等量关系推得与墙平行一边的边长为 $(19-2x)$ 米。可用另一个等量关系列出方程为:$x(19-2x)=24$。

师:下面请同学们独立完成以下问题,根据题意列方程:

(1)两个连续整数的平方和等于 145,求其中较小的数。(设较小的数为 n)[①]

[①]给出统一的"设元"是为了让学生得到关于同一个未知数的方程,便于互动交流的"统一性"。下同。

(2)小亮、小明、小刚三个人中,小亮的年龄比小明的年龄小 7 岁,小刚的年龄比小明的年龄大 5 岁,并且小亮与小刚的年龄的乘积是 160,你知道这三个人的年龄各是多少岁吗?(设小明的年龄为 y 岁)

(3)在长 40 米,宽 22 米的长方形地面内,四周修筑同样宽的道路,余下的铺上草坪,要使草坪的面积达到 760 平方米,道路的宽应为多少?(设道路的宽应为 m 米)

(学生独立完成,教师巡视批阅各小组长的作业,各小组长批阅全组后,教师公布答案,学生自行校对,自觉查找错误的原因,各小组讨论交流,帮同学订正,并将错误成因归总,全班交流和点评)

教学启示:在这个教学过程中,主要是让学生借助于列方程解应用题的前经验列出方程,让学生明白一元二次方程在生活中有很多的应用,一元二次方程也是解决相关问题的重要模型与工具,学好一元二次方程有很大的必要性。这里得到的四个方程化简后都是三项俱全的一元二次方程,为什么没有采用教材的体例?主要是为了便于学生归纳,这里运用的是从一般到特殊的教学方法。

2. "自觉体悟"环节教学片段二

师:同学们,现在我们得到四个方程,分别是:$x(19-2x)=24$,$n^2+(n+1)^2=145$,$(y-7)\cdot(y+5)=160$,$(40-2m)\cdot(22-2m)=760$。这四个方程有点杂乱无章,似乎看不出有什么头绪,现在老师将其中一个方程进行变形,我们以方程 $x(19-2x)=24$ 为例。同学们,请猜想我们将这个方程进行变形的思路是什么呢?

生:等号左边利用单项式乘以多项式的法则展开,变为 $19x-2x^2=24$。

师:不仅如此,我们还要将等号右边的数和式全部移到等号的左边,即等号右边化为 0,这样我们得到了什么样的方程?

生:$19x-2x^2-24=0$。

师:你们看到等号左边的代数式还有什么想法吗?

生:可以按未知数的次数进行降幂或升幂排列。

师:对!通常我们按降幂排列,其结果将方程变形成什么样的方程?

生：$-2x^2+19x-24=0$。

师：在这个方程中，最高项的系数是多少？

生：-2。

师：通常我们将最高项的系数都化为正数，在这个方程中如何将最高项系数化为正数？

生：各项乘-1。

师：各项乘-1后，我们得到了一个什么样的方程？

生：$2x^2-19x+24=0$。

师：请同学们归纳刚才将方程变形的步骤，它们分别有哪些？

生：①将能展开的各项全部展开；②将等号右边的各项全部移到等号左边；③按未知数的次数降幂排列；④最高项系数转化为正数。

师：谁还有补充？

生：在第二步将等号右边的各项全部移到等号左边后，可能还要合并同类项，然后对未知数的次数进行降幂排列。

师：对！将上面两位同学所说的汇总到一起，我们就得到了将此类方程变形的五个步骤(板书)。这个变形过程中，我们还要注意什么？

生：展开和移项过程中不能出错。

生：如果最高项系数是负数，将它转化为正数时，各项都要乘-1，不要漏乘。

师：现在请同学们依照刚才的变形过程，将另外三个方程进行变形和整理。

(学生独立完成，教师巡视批阅各小组长的作业，各小组长批阅全组后，教师公布答案，学生自行校对，自觉查找错误的原因，各小组讨论交流，帮同学订正，并将错误成因归总，全班交流和点评)

师：将四个方程进行变形后，我们分别得到了四个什么样的方程？

生：$2x^2-19x+24=0$，$n^2+n-72=0$，$y^2-2y-195=0$和$m^2-31m+30=0$。

教学启示：在这个教学过程中，让学生经历将非一般形式的一元二次方程化成一般形式的一元二次方程的过程,一是为与一元一次方程进行类比服务;二是为看出一元二次方程的本质服务;三是为归纳一元二次方程的一般形式服务;四是为今后求一元二次方程的根中的方程变形(如用求根公式求根)服务;五是让学生经历知识发生和发展过程,丰富学生学习与活动的经验。

"自觉数学课堂"突出自我责任、自觉体悟、思维素养、学习品质和自组织力。建构主义认为,学习过程一方面是对新信息的意义的建构,另一方面也包含对原有经验的改造与重组。更要处理好从浅层学习(知识接受、技能掌握、知识应用等)走向深度学习(本质理解、互动评价、创新运用等)的关系,在教学策略上要关注讲、探、练相结合,通过师生、生生和生本的多维互动,让学生重构自己原有的认识,取得更加全面深刻的感悟,促进高阶思维品质的自觉形成。

三、自主建构

学生的数学学习并不是机械的接受,不是简单的模仿,不是"死读书,读死书",也不只是积极地消化吸收和融会贯通、纠正和改造旧有知识;而是需要举一反三,灵活运用,甚至根据已学知识,结合自己的经验与想象,进行新的创造。

1. "自主建构"环节教学片段一

师:通过变形,我们得到四个方程:$2x^2-19x+24=0$,$n^2+n-72=0$,$y^2-2y-195=0$ 和 $m^2-31m+30=0$,这些方程有哪些共同特征?你们能用核心词语进行归纳吗?

生:①一元;②二次;③整式。

师:它们与一元一次方程有什么相同和不同之处?

生:相同之处是一元和整式,不同之处是一个是一次,另一个是二次。

师:你们能给它们取一个名字吗?

生:一元二次方程!

师:你能给一元二次方程下个定义吗?给它下定义时你有什么想法?

生:类比一元一次方程的定义。

师：给一元二次方程下定义，每个同学先说给自己听，再说给同学听。

2. 学生自我对话和交流互动

师：请给出一元二次方程的定义。

生：只含有一个未知数，且未知数的最高次数是2的整式方程叫作一元二次方程。

教学启示：在这个教学过程中，让学生通过结构化提炼发现这些方程的主要特征，利用这类方程建立一般化结构，并能较准确地发现这类方程的核心要素——①一元；②二次；③整式。从而更深刻地发现一元一次方程与此类方程的异同，随后给一元二次方程命名和下定义都能做到水到渠成。学生接受新知的过程本质上是一个化未知为已知的过程，或者是对已知的知能进行加工和改造的过程。我们的教学就是要让学生所要经历的这些过程变得顺畅和自然，要让新知在学生原有的知能结构中"自然分娩"。

3. "自主建构"环节教学片段二

师：你能说出一元二次方程的一般形式吗？

生：$ax^2+bx+c=0$（a、b、c为常数，且$a\neq 0$）。

师：这里a、b、c为常数不难理解，为什么要$a\neq 0$呢？

生：当$a=0$时，这个方程就不是一元二次方程了！

师：$a\neq 0$现在已达成一致了，那么b、c可不可以为0呢？

（学生意见不一致，形成了认知冲突）

师：对于这个问题，我们还是再来探究两个问题：①给木质器具表面刷油漆，每平方米需要用油漆100克，当我们把一个正方体表面刷满油漆时，恰好用掉油漆2400克，那么这个正方体的棱长是多少？（设这个正方体的棱长为x米）②一个数与3的差的平方等于9，这个数是多少？（设这个数为x）

师：你们列出了什么样的方程？

生：$600x^2=2400$ 和 $(x-3)^2=9$。

师：化成一般形式以后是什么样的方程？

生：$x^2-4=0$ 和 $x^2-6x=0$。

师：你们发现了什么？

生：前一个方程中 $b=0$，后一个方程中 $c=0$。

师：方程 $x^2=0$ 是一元二次方程吗？

生：是的。

师：为什么？

生：它符合：①一元；②二次；③整式。即满足一元二次方程的定义。

师：这个方程中，各项系数有什么特征？

生：$a=1$，$b=0$，$c=0$。

师：从以上的探究中，你有什么感悟？

生：在一元二次方程的一般形式 $ax^2+bx+c=0(a、b、c$ 为常数，且 $a\neq 0)$ 中，可以有 $b=0$ 或 $c=0$ 或 $b=c=0$ 等情况。

师：很好。我们把 a 叫作二次项系数、b 叫作一次项系数、c 叫作常数项，还要注意连同它们的符号作为整体表述。

教学启示：在这个教学过程中，选择了从一般到特殊的教学方法，这样较能顺应学生的思维发展，便于学生对一元二次方程定义和一般形式的提炼和进行辨析性反思，对知识的掌握能更牢固。数学教育的结果不仅是让学生学会拿着"提货单"到"知识仓库"里去"提货"，更要让学生学会自觉地拿着有自己的方法体系的"智慧工具箱"，对遇到的问题能从不同的角度去理解它，并创造性地去解决它。

"自觉教育"的真正奥秘在于唤醒学生高效的"自觉学习"。我们始终要突出教师主导和学生发展性主体地位，要相信学生，解放学生，激发学生的发展潜能，这样才能保证核心素养真正在课堂中落地生根。在教学中要让学生的数学学习变得有趣味、有活力、有情境、有挑战性，更要让学生多器官参与数学活动过程，放飞他们的心灵，引领学生走向数学学习的核心。要把核心学习过程还给学生，而不是简单地将课堂中的时间和空间还给学生。我们只有转变教学观念，改变心智模式和行走方式，才能走向"自觉教育"的智慧深处。

教学反思

学生已经学习了一元一次方程、二元一次方程组等知识，感受了方程模型的作用和价值，积累了一些利用方程解决问题的经验，一元二次方程是以前学过的方程知识的延续和深化。本节课遵循了"问题情境—建立模型"的模式，并归纳出一元二次方程的有关概念。一元二次方程在现实生活以及数学中有着广泛的应用，这节概念课的教学，破除烦琐的模式训练，使学生经历问题情境、数学模型的过程，强化了方程的模型思想，获得了更多的解决问题的方法和经验，使学生更好地体会到了数学的价值。

通过引学问题链唤醒了学生学习一元二次方程的前经验，并给学生厘清了前位类比性学习的类比源问题：一元一次方程的定义等。通过对实际问题的探究，能够让学生认识到日常生活中的一些问题可以用方程来解决，感受到方程源于实际问题。引导学生分析题意，找出相等关系，可列出三个相同的一元二次方程，进一步丰富学生从问题到一元二次方程的感受，体会方程的模型思想。本节课的设计从问题到方程，紧密联系实际，创设学生感兴趣的问题情境，通过丰富的实例，引出一元二次方程，展现一元二次方程是刻画现实世界的有效数学模型，让学生体会一元二次方程与现实世界的密切联系，并引导学生对已经得到的几个方程进行特点分析，从而抽象出一元二次方程的概念和它的一般形式。

这节课因为是借班上课，因而我用游戏的方式暖场，在轻松愉悦的氛围下和学生聊聊课堂规则，一下子就拉近了与学生的距离。在上课过程中，尊重学生的原有经验和最近发展区，通过类比的方式，由一元一次方程引到一元二次方程，自然流畅。教学过程中鼓励学生在学习中抓住本质知识，让真实的学习发生在课堂上，通过学生板演暴露学情差异，再有针对性地对学困生加以辅导，效率很高。课堂上最突出的亮点就是把核心学习过程还给了学生，让学生成为课堂的主人，在教师精心设计的"问题串"中，学生通过自觉思辨，自主探索领悟知识的形成过程。

这节课中我将学生分为 8 个小组，每个小组有 6 个号位，将独学、群学、展评和创学等学习法融入课堂，以展学的教学方式展开教学活动。小组中的每一个号位都有机会上台展示自己的计算过程，师生进行发展性点评，好的展示小组加分，计算过程不完善的小组扣分。以小组竞争的方式督促学生自觉学习。整节课下来，一开始比较拘谨的学生也变得活跃起来，自信勇敢地表达自己的观点，自觉教育正悄悄改变着学生的学习状态和学习效果。同时，关注学生从识记、理解、应用走向分析、评价和创建，即关注学生从浅层学习走向深度学习。

在这节课的暖场和引学问题链部分费时有点多，另外学生对小组学习和随机号位上黑板进行"暴露差异"费了点时间，在教学过程中向教师们介绍我的设计理念又浪费了点时间，因而整节课略显"前松后紧"，由于整体铺垫和学习活动环环相扣，整节课的教学目标达成度较好，听课的专家和同行评价较高。

同行品悟

以下是来自江苏省的部分听课教师对这节课的品悟。

一、学生才是课堂的主人

今天发现，我个人以前对这句话的理解依然很肤浅，以为学生活动了，积极参与课堂了，能踊跃回答教师的提问了，学生就是课堂的主人了。直到今天听了潘老师的课，我才发现：教师让学生成为课堂的主人，完全可以覆盖到全班一个不少，完全可以通过教师的睿智和课堂形式的变化，实现盘活所有学生，激发所有学生的学习兴趣，展示所有学生的学习效果这样的目标。很多时候，学生的积极参与和有效参与是有本质差别的。

二、教学的关键是让学生想明白，而不是教师讲明白

教师讲明白，学生是一种被动接受；学生想明白，才是真正意义上的自觉学习。有效的课堂，教师不需要过多的解释、讲解，通过一个个问题串的设计，就能不断激发学生思考，引导学生知识迁移，展开自主讨论和交流，最终使知识的获取水到渠成。普通教师教给学生的是知识，好教师教给学生的是方法，是能力，是情怀。

三、生活是数学的源泉

潘老师这节课用游戏激发兴趣，经验唤醒类比学习，既有启发意义，又可以达到简化教学的目的。通过自觉体悟，让真实学习发生在课堂，把真实问题暴露出来，为课堂操作提供了生动真实的样本。潘老师非常重视过程性评价——"课堂是你的"，赏识激励学生，帮助学生积极参与数学活动，对数学有好奇心和求知欲，体验获得成功的乐趣，建立自信心。从独学、对学，到群学、展学，从主导自觉、主体自觉到支持自觉，激发学生活力，完成了教学过程的连续增长。

四、课堂中没有学生学习的盲区

潘老师的这节课，将九年级的内容"一元二次方程"给八年级的学生来上。开始，轻松愉悦的小游戏让每一位学生都能快速融入学习情境，也为学生享受课堂做好铺垫。从一元一次方程着手，复习定义，并逐步深入，做知识类比，直到引出新内容一元二次方程。课堂以小组竞赛的形式，让学生充满比赛的竞争感，每一个小组有六位成员，每一位成员都有机会当小老师，上黑板板演，我认为这节课最大的亮点是课堂中没有学生学习的盲区，学生自觉地学知识、用知识，有错误当堂更正，牢记错误原因。整堂课，每一位同学都能有效掌握老师所讲的知识点，这堂精彩的课，也让在场的教师报以热烈的掌声。以后，我也会努力进步，不断更新自己的教学理念，不断打磨自己的教学，跟随潘老师的脚步，不断前行。

五、发挥教学助理的作用

在课堂上，潘老师将一个班级分为 8 个学习小组，每个小组设定一个教学助理，让其自主学习，进行课堂比拼，这样使每个学生都能融入课堂。在教学设计上，潘老师通过类比的方法，让学生参照一元一次方程的研究思路，类比猜想出一元二次方程的定义与一般形式，循序渐进，并将学生已有的知识调动起来。潘老师让学生通过活动、思考去探究和发现问题，进而解决问题，充分相信学生，尊重学生，把学生作为课堂的主人，让学生通过自己动口、动脑、动手来学习知识、巩固知识、拓展知识。通过本节课，我深刻理解了"自觉数学教育思想"的要义，体会到了学生主动学习、自觉学习的重要性，对于以后的教学工作具有重大意义。

六、唯"美"的课堂

我有幸听到了来自潘老师的数学课，在我看来是一节非常唯"美"的课。①互动美。作为台下听课者，潘老师的课堂给我一种幸福的感觉。潘老师上课前和孩子们做的小游戏能够很好地在短时间内拉近与孩子们的距离，消除陌生感，孩子们很快就进入课堂状态。课上潘老师关注每一位学生，帮助学困生答疑解惑，他特别强调千万不能漏掉任何一位学生，要让学生觉得自己才是课堂的主人！潘老师对每一位回答问题的孩子都会竖起大拇指，他说不要小看这一个小小的举动，有些孩子能够记你一辈子。②设计美。潘老师的课堂设计环环相扣，井井有条，每一个知识点都是在潜移默化中让学生学习到并且能够消化吸收。他借用八年级的学生上九年级的内容也不在话下，学生们听得非常认真，能够跟着潘老师一步一步地往前走。而且课堂上时不时地就有练习与反馈，有鼓励与赞美，我不禁感叹数学课竟然也能够这么有趣，遥想当年初中的自己若是能够遇到这么优秀、这么温暖的老师该是多么幸运的事。③自觉美。潘老师上课前对孩子们一直强调一句话："同学们，学习是你自己的事情！"这句话正体现了潘老师课堂最大的特点：自觉性。正所谓教育真正的意义是一种启蒙、一种唤醒、一种点燃、一种开启、一种得道，这些我在潘老师的课堂上都看到了。潘老师在课堂上的每一次引导、每一次激发、每一次挖掘都让我深有感触。自觉课堂其实就在我们的身边，只不过需要我们每一位教育工作者不断地探索与发现。

从本节课的教学中，我认识到无论是数学核心素养的培育，还是坚守数学素养教育，都有其坚定的"价值内核"，那就是要传承数学文化、关注数学思想、培养数学能力和提升思维品质，也就是要使学生得到灵魂的熏陶、精神的生长、智慧的唤醒。由此可见，我们要把数学核心素养的培育提升到生命层次，使数学学习过程成为学生的生命被激活、被发现、被欣赏、被丰富、被尊重的过程，促进学生的自我发展、自我生成、自我超越、自我升华，这是"自觉数学教育"想要达到的一种境界。

因材循导 自觉建构
——潘建明自觉教育初中数学课型15例

课例 3

几何概念课：教、学、做相统一，讲、探、练相结合
——以苏科版数学教材九年级上册"圆(1)"教学现实为例

教学主张

初中平面几何在数学新课程教材中属于"空间与图形"范畴，是初中数学基础知识的重要组成部分，内容主要涉及现实世界中的物体、几何体和平面图形的形状、大小、位置关系及变换关系。学生学习平面几何知识的过程，实际上就是学习平面几何的概念、命题和定理并运用它们进行判断、推理的过程，而几何概念又是学习相关命题和定理的基础，可见几何概念是几何基础知识的重要基石和重要组成部分。几何概念具有高度抽象性、概括性，是学生学习数学知识的难点之一，但它们是培养和发展学生空间观念、数学直观、数学建模和演绎推理等核心素养和数学思维能力的基础。

课例3　几何概念课：教、学、做相统一，讲、探、练相结合

新课标[①]实施以来，新教材在平面几何概念的定义方式上发生了一些变化，主要有：

1. 增强了直观形象性描述；

2. 采用发生性定义；

3. 放宽了概念的决定性属性组；

……

这些变化多多少少都会影响几何概念(新授)课的教学策略选择。代数概念(新授)课和几何概念(新授)课都是数学概念(新授)课，它们有很多相同点，也有一些不同点。

然而，当下的几何概念(新授)教学的形势也是不容乐观的，通常有下面几种典型的问题：

1. 脱离生活，照本宣科。在新课标理念指导下，广大教师都开始注意到要将数学与生活联系起来，特别是在与生活有着密切联系的几何概念教学中。但是，由于对新课标理念理解不到位，某些教师在具体操作时，只是在原有教学过程中加上一个所谓的"联系生活"环节，并没有引导学生将几何概念从生活实物中抽象出来，建立起概念的表象。这只是一种形式上的"与生活相联系"，没有达到新课标的理念要求。

2. 超出认知，过度抽象。这类问题主要是由于教师只是"教"教材，没有从学生的实际出发，没有与学生的生活相联系，忽视了学生的年龄特点和思维特点。教学中常常忽视基于学生的原有认知抽象出相关平面图形表象的过程，而是结合某些图形的概念通过反复的讲解来使学生"理解"概念。这样会把几何概念教得非常"死"，不仅跨度大，而且超出了学生的认知水平。由于抽象过度，题目又较难，这样的教学内容对于学生来说太枯燥、太抽象，会使学生逐渐怕学几何，对几何学习失去兴趣和信心。

3. 强输硬灌，生吞活剥。在当前的几何概念教学中存在僵化教条地讲

---

①特别是《义务教育数学课程标准（2011年版）》的实施。

授概念的现象，概念的本质揭示不透彻，忽视概念间的相互联系及概念的综合应用发展等问题。更有一些教师片面重视"概念应用教学"，而不重视"概念发生教学"，把注意力和精力过多地投入应用教学中，在讲概念时一带而过，不注意讲懂、讲透，学生没有真正理解概念；还有一些教师在教学概念时往往把一些新概念和盘托出，强输硬灌，要求学生去记一些现成的结论，学生囫囵吞枣，导致学生要非常透彻地理解掌握几何概念存在一定的困难，往往只会死记硬背、照搬照抄，不会灵活应用等。

4. 背景不明，思辨不够。有一些教师对平面几何的概念教学常常是"走过场"，常常采用"一个定义，三项注意"的方式，在概念引入背景和适用背景上"着墨"都不够，也没有给学生提供充分的概括本质特征的机会和变式思辨的机会，认为让学生多做几道题更实惠。其实，对平面几何概念及其蕴含的思想方法的掌握，才是理解、掌握和应用概念解决问题的根本保证，而过分关注解题技巧的结果是："讲过练过的不一定会，没讲没练的一定不会。"

自觉数学课堂视域下的"几何概念课"的教学主张：

1. 摆正心态。学生掌握几何概念是一个主动的、复杂的心理过程，并不是教师把现成的概念简单地、原封不动地教给学生就能达成预期的效果，而是结合他们自己已有的知识和经验，运用多种感性材料，通过观察、比较、分析、综合、抽象、概括等一系列思维活动，得出事物（几何概念）的本质属性。因此，我们要摆正心态，要善于抓住新旧知识的本质联系进行引导、启迪，让学生经历操作理解、概念理解、关系理解和应用理解的过程，使学生在主动学习中能牢固把握几何概念。

2. 把握规律。正确理解几何概念是掌握几何知识的前提，在教学中要遵循从具体到抽象的一般认识规律，准确把握学生在几何概念学习中的需求层次，科学合理地设计教法，多引导学生进行实际操作活动，引导学生通过各种形式对表象进行加工、调整、积累、提炼，使学生从表象越来越接近概念本身，从而真正建构完整准确的概念。

3. 加强直观。在教学过程中，学生的认知活动，总是从感知开始，由感性认识上升为理性认识。而数学中的许多概念都是从它的形成过程中提出的。因此，在教学中，要注意利用直观（包括多媒体）教学模型让学生感知几何概念的形成过程，逐步培养学生观察、提炼、概括、归纳和理解几何概念的能力。

4. 揭示本质。创设问题情境，主要是发挥学生作为教学主体的主动性，让学生自己去观察图形，寻找共同特征，通过概括共同本质特征得到概念的本质属性。将凝结在数学概念中的数学家的思维打开，以典型丰富的实例为载体，引导学生展开观察、分析事例的属性、抽象概括共同本质属性，归纳得出数学概念。同时，要加强概念的辨析——以实例（正例、反例）为载体分析关键词的含义，关注反例的目的是加深学生对概念的理解，把握概念的本质特征。

5. 突出差异。数学是逻辑性极强的一门学科，数学概念之间存在着密切的联系，当新、旧概念联系十分紧密时，必须抓住它的内涵差异进行讲解，对概念进行逻辑分析。突出概念间内涵的差异，可以加深学生对概念的理解。

6. 语言转换。初中学生的形象思维能力水平比较低，在学习几何时容易片面地、孤立地看问题，易使文字表述与符号表述及图形表述脱节，加强"文字语言""符号语言""图形语言"之间的相互表征性转换，可以提高学生对概念的深层次理解。

7. 变式应用。几何概念的理解还需要通过推理论证和解题的实践来检验，变式应用是几何概念教学中不可忽视的一环，注重几何概念的实际运用，不断充实扩展，可以培养学生的发散性思维。一般来说，学生掌握概念是从特殊到一般，而练习则是由一般到特殊，又把学生的思维过程由一般引向特殊，提高了解题能力和思维方法。

"几何概念（新授）课"的一般结构与流程示意图，如图 3-1 所示。

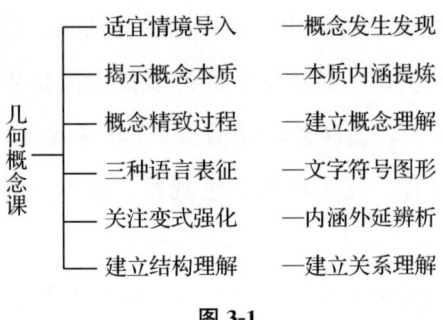

图 3-1

教学设计

"自觉数学课堂"的教学策略是"学、教、做相统一,讲、探、练相结合"。从以教为中心、以学为中心进入教中有学、学中有教、不分彼此的"第三种教学关系",实现了促进个性化学习的一种混合式学习。2017年5月23日在泰州市举行了江苏省初中数学名师发展共同体活动,本文以这次活动中我用八年级学生上的苏科版初中数学九年级上册"圆(1)"教学现实为例。

一、教学分析

"圆"是在学生学习了直线形的有关性质的基础上来研究的一种特殊的曲线图形。它是常见的几何图形之一,在初中数学中占有重要地位,与其他知识的综合运用性较强。本节课的内容是对已学过的旋转及轴对称等知识的巩固,也为本章即将要探究的圆的性质、圆与其他图形的位置关系、数量关系等知识打下坚实的基础。学生在小学时已经学过圆的一些知识,对圆已有初步的了解,这是学生认知的基础,在教学中不能盲目忽略这一点,同时要结合生活中的实例来学习。本节课主要让学生经历形成圆的概念的过程、探索点与圆位置关系的过程,理解圆的概念、理解点与圆的位置关系和相关概念等,在此过程中,既要让学生获得具体的数学知识,又要让学生提高数学思维能力,掌握观察、分析、归纳、提炼和建模等方法,从而形成数学直观、建模、推理等数学素养。

二、教学目标

1. 双基水平

(1)经历形成圆的概念的过程，经历探索点与圆位置关系的过程，探索圆的两种定义。

(2)理解圆的概念，理解点与圆的位置关系，体会圆的不同定义方法，感受圆和实际生活的联系。

2. 问题解决

(1)理解并掌握弧、弦、优弧、劣弧、半圆等基本概念，能够从图形中识别。

(2)经历探索点与圆的位置关系的过程，让学生体会定量分析对图形性质的判定方法。

3. 学科思维

(1)经历由生活现象揭示其数学本质的过程，培养抽象思维和归纳概括的能力。

(2)在解决问题的过程中使学生体会数学知识在生活中的普遍性，培养学生把实际问题转化为数学问题的能力。

三、重点、难点

重点：圆的两种定义的探索及点与圆的位置关系的探究。

难点：圆的两种定义方法，特别是圆的集合定义的理解。

四、教法选择

圆是一种基本的几何图形，圆形物体在生活中随处可见。八年级学生在过去的学习和生活中对圆的知识已经有了一些认识，初步体会到圆在生活、工农业生产、交通运输、土木建筑等方面均广泛存在，这为进一步探究圆的定义及相关性质奠定了一定的基础。但学生对圆的相关性质掌握较少，对知识的转化能力较差，所以重在要学生参与，主动探究，增强解决实际问题的能力。学生在小学学过圆的一些知识，对于圆已经有初步的了解，并会利用圆规画圆，经历了在操作活动中探索圆的性质的过程。初步了解圆所具有的一些性质,并会用自己的语言加以简单描述,初步具有了有条理地思考与表达的能力,为本章的深入学习奠基了基础。本节课通过联系学生生活实际创设问题情境引入新课,引起学生学习的兴趣,在学生主动参与下,经过学生合作学习,使学生更好地掌握新知识,培养学生的探究精神,在观察、分析、抽象概括中达成学习目标。本节课所采用的大体结构与流程如下:经验唤醒—自觉体悟—探究导学—变式应用—自觉生成。

五、活动过程

1. 经验唤醒

(1)问题串:①你能举出生活中一些圆的例子吗?②你已经知道了哪些关于圆的知识?③你还想知道哪些关于圆的知识?

(2)判断:如图 3-2 所示,下列图形是圆吗?

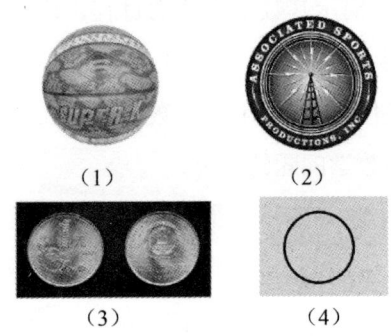

图 3-2

设计意图:加强圆的相关知识与生活的联系,让学生通过身边的事物来对圆进行重新认知;回顾小学中对圆的了解和认识,关注中小学知识的前后衔接;判断图 3-2 中哪些图形是圆,以激发学生的认知冲突,设置悬念,引发学生进一步探究的欲望和兴趣。

(3)奠基知识:

①线段垂直平分线上的点到线段两端的距离相等;到线段两端的距离相等的点在这条线段的垂直平分线上;所以线段垂直平分线是到线段两端

的距离相等的所有点的集合。

②角平分线上的点到角两边的距离相等；到角两边的距离相等的点在这个角的角平分线上；所以角平分线是到角两边距离相等的所有点的集合。

设计意图：通过对"线段垂直平分线是到线段两端的距离相等的所有点的集合"和"角平分线是到角两边距离相等的所有点的集合"的回顾，为圆的集合定义的产生奠定基础，同时让学生明白对一个概念下集合定义要关注"完备性"和"纯粹性"（要有这个意识，但这两个名词不用交代给学生）两个方面。

2. 自觉体悟

(1)动手操作：用圆规在草稿纸上画圆。

思考：圆规为什么能画出圆？确定圆的条件有哪些？

(2)问题：如何在操场上画一个半径为20米的圆？

(3)几何画板演示：圆的"生成"，如图3-3所示。

(4)给出圆的"运动定义"：在平面内，把线段 OP 绕着端点 O 旋转一周，端点 P 运动所形成的封闭图形叫作圆。同时给出圆和圆心的表示。

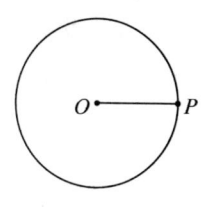

图 3-3

(5)判定图 3-2 中是圆的图形。

设计意图：通过圆规画圆的操作与思考，使学生对圆的产生形成感性认知，经历圆的形成过程，在操作中感受定点与动点的关系，进一步认识画圆的本质。通过对"如何在操场上画一个半径为20米的圆"来强化认知，再观察几何画板，圆的运动定义就自然得出，再通过判定图 3-2 中是圆的图形强化对"圆是一条封闭曲线"的认识，使学生明白圆与实际物体的圆盘的区别。

3. 探究导学

(1)思考：圆将平面分成几部分？

点与圆的位置关系有三种：点在圆内、点在圆上和点在圆外。

(2)先行组织者：海平面内，以点 O 为圆心的10千米内和边界上有暗礁，A 船距点 O 的距离为8千米，B 船距点 O 的距离为10千米，C 船距点 O 的距离为15千米，请判断 A 船、B 船和 C 船分别有无触礁的危险。

(3)点与圆的位置关系的判断：

①点在圆内，$d<r$；②点在圆上，$d=r$；③点在圆外，$d>r$。

(4)圆的"集合定义"：圆是到圆心的距离等于半径的点的集合。

圆的内部是到定点的距离小于定长的所有点的集合。

圆的外部是到定点的距离大于定长的所有点的集合。

(5)填空：已知⊙O半径为5，①若$OP=3$，则点P在⊙O＿＿＿＿＿；②若$OP=5$，则点P在⊙O＿＿＿＿＿；③若$OP=7$，则点P在⊙O＿＿＿＿＿。

(6)已知⊙O的半径为r，$OP=8$，①若P在⊙O外，则r的取值范围为＿＿＿＿＿＿；②若P在⊙O内，则r的取值范围为＿＿＿＿＿＿；③若P在⊙O上，则r的取值范围为＿＿＿＿＿＿。

设计意图：①圆的集合定义比较抽象，我将教材中的内容顺序进行了调整，先讲了点与圆的位置关系，再讲圆的集合定义，事实证明我这样的处理符合学生的认知规律；②怎样判断"点和圆的位置关系"，学生也是比较难想到的，我通过先行组织者很轻易地突破了；③通过前面的奠基，这里类比"线段的垂直平分线"和"角平分线"的集合表达，顺利地得到了圆、圆的内部和圆的外部的"集合定义"。

4. 变式应用

如图 3-4 所示，矩形 $ABCD$ 的对角线相交于 O，问题：点 A、B、C、D 是否在同一个圆上？如果在，圆心是什么？半径是什么？

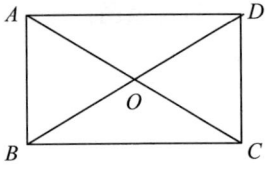

图 3-4

设计意图：①通过练习强化学生对"点与圆的位置关系"的认知与理解；②通过判断"矩形的四个顶点在同一个圆上"为研究"四点共圆"打下基础；同时让学生能够运用所学数学知识解决实际问题，体验知识应用的成就感，更加激发学生的学习兴趣。

5. 自觉生成

(1)弦、直径、弧、半圆弧、优弧、劣弧、等圆、等弧等概念。

(2)如图 3-5 所示，已知线段 $PQ=4$ 厘米。①画出下列图形：到点 P 的距离等于 2 厘米的点的集合；到点 Q 的距离等于 3 厘米的点的集合。②在所画图中,到点 P 的距离等于2厘米,且到点 Q 的距离等于3厘米的点有几个?请在图中将它们标示出来。③在所画图中,到点 P 距离小于或等于2厘米,且到点 Q 的距离大于或等于3厘米的点的集合是怎样的图形?把它指出来。

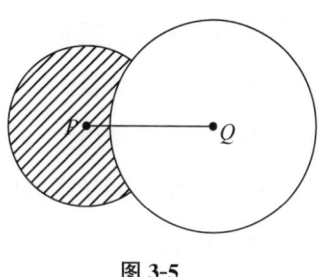

图 3-5

设计意图: ①学生边看书边动手画图,并用符号表示,有助于学生对弦、直径、弧、半圆弧、优弧、劣弧、等圆、等弧等概念的理解;②通过问题(2)拓展学生的知识面,增加学习兴趣,也为学生提供自我提高的机会,使不同层次的学生都有不同的发展。

课堂实录

数学教学的意义在于让学生在学习过程中学会科学地思考,教师有效地引导使教学主体间产生积极互动,以此来实现学生"本质力量"最大限度地释放。学生的数学素养是综合的、立体的,也是多元的。因此,我们要关注数学教育的全纳性(学生多向度潜能的开发)、全人性(学生本质力量的释放)和全面性(学生数学世界图景的建构)。

一、关注前经验唤醒,以"真学"定"真教"

学生在小学阶段对圆的相关知识已有了一定的认知,在新知教学中,我们必须首先弄清:他们已经对圆的知识了解了多少?已掌握了哪些?有哪些知识是正确的?哪些知识是模糊的?哪些知识是错误的?认知结构的状况如何?最近发展区在哪里?我们的教学起点在哪里?带学生走向哪里?……这些都是以"真学"定"真教"的本质性问题。

"自觉体悟"环节教学片段:

师: 同学们,如图 3-6 所示,我国古代哲学家墨子曾说过:"圆,一中同长。"古希腊数学家毕达哥拉斯也曾说过:"在所有的平面图形中,圆是

图 3-6

最美的。"今天我们就来研究圆,请同学们举一些生活中有关圆的例子。

生:车轮、转盘。

生:帽子、硬币。

师:这两位同学举的例子中的图形都是圆吗?

生(众):是!

师:老师再给出下列图形(如图 3-7 所示),请你判定哪些图形是圆。

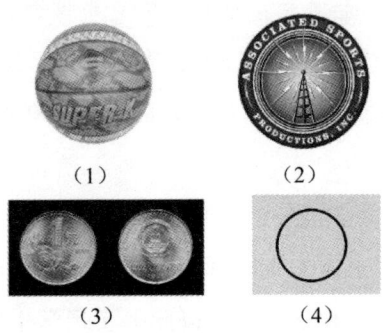

图 3-7

生:就第一个篮球不是圆,其他都是圆!

师:为什么篮球不是圆?

生:圆是平面图形,篮球是立体图形。

师:你们还有不同的看法吗?

生:没有了。

师:看来同学们在对"圆"的"正确认识"上还有一定的误区!到底什么样的平面图形才是圆呢?等我们探究完圆的定义,再来讨论这个问题。

教学启示:学生在接受新知前,我们要让他们从精神、心理、智力、经验上都做好学习新知的准备,特别是在小学已学过的相关内容上,要找到切入口将新知自觉地同化(或顺应)到旧知中,这类活动的设计切入口要小,但要平中见奇、引人入胜,且是具体的、现实的、有意义的和富有挑战性的,通过他们的感知、分析、判断、想象和归纳等心智活动,丰富基本活动经验,激发对新知的兴趣和好奇心。只有学生获得了实际的感观,才有探究和接受新知的"思维新基点"。让学生在自觉体悟中形成认知冲突,才能激发学生进一步探究的热情,这是学生认知的基础。

二、运用做中学、思、探,自觉认知圆的本质

学生在小学已经学习过如何用圆规画圆,他们对圆的认识若只停留在这个水平上,是很不够的,我们要精心设计递进性学习活动,让学生在做中学、思、探,引导学生发现圆的形成过程,给出圆的"运动定义"。让学生"用圆规画圆",这是做中学的起点,也是让学生进行在做中学、思、探的基础,我们的数学教学活动起点要低,但立意要高,活动的精度要好。

"探究导学"环节教学片段:

师: 请同学们用圆规在学案纸上画一个圆。

(学生画圆,如图3-8所示)

师: 请同学比较小组内各位同学所画的圆,你有什么发现或感悟?

(小组交流)

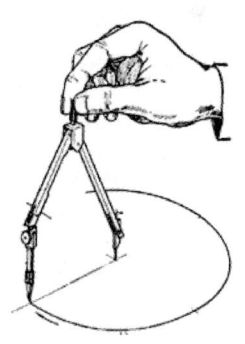

图 3-8

生: 画一个圆需要两个要素:圆心和半径。

师: 这两个要素对作出的圆的形状与大小有什么影响?

生: 圆心决定圆的位置,半径决定圆的大小。

师: 请同学们思考:如何在运动场上画一个半径为20米的圆?小组交流。

(小组交流)

生: 让一个同学拉住20米长的绳子的一端固定在一点,另一个同学拉直20米长的绳子在运动场上绕着固定的一点旋转一周,他画出来的图形即为所求的圆。

师: 其他小组有不同的意见吗?

生: 我们小组认为,可在运动场上取一点作为圆心,将运动场上所有到这个点的距离等于20米的点用一条曲线连起来就可以得到要画的圆。

师：还有不同的想法吗？

生：没有了。

师：现在我们回顾用圆规画圆和用绳子画圆的过程，请看视频（如图 3-8、图 3-9）。

师：小组交流，用圆规画圆和用绳子画圆有什么共同点和不同点？

（小组交流）

图 3-9

生：它们的共同点是一个点固定，另一个点绕着它旋转一周；不同点是画小圆用圆规，画大圆用绳子。

生：他说的不对！它们的共同点是一个点固定，另一个点绕着它旋转一周，还要加上运动点到固定的点的长度（距离）保持不变。

师：好的！请同学们再探究：圆规画圆和用绳子画圆，它们能画出圆的本质是什么？

（小组交流）

生：将一条线段的一个端点固定，另一个端点绕着它旋转一周，所画出的图形就是圆。

生：还要加上"在同一平面内"和"画出的是封闭的图形"。

师：这两位同学基本说出了用圆规画圆和用绳子画圆的本质。现在老师来用几何画板演示一下（如图 3-10）。

师：看完老师的动画演示，你有什么感悟？怎样给圆下定义？同桌互动交流后小组整理。

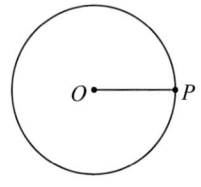

图 3-10

（学生交流互动）

生：在平面内，把线段 OP 绕着端点 O 旋转一周，端点 P 运动所形成的封闭图形叫作圆。

师：这位同学说得很好！这就是圆的"运动定义"（板书）。定点 O 叫作圆心。线段 OP（定长）叫作圆的半径。记为"$\odot O$"，读作"圆 O"。现在再请同学们思考：圆是一条线，还是一个面？

生：圆是一条线，不是一个面！

师：为什么？

生：圆是"在平面内，把线段 OP 绕着端点 O 旋转一周，端点 P 运动所形成的封闭图形"而不是"线段 OP 运动所形成的图形"。

师：现在我们再回头看一下刚才的问题判断"如图 3-2 所示，下列图形是圆吗？"

生：只有(4)是圆。

师：为什么硬币不是圆？

生：硬币是圆面！圆是一条封闭的曲线。

教学启示："自觉数学课堂"教学的本质并不是只关注活动经验的简单积累，而应更加重视如何能够帮助学生在经验的积累中实现相应的思维发展，并不断地向更高层次提升，只有这样才能让学生学会用知识生成智慧。为了帮助学生形成智慧，我们就应更加重视数学学习活动的学程设计，要更加重视学生对于学习活动的直接参与。这里以使用学生熟悉的圆规在纸上画"小圆"开始，再让学生解决在运动场上画半径为 20 米的"大圆"，探究用圆规画圆和用绳子画圆的本质上的异同性，让圆的"运动定义""自觉生成"。因此，我们要通过递进性的学习活动，运用做中学、思、探，让学生自觉认知圆的本质，促进学生对圆的"运动定义"的"同化"和"顺应"。

三、提供先行组织者，助力学生自觉创造新知

在"圆(1)"这一教学内容中，学生的认知难点是圆的"集合定义"，教学重点是点与圆的位置关系的认知与判断方法，为了减轻学生的认知负荷，突破教学难点，让学生建立对新知的"有序理解"，我改变了教材中的知识呈现的顺序。在教学中，我们常常要让教材的逻辑结构服从学生的认知逻辑结构，这就需要我们深度了解学情，灵活处理教材，这样才能使学生的学习过程鲜活而灵动。

"深度探究"环节教学片段：

师：请同学们观察图 3-11，思考：圆将平面分成几部分？

生：圆将平面分成三部分，分别是圆内部分、圆上部分和圆外部分。

师：现在老师向这个圆所在的平面内撒若干个点，如图3-11所示，请你说出点与圆的位置关系。先请认真思考后在小组内交流。

生：点与圆的位置关系有三种：点在圆内、点在圆上和点在圆外。

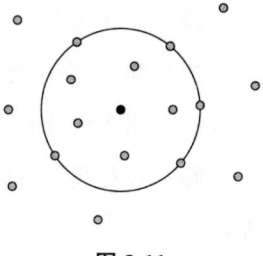

图 3-11

师：我们怎样判断点与圆的这三种位置关系呢？

（学生一脸茫然）

师：现在同学们先解决一个问题，看能否从解决这个问题中获得一些启示。

教师给出问题情境（先行组织者）：海平面内，以点O为圆心的10千米内和边界上有暗礁，A船距点O的距离为8千米，B船距点O的距离为10千米，C船距点O的距离为15千米，请判断A船、B船和C船分别有无触礁的危险。

生：A船、B船有触礁的危险，C船没有。

师：为什么？

生：因为以点O为圆心的10千米内和边界上有暗礁，A船距点O的距离为8千米，说明A船在圆内；B船距点O的距离为10千米，说明B船在圆上，它们都有触礁的危险；而C船距点O的距离为15千米，说明它在圆外，就没有触礁的危险。

师：如何判断点与圆的位置关系，你有何想法？

生：将点与圆心连接起来，用这条线段的长度与半径进行比较就行。

师：我们记圆的半径为r，这条线段的长度为d，如何判定点和圆的位置关系呢？现在请各小组画图并探究。

（小组合作探究）

生：当$d<r$时，点在圆内；当$d=r$时，点在圆上；当$d>r$时，点在圆外。

生：老师，反过来也是可以的。当点在圆内时，则$d<r$；当点在圆上时，则$d=r$；当点在圆外时，则$d>r$。

师：同学们，探究得很好！前一个同学说的是点与圆位置关系的判定方法，后一个同学说的是点与圆位置关系的性质。现在我们将点与圆位置的判定和性质用"⇔"来表示，读"等价于"，它的含义是从左边能得到右边的同时，也能从右边得到左边。点与圆的位置关系用"⇔"表述，如图 3-12 所示。

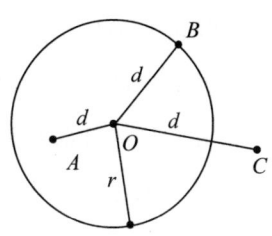

(1) 点在圆内 ⇔ $d < r$
(2) 点在圆上 ⇔ $d = r$
(3) 点在圆外 ⇔ $d > r$

图 3-12

师：刚才我们在画半径为 20 米的大圆时，有小组说："可在运动场上取一点作为圆心，将运动场上所有到这个点的距离等于 20 米的点用一条曲线连起来就可以得到要画的圆。"现在我们重点讨论"点在圆上 $d = r$"，根据"等价于"的意义，它的含义是什么？

生：如果点在圆上，则这个点到圆心的距离等于半径；如果一个点到圆心的距离等于半径，则这个点在圆上。

师：这句话似曾相识，在哪里遇到过呢？

生：学线段的垂直平分线的时候。

师：当时是怎么说的？

生：线段垂直平分线上的点到线段两端的距离相等；到线段两端距离相等的点在线段的垂直平分线上；最后得到了"线段垂直平分线是到线段两端距离相等的点的集合"。

生：老师，还有，角平分线上的点到角两边的距离相等；到角两边距离相等的点在这个角的角平分线上；最后得到了"角平分线是到角两边距离相等的点的集合"。

师：现在你们有什么要说的？

生：我们可以类似地得到"圆是到圆心的距离等于半径的点的集合"。

师：很好！不过现在我们将圆心说成定点，半径说成定长，这样又该怎样表述？

生（众）：圆是到定点的距离等于定长的所有点的集合。

师：这就是圆的集合定义（板书）。结合点与圆的位置关系，你们还能得到哪些类似的结论？

生：圆的内部是到定点的距离小于定长的所有点的集合。

生：圆的外部是到定点的距离大于定长的所有点的集合。

教学启示：点与圆的位置关系的判定方法与圆的"集合定义"都是学生的认知难点，本学习活动从圆将平面分成几个部分自然过渡到点与圆的位置关系的分类，当学生对如何判定点和圆的位置关系一筹莫展时，通过给出一个问题情境，启发了学生的思维，寻找到了判定的策略，并由个性问题追溯到共性问题，总结出了一般规律。再通过"点在圆上$\Leftrightarrow d=r$"的双向本质性的解读，类比线段的垂直平分线和角平分线的"集合定义"，顺理成章地得到了圆的"集合定义"，这样提供先行组织者，不但使学生学会了在原有知识基础上学习新知的方法，也有助于学生自觉创造新知。

四、讲、探、练结合，促进高阶思维自觉形成

"自觉数学课堂"突出自我责任、自觉体悟、思维素养、学习品质和自组织力。建构主义认为，学习过程一方面是对新信息的意义的建构，另一方面也包含对原有经验的改造与重组。课堂教学中一定要让学生从浅层学习（理解、识记和应用）走向深层学习（分析、评价和创建），在教学策略上要关注讲、探、练相结合，通过师生、生生和生本的多维互动，让学生重构自己原有的认识，取得更加全面深刻的感悟，促进高阶思维品质的自觉形成。

在"变式应用"环节教学中，我设计了如下的问题。

已知⊙O 半径为 5，①若 $OP=3$，则点 P 在⊙O _____；②若 $OP=5$，则点 P 在⊙O _____；③若 $OP=7$，则点 P 在⊙O _____。

已知⊙O 的半径为 r，$OP=8$，①若 P 在⊙O 外，则 r 的取值范围为_____；②若 P 在⊙O 内，则 r 的取值范围为_____；③若 P 在⊙O 上，则 r 的取值范围为_____。

如图 3-13，矩形 $ABCD$ 的对角线相交于 O，问题：点 A、B、C、D 是否在同一个圆上？如果在，

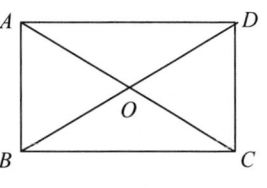

图 3-13

圆心是什么？半径是什么？

如图3-14，已知线段$PQ=4$厘米。

(1)画出下列图形：到点P的距离等于2厘米的点的集合；到点Q的距离等于3厘米的点的集合。

(2)在所画图中，到点P的距离等于2厘米，且到点Q的距离等于3厘米的点有几个？请在图中将它们标示出来。

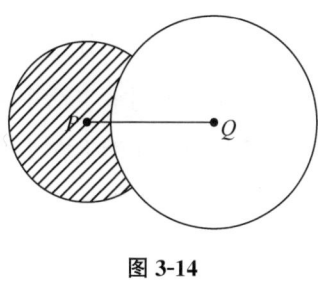

图3-14

(3)在所画图中，到点P距离小于或等于2厘米，且到点Q的距离大于或等于3厘米的点的集合是怎样的图形？把它指出来。

教学启示：在数学学习过程中，学生在已获得了感知新知的一些初步经验的基础上，再有同学之间的良性差异互动，使他们看到了同学与自己不一样的思考，听到了与自己不同的观点，便能多角度和多途径地完善对数学新知的理解，也丰富了自己所积累的学习活动经验，这也是在"教、学、做"后的"讲、探、练"的意义所在。在"变式应用"这个环节，用四个问题组成的"问题串"把学生的思维不断地引向深入，激发学生多向度、本质性地认识问题，激活师生的创新意识和创造能力，扩大了学生的"认知半径"，提升了思维品质，也提高了学习策略运用水平。

教学反思

数学素质教育的主阵地是课堂，课堂的"灵魂"是学生的"学习过程"。为了每一个学生都能更好地掌握数学知能，在数学学习过程中获得提出问题、分析问题和解决问题的智慧，要关注数学教学本质的回归：关注学习组织、学习起点、学习过程、课堂形态、教育角色、教育评价等一系列的变革，即让数学课堂教学从空间结构和时间秩序到活动流程都要发生变化。让课堂从教师如何"教"转变为学生如何"学"，关注创造新知、激发创新潜能、促进深度学习的发生、提升学生高阶思维品质。

一、诱发认知冲突

本节课的导入分三个层次进行,首先介绍含有圆的图片,让学生找出圆;再让学生列举生活中见到的圆,圆在日常生活中到处可见,学生对它也比较熟悉,让学生在头脑中搜索自己曾经见到过的圆,从而初步地感知圆;在此基础上让学生对给出的几个图形进行判断,诱发认知冲突,发生认知冲突的原因是很多学生对圆和圆形(或圆面)分不清,让学生带着问题进行对新知的探究。通过这样有层次的感知活动,调动了学生的多种感官,激发了学生学习圆的兴趣。

二、关注动态生成

学生对圆并不陌生,生活中这个完美的曲边图形几乎处处可见,但学生看到的圆一般都是静态的,而圆的本质特点是到定点的距离等于定长的所有点的集合,是动点的集合,这和直线形图形有着本质的区别;要想让学生感悟圆的图形性质特征,就需要让学生看到动点,看到圆"动态生成"的过程——点动成线,我通过问题"如何在操场上画一个半径为20米的圆"让学生感知到圆是由一条动态生成的封闭曲线围成的图形,它的特征主要体现(聚焦)在隐形的线段——半径(定长)和隐形的点——圆心(定点)上。

三、揭示本质机理

关于圆的认识,我的设计是从画圆开始,首先让学生利用手中的工具(圆规)自己画圆,然后展示所画的圆并说说"圆规为什么能画圆,其本质机理是什么",然后思考问题"如何在操场上画出半径为20米的圆",这样的设计目的是让学生再次思考画圆的本质机理到底是什么。其次通过观察在操场上画一个半径为20米的圆的过程和几何画板的动态演示让学生清晰地认识圆是平面上的一种封闭曲线图形,本质机理是线段绕一个端点的旋转运动,要素有圆心(定点:决定圆的位置)和半径(定长:决定圆的大小)。

四、用先行组织者

新课标指出"学生是学习的主人",教师要"向学生提供充分从事数学活动的机会"。"点与圆的位置关系"的判定方法与圆的"集合定义"都是学生的认知难点，我先让学生思考"圆将平面分成几个部分"，再自然过渡到点与圆的位置关系的分类。如何引导学生对点与圆的位置关系进行判断呢？我们知道，每个学生都有分析、解决问题和创造的潜能，但是学生个体之间存在着一定的差异，这是必然的。当学生一筹莫展时，通过给出一个问题情境（先行组织者），启发了学生的思维，寻找到了判定的策略，并由个性问题追溯到共性问题，总结出了一般规律。这一教学事实告诉我们，学生在生活经验、认知特点、思维方式等方面是有差异的，要求我们适当创设开放性的问题情境，使他们能从不同的角度进行思考和探索，这样才能取得良好的教学效果。

从本节课中可以看出：教学要完成认知目标，就需要解决好"突出重点""突破难点""处理生成点"这些常规问题，要帮助学生厘清头绪，从而创造性地使用教材。数学知识的获得和技能的养成是学生数学学习的内容，提升学生的思维能力、学习品质和数学素养才是数学教学的目标。只有通过有效的活动让学生在积累基本活动经验的基础上，进行"自觉体悟"，先经过"教、学、做"相统一的学习过程，再经过"讲、探、练"相结合的思维过程，才能促进学生智慧的生成。

同行品悟

以下是来自江苏省的部分听课教师对这节课的品悟。

一、游戏激趣

今天听了潘老师的示范课"圆（1）"，这节课巧妙的教学设计、完整的课堂布局、有趣的活动导入、浅入深出的精致构思震撼了我。学生在课堂开始时做游戏，简单、易操作，却吸引了很多同学，激发了他们的学习热情，以至于在之后的课堂上，很多学生总把小手高高举起，争先恐后地想要回答问题；另外，游戏还有一个非常重要的作用，那就是激发学生深入有效地思考，如果发现游戏有不合理之处，那么应该怎样重新设计游戏呢？这显然与本节课的教学内容息息相关，要让学生基于已有的知识经验顺利过渡到今天所学新知的自觉探索中。在今后的课堂教学中，我们应以本节课的精彩设计为契机，站在高的视角审视课堂，精打细磨出好课。

二、语言规范

整堂课潘老师特别注重文字语言、符号语言和图形语言的相互转换，无论是哪种语言的表述，潘老师的运用都是非常规范的，特别是关于圆的集合定义的巩固部分给我留下了深刻的印象，阴影部分包括边界与不包括边界，一字之差，却导致了不同的解题结果。潘老师指导学生画圆部分也让人回味无穷，"不是两只手，也不是一只手，而是两个手指头，用大拇指和食指捏住圆规，旋转一周"，他在课堂中的这些语言简洁干练又不失科学规范。

三、精心设问

本节课有五个板块，每个板块下又设有多个小问题，也就是一系列的问题串，这些逐步深入的问题串构成知识点发生、发展的逻辑线，整个课堂自然流畅。特别是以"在操场上如何画半径是 20 米的圆"为主问题引出思考，唤醒学生已有生活经验，并用问题串的形式组织学生思考。在每一个知识点后，潘老师都以主问题加追问的形式，不断带领学生直击问题核心，最后再以学生之间互相提问的方式，将知识、应用推向高潮。教室内学生互动学习气氛浓烈，课堂教学效果好。

四、灵活处理

潘老师对于"圆(1)"这节课的设计很精细，给我的感觉是干练、大度、智慧、热心，他的课亲和力强，课堂把控能力极好，给我们上了一节生动有趣的数学课，犹如一顿精神大餐，耐人回味。特别是对于点与圆的位置关系、集合定义的设计，到底应该哪个知识点在先，也是我经常迷惑的地方。书上的内容是集合定义在前，位置关系在后，我在上课的时候一直感觉过渡很生硬，这里潘老师对教材进行了合理、灵活的处理。听了潘老师的教学设计，感觉过渡自然，设计巧妙，一环扣一环，值得我学习！

五、体现自觉

听了潘老师的"圆(1)"这节课,我感觉整节课无论是内容设计还是活动设计都非常完整,过渡自然,一气呵成!我认为整节课我需要学习的地方有以下几点:

1. 备课过程中能够深挖教材,能够根据教学实际修正教材中的不合理安排,站在学生的角度思考问题。

2. 活动设计中能够就地取材,利用简单的游戏激发学生的学习兴趣和求知欲望,让学生积极主动地投入课堂学习。

3. 课堂中关注每一个细节,耐心指导学生如何利用圆规在黑板上和练习本上画圆,体现了数学学科严谨的学科特点,巩固了学生的基本操作技能。

4. 整节课以问题为载体,板块清晰,能够有效促进学生积极思考,自觉感悟,主动归纳定义,主动利用知识解决问题,体现了自觉数学课堂的核心内容。

5. 注重引导学生对问题的思考与感悟,抓住例题,而又高于例题,在例题后设计了让学生再提问题的环节,关注学生对所学知识的内化与提升,这种做法很值得我学习。

有效的数学教学一定是重在构建和谐民主的教学生态和利于学生个性化学习与发展的教学形态,要变"教"为"导",变"牵着走"为"手拉手一起走"。教师是学生学习资源的提供者,学习的组织者、指导者、合作者,评判者中的首席。数学教育不仅是教解题技巧,更是教学会思考,重在提升学生的思维品质和数学核心素养。

课例 4

法则新授课：促进内化，明晰"法理"

——以苏科版数学教材七年级上册"有理数加减法(1)"教学现实为例

教学主张

法则，原指法度、规范、方法、办法和规律。自然法则限于人类的认知程度，包括已知的和未知的潜在规律。数学法则属于自然法则，它反映的是数量、结构、变化、空间以及信息等概念的相关规律。在初中数学教学中，法则教学也是教学的重点内容，《义务教育数学课程标准（2011 年版）》指出："教师教学应该以学生的认知发展水平和已有的经验为基础，立足学生的生活经验、数学学习经验、已有知识水平，通过让学生对巧妙设计的问题情境的解决，顺利地促进法则的生成及学生的发展。"在全国多地的中考试题中，考查公式、法则的灵活应用的题目越来越多，这就要求我们在教学中让学生学会根据概念、公式、法则进行正确计算、变形和数据处理；根据问题的条件和目标，寻找设计合理、简洁的运算途径等。

在当下的数学法则教学中，常见的问题有：不明算理，机械地套用公式，运算缺乏合理性，对运算内涵缺乏科学的认识。其主要原因有两点：

1. 认识不到位。在运算法则中，其运算能力，是一种思维能力。但在实际教学中，部分教师把运算作为一种技能，采用大量做题的方式进行训练，虽然可以让学生学会一些运算技能，但面对新的问题情境时仍然不能很好地解决问题，说明运算能力的发展要经历一个思维的过程、一个学生内化感悟的过程，而不是仅仅通过做题就能形成能力。

2. 教学太死板。教学过程中不重视呈现法则的发现、推导、证明的过程，而是简单推导甚至直接给出，进行大量题目训练，致使学生缺少对"法理"的理解，没有内化为学生的应用法则解决问题的能力；同时，没有让学生感悟到在运用法则过程中的数学思想和方法，靠记忆来解题，把数学教"死"了。

自觉数学课堂视域下的"法则新授课"的教学主张：

1. 提升思维品质。要以法则教学为载体，培养学生的相关技能和思维品质，让学生掌握法则的同时，要进行"怎样用法则""为什么要这样用"等问题的思考。这样就达到了对"法理"的思考，从操作层面上升到思维层面，使相关能力得到提升。

2. 整合教学线索。在法则教学过程中，首先，应用好教材提供的导入情境和例题等素材，结合学生的认知基础整理好教学线索。其次，应根据班级不同层次学生的需求，精选一些基础的、典型的习题做补充。例题选题要精，具有层次性和可变性，尽量能一题多变、一题多解，以便举一反三，触类旁通。练习切忌机械训练和重复演练，最好以题组的形式，多角度、多形式、全方位进行训练，以深化学生对法则的理解，形成解题技能。

3. 重视推导过程。法则的教学过程通常是：给例子—找规律—归纳法则—适用辨析—运用法则—推广法则。没有过程就没有思维品质的提升，要理解法则就必须知其然更知其所以然。法则的推导得出，往往伴随着对概念的理解、方法的概括归纳以及数学表达，是一个思维训练的过程，明"法理"是教学重点。

4. 培养概括能力。教学中要让学生学会举例，并对例子进行分类、归纳、综合、概括，然后用概括性的语言表达出来，体现从未知生长出新知。运用已有经验探索新知，就是让学生亲历法则的形成过程，将带有生硬"规定性"的法则变成学生的自然生成，充分淡化生硬的"规定性"的痕迹，因为如何让学生真正理解法则、掌握法则是教学的难点，要在关键处发力。

5. 培育运算素养。运算能力是数学思考的重要内涵，很多情况下，运用法则进行数学运算是在一定情境中进行的，结合具体的情境抽象出运算对象（法则的适用性）是解决问题的首要任务，结合情境探索运算思路（运用法则）是解决问题的关键，在此基础上选择运算方法，设计运算程序，得到运算结果，通过对法则适用性的思辨可以让学生积累数学活动经验和感悟数学思想，培养思维品质。

6. 形成心理图式。建构主义认为："一切认识都必须通过主体的建构活动才得以完成。所以，学习者必须对自己的学习过程进行自我感悟，这样才能从整体上把握课堂结构，织成知识网络，提高元认知能力。"教师应引导学生对整个法则探究的过程进行回忆，对其中的知识进行梳理并网络化、表格化，对其中的数学思想方法自我感悟、自觉内化。在教学中要让法则以一种综合的心理图式建立在学生的头脑中，其中有具体的相关实例，有抽象的操作过程，有完整的形成模型，便于和以后学习的其他概念、规则相区别与联系。

"法则新授课"的一般结构与流程，如图 4-1 所示。

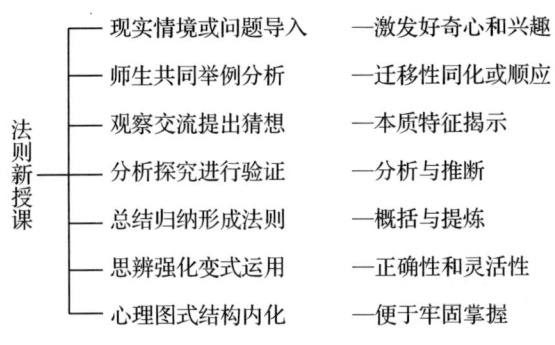

图 4-1

课例 4 法则新授课：促进内化，明晰"法理"

教学设计

《义务教育数学课程标准(2011年版)》明确指出："教师教学应当以学生的认知发展水平和已有的经验为基础，面向全体学生，注重启发式和因材施教。教师要发挥主导作用，处理好讲授与学生自主学习的关系，引导学生独立思考、主动探索。"元认识理论也强化学习的自我意识、自我体验，确保学习者的主体地位。因此，我们要认真研究学生、研究教材，进行有效的教学设计。

一、教材分析

有理数的加法是小学算术加法运算的拓展，是初中数学运算最重要、最基础的内容之一。熟练进行有理数的加法运算是学习有理数其他运算的重要前提，是本章的重点之一，同时也是为后面学习代数式、方程、不等式、函数等知识奠定基础。有理数的加法运算是建构在生产、生活实例上，有较强的生活价值，体现了数学来源于实践，又反作用于实践。本节课是把小数的范围扩充到了有理数，在学生已经理解并掌握了有理数的概念的基础上进行教学的。学生学习数学是一种认识过程，要遵循一般的认识规律，学生能否接受和形成在有理数范围内进行的各种运算的思维方式(先定性再定量)，关键在于这一节的学习。

二、教学目标

1. 双基水平

(1)经历探索有理数的加法法则，理解有理数加法的意义。

(2)初步掌握有理数加法法则，并能准确地进行有理数的加法运算。

2. 问题解决

(1)用数形结合的思想方法得出有理数加法法则。

(2)正确进行有理数的加法运算。

(3)在有理数加法法则的导出及运用过程中，训练学生独立分析问题的能力及口头表达能力。

3. 学科思维

(1)在探索过程中感受数形结合、分类讨论、由特殊到一般等数学思想。

(2)在观察、比较、归纳、提炼等活动中，体验数学充满探索性和创造性，以此来培养学生运用数学思想方法分析问题和解决问题的能力。

三、重点、难点

重点：有理数的加法法则的理解与运用。

难点：异号两数相加的法则理解与归纳。

四、教法选择

本节课是有理数运算的第一课时，虽然学生已经理解并掌握了有理数的概念，但是对于如何运用有理数的概念，特别是利用正负数的意义来描述问题仍显得困难；由于第一次接触带有符号的数的相加，所以必须克服小学形成的非负数加法思维定式的负迁移。七年级的学生，对异号两数相加从未接触过，与小学加法比较，思维强度增大，需要通过绝对值大小的比较来确定和的符号和加法转化为减法两个思维过程，学生在课堂上短时间内完成这个认识过程确有一定的难度。在教学时，应从实例出发，充分利用数轴，从数形结合的观点加以讲授，并配以适量的练习，通过交流讨论，总结出有理数的加法法则，让学生在练习中感知法则的应用，以求突破这一难点。本节课所采用的教学结构与流程为：经验唤醒—自觉体悟—探究导学—变式强化—感悟回归。

五、学习活动

1. 经验唤醒

(1)有理数是怎么分类的？

(2)我们把符号相同的两个数相加叫作同号两数相加，把符号不同的两个数相加叫作异号两数相加，那么它们可以分为几种类型呢？

设计意图：让学生对前面所学知识进行回顾，为学习新课做好铺垫；让学生对两数相加的类型进行分类，为本节课的学习扫清障碍，也是降低归纳法则的难度。

2. 自觉体悟

让学生拿出课前准备好的数轴(学生在硬纸板上做的，可用橡皮擦除)进行探究活动。

(1)探究活动一：

问题①：向右运动 5 个单位，向右运动 3 个单位，能否用算式表示？总结果是什么？

问题②：向左运动 5 个单位，向左运动 3 个单位，能否用算式表示？总结果是什么？

(2)探究活动二：

问题③：向左运动 3 个单位，向右运动 5 个单位，能否用算式表示？总结果是什么？

问题④：向右运动 3 个单位，向左运动 5 个单位，能否用算式表示？总结果是什么？

问题⑤：向左运动 5 个单位，向右运动 5 个单位，能否用算式表示？总结果是什么？

(3)探究活动三：

问题⑥：如果笔尖第 1 秒向右(或左)运动 5 个单位，第 2 秒原地不动，两秒后笔尖从起点向右(或左)运动 5 个单位，能否用算式表示？总结果是什么？

设计意图：通过学生自主探究，让学生获得一种积极的感性体验，只有这样对有理数加法的法则才会理解深刻，掌握到位；如果在这里就进行法则的总结和提炼，我个人认为"为时过早"，似乎在"强加"给学生。

3. 探究导学

(1)用足球比赛中的净胜球进行算式的列举，并板书所列出的算式。

(2)将黑板上所有算式中关于两个加数的符号进行分类。

(3)由学生观察、分析、交流、概括和归纳出有理数加法法则：

①同号两数相加，取相同的符号，并把绝对值相加；

②绝对值不相等的异号两数相加，取绝对值较大的加数符号，并用较

大的绝对值减去较小的绝对值,互为相反数的两个数相加得0;

③一个数同0相加,仍得这个数。

设计意图:通过足球的净胜球数让学生在不同的背景下进行感知,一是强化认知经验,二是进行认知的迁移;让学生将黑板上所有算式中关于两个加数的符号进行分类,是对分类思想的再强化;在此基础上(三个分类型中)让学生观察、分析、归纳和提炼有理数加法的法则,就能较好地"顺应"学生的认知规律。

4. 变式强化

(1)例题教学:

例1. 计算:①$(-3)+(-9)$;②$(-4.7)+3.9$;③$0+(+11)$。

练习:①$(-15)+(-11)$;②$(-180)+(+30)$;③$15+(-15)$;④$0+(-12)$。

例2. 某公司三年的盈亏情况如表 4-1 所示,规定盈利为"+"(单位:万元)。

表 4-1

第一年	第二年	第三年
-24	+15.6	+42

①该公司前两年盈利了多少万元?②该公司三年共盈利多少万元?

(2)学生创编计算练习题。

(3)试着利用这些算式编制应用题:①$(-2)+(+2)$;②$(+12)-(-8)$;③$(-8)+(+6)$。

设计意图:①教材上的例题较为简单,将例题变式后为新例题,教学效果要好一些,而且可以防止部分学生看教材例题的答案来回答问题;②解法步骤归纳的意图是培养学生从有理数开始要有"代数算法思维"——先定性再定量;③让学生创编题目,既能促进学生的理解,也能激发学生的学习热情。

5. 感悟回归

(1)在进行有理数相加时,要注意:先根据两个加数的符号,根据法则确定和的符号；再考虑两个加数的绝对值，根据法则确定和的绝对值。具体步骤：①归类型；②定符号；③定数值。

(2)结构化有理数加法法则。

(3)达标检测：

①计算：a.$(+14)+(+3)$；b.$(-4)+(-23)$；c.$(+34)+(-13)$；d.$(+3)+(-14)$；e.$(+24)+(-24)$；f.$(-3)+0$。

②土星表面的夜间平均温度为-150 ℃，白天比夜间高27 ℃，那么白天的平均温度是多少？

③潜水员原来在水下15米处，后来上浮了8米，又下潜了20米，这时他在什么位置？要求用加法解答。

④已知$|x|=3$，$|y|=4$，若$x>y$，求$x+y$。

设计意图：①通过感悟使学生的"代数算法思维"得到强化，"代数算法思维"的形成不是一讲就行的，要有一个长期的重复和强化的过程；②通过对有理数加法法则的结构化，使学生较清晰地掌握和运用有理数加法法则；③达标检测的反馈是非常必要的，可据此来规划课后的补偿性教学和布置分层作业等。

课堂实录

数学知识的获得和技能的养成是数学学习的内容，培养数学素养、提升思维品质和学习品质才是数学教学的目标。如果我们只会向学生灌输知识、灌输结论，以及所谓一把一式的方法，而不重视学生活动经验的积累和元认知能力的开发，那对学生的发展是不利的。只有在"因材循导"的基础上，促进学生"自觉体悟"，提升学生发展的"软实力"，才能为学生的后续学习和可持续发展奠定好坚实的基础。

一、经验唤醒

师：在小学我们已经学过了加、减、乘、除四则运算法则，不过在小学参加运算的数都限于正数之间。现在我们已经学习了有理数，当然也要研究有理数的加、减、乘、除等运算，那么有理数的运算法则相对小学会发生什么样的变化呢？今天我们从最简单的运算——加法开始，有理数加法运算法则会和小学的加法运算法则一样吗？带着这样的思考，我们先进行相关知识的回顾。有理数是怎么分类的？

生：有两种分类：

分类一：

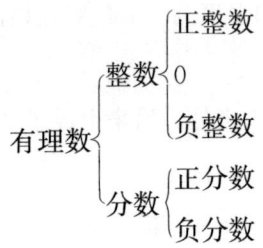

分类二：

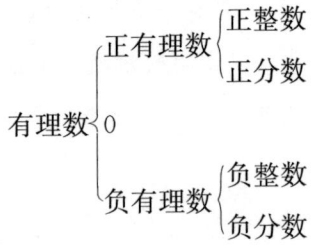

师：在分类二中，我们将正有理数简单称为正数，负有理数简单称为负数，当然有理数中还包括0，那么两个有理数相加分别有几种类型？

生：正数＋正数、正数＋负数、正数＋0、负数＋0、负数＋负数。

师：我们把符号相同的两个数相加叫作同号两数相加，把符号不同的两个数相加叫作异号两数相加，上面的五种类型又可以重新分为几类？

生：同号两数相加、异号两数相加、一个数与0相加。

教学启示：数学是自然的、清楚的、合情合理的，要让学生理解新知，首先要有新知的引入。新知的引入通常有两类：一类是从解决实际问题出发的引入；另一类是从数学知识体系的发生发展过程引入。这里的引入属于后一种。

二、自觉体悟

师：现在我们将铅笔的笔尖在数轴上进行左右方向的运动，规定向右为正，如向左运动 5 个单位记作 －5。请同学们拿出课前准备好的数轴，先独立探究，再小组交流，对有问题的同学给予帮助。先请完成探究活动一。

（学生探究、交流，教师巡学指导）

问题 ①：向右运动 5 个单位，向右运动 3 个单位，能否用算式表示？总结果是什么？

问题 ②：向左运动 5 个单位，向左运动 3 个单位，能否用算式表示？总结果是什么？

学生总结问题归纳（教师板书）：$(+5)+(+3)=8$，$(-5)+(-3)=-8$。

师：再请完成探究活动二。

（学生探究、交流，教师巡学指导）

问题③：向左运动 3 个单位，向右运动 5 个单位，能否用算式表示？总结果是什么？

问题④：向右运动 3 个单位，向左运动 5 个单位，能否用算式表示？总结果是什么？

问题⑤：向左运动 5 个单位，向右运动 5 个单位，能否用算式表示？总结果是什么？

学生总结问题归纳（教师板书）：$(-3)+5=2$；$3+(-5)=-2$；$(-5)+5=0$。

师：最后请完成探究活动三。

（学生探究、交流，教师巡学指导）

问题⑥：如果笔尖第 1 秒向右（或左）运动 5 个单位，第 2 秒原地不动，两秒后笔尖从起点向右（或左）运动 5 个单位，能否用算式表示？总结果是什么？

学生总结问题归纳（板书）：$5+0=5$，或 $(-5)+0=-5$。

教学启示：教学明线是学生进行探究活动，增强感性体悟。若探究活动放在一起探究，学生会很乱，也不易理出头绪，分阶段进行会让学生很清晰地看到问题的实质，使获得的感性体验不断得到强化。教学暗线是分类探究，与前面学生归纳的"同号两数相加、异号两数相加、一个数与0相加"相吻合，利于学生在归纳法则时进行分类思考。

三、探究导学

师：大家喜欢足球吗？

生：喜欢！

师：实际上足球比赛中赢球数与输球数是相反意义的量，若我们规定赢球为"正"，输球为"负"，比如，赢3球记为＋3，输2球记为－2。在足球比赛中规定：进球数记为正数，失球数记为负数，它们的和叫作净胜球。那么学校足球队在一场比赛中的净胜球可能有以下各种不同的情形：(1)上半场赢了3球，下半场赢了2球，全场共赢了5球，也就是(＋3)＋(＋2)＝＋5；(2)上半场输了2球，下半场输了1球，全场共输了3球，也就是(－2)＋(－1)＝－3。你们还能说出其他情形吗？

生：上半场赢了3球，下半场输了2球，全场赢了1球，也就是：(＋3)＋(－2)＝＋1。

生：上半场输了3球，下半场赢了2球，全场输了1球，也就是：(－3)＋(＋2)＝－1。

生：上半场赢了3球，下半场不输不赢，全场仍赢3球，也就是：(＋3)＋0＝＋3。

生：上半场输了2球，下半场两队都没有进球，全场仍输2球，也就是：(－2)＋0＝－2。

生：上半场打平，下半场也打平，全场仍是平局，也就是：0＋0＝0。

（教师将所列出的算式进行板书）

师：请同学们将黑板上所有算式按关于两个加数的符号进行分类。

生：分三类，分别是同号两数相加、异号两数相加、一个数与0相加。

师：看看这些算式，你们认为有理数的加法法则和小学时学的加法法则一样吗？

生：不一样。要分类来说。

师：分几类来说？

生：分三类，分别是同号两数相加、异号两数相加、一个数与0相加。

师：请同学们分三类来归纳出有理数加法法则，先说给自己听（独学），再说给同桌听（对学），最后小组交流（群学）。

（学生表述、交流，教师巡学指导）

教师在学生全班展示的过程中，板书有理数加法法则：

①同号两数相加，取相同的符号，并把绝对值相加；

②绝对值不相等的异号两数相加，取绝对值较大的加数符号，并用较大的绝对值减去较小的绝对值，互为相反数的两个数相加得0；

③一个数同0相加，仍得这个数。

师：哪一类法则最难归纳？

生：异号两数相加，也要分两种情况：绝对值不相等的异号两数相加和绝对值相等的异号两数相加。

教学启示：从学生喜欢的足球入手，以净胜球数让学生列出其他算式，在多个算式中让学生进行分类，并进行启发，加强了学生对"分三类"的分类思想的认知。分三类分步进行归纳减轻了学生归纳的"工作量"，也降低了归纳和理解的难度，使中下学生能跟上"节奏"；最后一句"哪一类法则最难归纳"加深了学生对异号相加法则要"分类"的记忆。

四、变式强化

（1）例题教学：

例1. 计算：①$(-3)+(-9)$；②$(-4.7)+3.9$；③$0+(+11)$。

师：刚才我们归纳了有理数的加法法则，现在我们就用这个法则进行计算，先看例1。

解：①$(-3)+(-9)$（同号型）

=-(3+9)(取相同的符号,并把绝对值相加)

=-12

②(-4.7)+3.9(异号型)

=-(4.7-3.9)(取绝对值较大的数的符号,并用较大的绝对值减去较小的绝对值)

=-0.8

③0+(+11)(加0型)

=11(一个数同0相加,仍得这个数)

师:同学们在做有理数的运算题时,一定要注意书写格式的规范要求:要写"解",不抄题就要写"原式=",等号要上下对整齐。后面括号里的文字你们可以不写。现在大家发现做两个有理数的加法运算和小学时做两个数的加法运算有什么不同了吗?

生:在做两个有理数的加法运算过程中一定要当心先确定和的符号,再求和,这是和小学时不一样的地方。

师:很好!现在通过刚才的例题运算过程,请同学们归纳有理数加法运算的步骤。

生:运算步骤有三步:①归类型;②定符号;③定数值。

师:现在请同学们按照规范格式的要求进行下面的练习:①(-15)+(-11);②(-180)+(+30);③15+(-15);④0+(-12)。(分两次练习,每次都有多位学生板演,便于掌握学情)

师:刚才同学们的规范书写很到位,运算的正确率也很高,下面再来看例2(限于篇幅,以下教学过程略)。

例2. 某公司三年的盈亏情况如表4-2所示,规定盈利为"+"。(单位:万元)

表4-2

第一年	第二年	第三年
-24	+15.6	+42

①该公司前两年盈利了多少万元？②该公司三年共盈利多少万元？

(2)学生创编计算练习题。

(3)试着利用这些算式编制应用题：①（－2）＋（＋2）；②（＋12）－（－8）；③（－8）＋（＋6）。

教学启示：①解题过程的规范格式一开始就要强调到位，好的习惯从开始就要严格要求，不断地强化和约束才能慢慢养成；②对于"现在大家发现做两个有理数的加法运算和小学时做两个数的加法运算有什么不同了吗"的追问，是想通过学生的话语来强化"代数算法思维——先定性再定量"；③例2的补充是为了拓宽学生的视野，从求两个有理数的和到求三个有理数的和，形成推广能力。

五、感悟回归

师：通过这节课的学习，在进行有理数相加时，要注意"先根据两个加数的符号，根据法则确定和的符号；再考虑两个加数的绝对值，根据法则确定和的绝对值"，这是与做小学加法运算明显不同的地方，从今天起一定要注意这样的"代数运算思维——先定性，再定量"，以后的所有计算也都要这样。做有理数加法运算的具体步骤是什么？

生：步骤有：①归类型；②定符号；③定数值。

师：下面请同学们将今天学习的有理数加法法则用"结构化图式"表示出来，现在进行小组合作(学生合作，教师巡学)，哪一组来展示？

生：我们这组的结构化图式是这样的(如图 4-2 所示)：

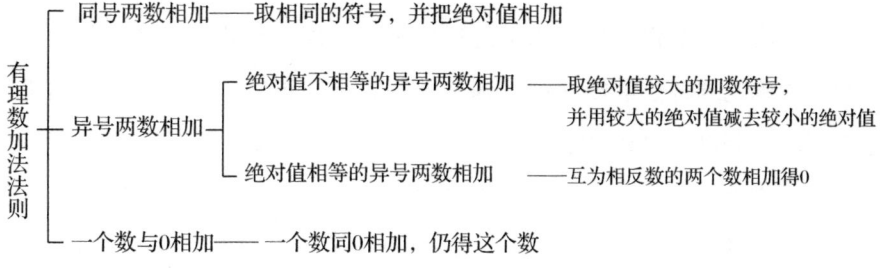

图 4-2

师：时间关系，我们就只能展示三个小组的学习成果，下面请完成达标检测。

（达标检测，略）

（学生独立完成后，教师公布答案，学生相互批阅，反馈交流总结）

教学启示：①在学生充分感悟的基础上，再经过教师的强调，使学生的"代数算法思维"得到强化；②通过小组合作将有理数加法法则进行"结构化图式"处理，使学生较清晰地理解、掌握和运用有理数加法法则；③通过达标检测的反馈可以看到大部分学生都获得了满分，只有少部分学生在最后一题上失分了，主要的原因是去绝对值后对条件的运用发生了思维障碍，少数学生的知识综合运用能力还要加强。

教学反思

数学法则是数学大厦的基石，数学就是由许多彼此联系的概念、法则、定理等，经过逻辑推论构成的理论体系。数学法则是对客观事物的数理关系、运算规则或结构关系的特征概括，是对一类数学对象的本质属性的反映。然而，数学法则大多数都是经过严谨加工和提炼的自然规律，因此数学法则的学习与普通自然概念及人工概念的学习既有密切的联系又有一定的区别。

一、厘清线索

数学法则的教学，既要体现其"自然发生"的过程性，又要体现其"规则性"和"对象性"。学生对数学法则的学习不是这些学习过程的简单叠加，它要使过程性、规则性与对象性融合为一个整体。在这个融合过程中，所有法则的学习规律都将以某种修正的形式重新出现，因此做好法则教学也非易事。正确地理解数学概念和法则是掌握数学知识的关键前提，也是进行数学运算、判断、推理的前提。只有概念、法则明确，才能运算正确、判断准确、推理有据；只有深刻理解法则的"法理"，才能在运算中少出错，才能提高解题的能力。因此，本节课中教学的环节包括：法则的导入（发生）—感知—提炼—辨析（理解）—应用—形成结构。

二、明晰意义

本节课打破常规，没有一开始就用"净胜球数"或向左和向右走，而是从有理数的分类引出两数相加的类型，这为探究有理数加法的法则奠定了基础。然后以数轴的两次连续的笔尖运动为载体进行体验性探究，用这种载体进行体验非常有利于学生理解有理数加法的意义。再通过足球比赛的"净胜球数"进行背景变式，这样从另一个场景中强化了学生对有理数加法的意义的理解。在多年的教学中我们知道只要学生理解了有理数加法的意义，弄清有理数加法与小学时的加法运算的联系与区别，应该说理解有理数加法法则中"和的符号"与"和的绝对值"的由来就不是太难的事。所以，在本节课的前半节课教学中，让学生通过自觉体悟和多维引领，来促进他们对其意义的明晰。

三、两个关系

"运算能力"是修订后的义务教育数学课程标准提出的"六大核心素养"之一，而"有理数加法"是有理数运算的基础，也是实数运算的基础，也就是一切运算的基础。有理数加法法则是有理数加法运算的准绳，硬是难倒了一大片七年级的学生，有学生学习了有理数的加法法则不但不能叙述法则，反倒连小学学过的非负数的加法运算也不会了。如何突破这个障碍，本节课中教学的重点是探究两个关系：一是探究"和的符号"与"加数符号"的关系，二是"和的绝对值"与"加数绝对值"的关系。在得到"互为相反数的两数相加和为0"时，就有学生提到：异号两数相加其实就是正负一抵消，余下的部分就是和，这样一来"和的符号"的确定与"和的绝对值"的确定也就是顺理成章的事了。

四、体现本质

数学教学应体现其本质，用"数轴"探究有理数的加法较能体现加法的本质。以"数轴"为载体探究有理数加法法则，这种载体的应用主要凸显了直观，变化的结果一清二楚，也体现了数与形的有效结合，无疑是一种很好而有效的载体。本节课让学生用笔尖在数轴上以"连续两次运动变化的总结果",来进行探究体现就是充分合理地应用了这一点。其次是通过生活中的足球比赛的净胜球数的实例体现了加法的本质,让学生多角度、多方位地理解有理数加法运算的本质。在后半节课中的"学生用算式创编应用题"中,学生列举了现实生活中的"盈"与"亏"、"收入"与"支出"、"上升"与"下降"等生活气息浓郁的问题,这些体现了学生对有理数加法意义和法则的本质的理解。

"学习是学生自己的事!"在教学中我们应重在"引路问津",本节课通过探究体验,分类归纳,提升学生思维水平,这对有理数加法本质的理解有着潜移默化的促进作用。事实告诉我们,让学生学会挖掘问题中具有启发性的信息,展开广泛的联想,这样能在观察、分析、联想、转化、概括等思维过程中,促进学生的认知水平和运算素养的提高。

同行品悟

以下是送培地区的同行对这节课的品悟。

一、水到渠成

潘老师执教七年级上册"有理数加减法(1)"是代数运算内容的起始课,在教学中有统领代数运算的作用。潘老师的教学,引导学生从知识发生发展的角度,在原有学习实践经验的基础上,建立起有理数加法法则相关体系的框架结构,遵循数学思想方法有效地自觉探索,自然生成。通过引导分类、探究体验和小组合作等多种形式,在学生的分析问题和问题解决过程中,使有理数加法法则水到渠成地"软着陆",让学生在对比中小学加法运算的异同中辨析其本质特征,促进学生对有理数加法意义的理解。由浅入深地设计问题,使学生的思维循序渐进地发展,分析问题、解决问题的能力显著提高。

二、有序思考

潘老师上课亮点很多,我特别喜欢的有两点:一是问题引入时,打破常规,从回顾有理数的分类中提出两个有理数相加的加数符号的三种不同类型，为有理数加法法则中的分类归纳奠定了基础，后期的教学也是以此三类问题为暗线，从这三方面设计层层递进的问题；二是潘老师对于有理数加法的意义和其本质属性的教学很有艺术性，先从实际问题探究体验，在净胜球数中找显性的算式，在黑板上一一写出，再让学生将其分类，经过分类后学生发现和刚才的讨论结果是一样的，为有理数加法法则的分类归纳奠定了新的基础，这样的学习活动既为明晰有理数加法本质打下基础，也为后继提炼法则做好铺垫，并提升了学生有序思考的能力。

三、层层推进

我有幸到我的母校听到了一节非常优秀的法则新授课，学到了很多东西。潘老师的课让我耳目一新，从有理数加法法则的引入到学生的熟练掌握，再到应用，潘老师一直在循循善诱，学生也在不断深入的探究体验中获得新知识。从生活中的问题到有理数加法的意义，以及学习有理数加法的必要性和重要性，学生都能从潘老师设计的学习活动中体会出来，课堂的重要性和严谨性自然而然就产生了。整节课潘老师教得精彩，学生学得轻松认真。这节课让我感觉春风拂面，整节课娓娓道来，一环紧扣一环，层层推进，都值得我去学习、反思！

四、自然贴切

潘老师的法则新授课"有理数加减法(1)"的设计非常流畅，以前经验唤醒为切入点，设计了系列化的探究活动，首尾呼应、贯穿始终，让学生寓学于乐，充分调动了学生的兴趣，尤其是得出法则后，又从书写的规范要求、与实际问题进行联系、让学生归纳解题步骤、进行题目创编等环节，归纳出数学思想方法，从而引出新知能的自觉生成，非常自然贴切。这样的教学设计，符合学生的认知，最后让学生归纳了有理数加法法则的"结构化图式"，知识体系概括得非常全面，从多角度出发，加深了学生对知识的理解。

五、难点突破

听了潘老师的课——"有理数加减法(1)"，我收获颇多，这是一节代数运算起始课，潘老师用笔尖在数轴上进行两次连续运动的操作和足球的净胜球数的例子成功激起了学生的兴趣，吸引注意力，让学生很快进入学习状态，难能可贵的是课堂中的每一个活动都过渡自然，贴近学生的最近发展区。这节课的亮点在于难点的突破：潘老师引导学生抓住分类体验、分类讨论、分类提炼，帮助学生明晰有理数加法的意义，再基于学生已有的操作经验，从而归纳出有理数的运算法则。本节课潘老师讲解清晰，层次分明，由易到难逐步深入，尤其能在学情基础上，采用小步子教学法，给学生表达的机会，让他们体会成功的喜悦，充分体现了"自觉数学课堂"的教学优势。

国际著名数学教育家弗赖登塔尔指出："学生学习数学的唯一正确方法是实行再创造，也就是由学生个人把要学的东西自己去发现或创造出来。老师的任务是引导学生帮助学生去进行再创造，而不是把现成的结论灌输给学生。"从数学学科的特点看，应重视知识的发生发展过程，对于学生所学的数学知识——前人思维的结果，并不是"粗暴地灌输"，而是让学生"自然地吸收"。本节课让有理数加法法则"化雪无痕"地落到学生的心里，也就是说在教学中我们要通过学生的思维活动，把前人的思维结果化为他们的思维结果，要重视学生的"自觉建构"。

公式新授课：揭示公式本质，注意适用前提

——以苏科版数学教材八年级上册"平均数"教学现实为例

教学主张

数学公式是人们在研究自然界事物与事物之间的关系时发现的一些联系，并通过一定的方式表达出来的一种表达方法，它们是表示自然界不同事物的数量之间的或等或不等的联系，它们确切地反映了事物内部和外部的关系，是人们从一种事物到达另一种事物的依据，也使人们更好地理解事物的本质和内涵。初中数学教学活动是以提升学生基础知识、基本思想、基本技能、基本活动经验能力为目标的教学。初中数学公式是教学内容中的重要组成部分，是学生学习数学的核心，学生对公式是否能够透彻理解和运用自如是衡量学习质量高低的标准之一。

数学公式教学是数学教学中重要的一个环节，它以公式为教学载体，教学中要注重公式的产生、公式适用性辨析和生成性运用。然而，在数学教学实践过程中，我们发现当下很多教师不注重公式的生成性教学，不是以公式教学为载体培养数学学科核心素养，而是让公式教学停留在表面性的浅层次，也存在着"滑过性"现象，无法使公式来源自然、流畅地在教学中"自然分娩"，只是将公式强塞给学生后让其强记盲用，结果学生不知道公式的来龙去脉，得不到公式活用的本质要领。

自觉数学课堂视域下的"公式新授课"的教学主张：

1. **素养培育**。数学知识具有整体性、数学学习具有建构性、素养培育具有统整性决定了具体的公式教学需要在整体化视角下凸显数学知识的本质，把握学生认知过程，感悟数学基本思想，发展数学学科核心素养。

2. **揭示本质**。公式是人们不断尝试、总结出来的规则，教学中要让学生看到公式的形成过程、理解公式的含义，所以数学公式教学重在揭示其本质属性。

3. **整体设计**。公式教学要从数学抽象、逻辑推理、直观想象、数学运算四个要素对初中数学公式教学承载的数学核心素养进行分析，同时加强公式教学的整体性设计，加强公式意义，加强公式应用条件与公式逆用意识等方面的教学。

4. **厘清顺序**。教师的职责是把数学的学术形态转化为学生容易接受的教育形态，即从"学的层面"对教科书进行"学习化"的加工，从教学的内容、结构、顺序、呈现方式、教学方法、学习方式等多个角度做出理性重构。公式教学应呈现知识发生发展的顺序，自然而然，有逻辑、连贯地展开，要做到公式教学不仅"求全"，更要"求联、求变、求通"。

5. **抽象能力**。数学抽象在数学学科核心素养中，处于最关键、最重要的地位，它是一种高于一般数学思维方法的抽象意识，让人们从数学的角度，即理性、科学严谨、逻辑清晰地去分析解决问题。公式本身是一个载体，通过公式的教学提升学生抽象概括的能力才是重点。

6. **节点发力**。数学公式的教学应关注公式的来龙去脉，要关注推导公式、明确公式的意义以及公式的应用，同时要关注公式应用的前提条件、适用范围、易混点、易错点和注意点等。

7. 数学思想。公式教学中要引导学生进行反思，在探究问题的过程中引导学生思考运用了哪些数学思想，例如，七年级的将多项式乘法转化为单项式乘多项式的"转化"思想、运用乘法分配律时的"整体"思想、拼图列式中运用的"数形结合"思想等，可以帮助学生从本质上理解所学知识，并提高解决问题的能力，真正使教学过程起到"授之以渔"的作用。

8. 图式结构。脑科学研究表明，逻辑思维主要发挥左脑半球的功能，形象思维则是发挥右脑半球的功能，如果适时进行形象思维，充分发挥感观的作用，就能使左右脑并用，提高大脑的整体功能，使抽象的研究对象具体化，具有空间观，从而便于认识隐蔽在事物深层的本质和规律。在公式教学中，要关注图式结构的使用，从公式的代数和几何意义出发，利用拼图的方法，使学生在动手试验中发现、归纳公式，教学的效果较好。

"数学公式课"教学的一般结构，如图5-1所示。

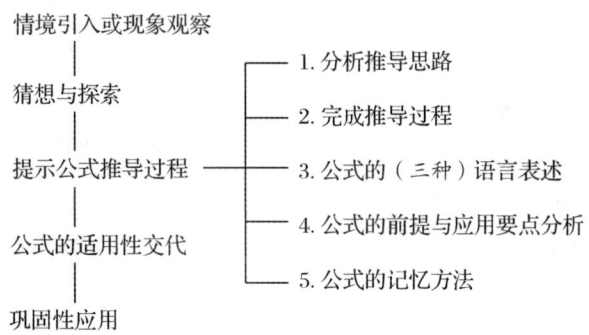

图 5-1

教学设计

统计与概率是初中数学的四大知识领域之一，其中在统计部分的内容中主要讨论了数据的集中趋势和离散程度。数据的分析是在对数据的收集、整理基础之上进行的，是统计内容中最重要的环节。平均数是最常用、最基本的数据分析方法，反映一组数据的"平均水平"，并与中位数、众数相结合，通过对数据集中趋势的描述，体现数据向其中心值靠拢或聚集的程度,因此平均数(尤其是加权平均数)是统计中的一个重要概念。

一、教材分析

苏科版数学教材八年级上册"平均数"是学生在小学对统计初步有了一定感知的基础上,并在七年级学习了数据的收集,掌握了普查和抽样调查,了解了常用统计图表的联系和区别等知识之后来学习的,是对收集的数据进行整理、分析的基础统计量,也为后继学习数据的离散程度和统计的简单应用打下基础。其与本章的中位数、众数合在一起组成了刻画数据集中程度的三个常用统计量,在整个初中数学教材体系中起到承前启后的作用。

二、教学目标

1. 双基水平

(1)掌握算术平均数、加权平均数的概念,会求一组数的算术平均数、加权平均数。

(2)经历情境探求过程,感悟提出"加权平均数"的概念的必要性及"加权平均数"与"算术平均数"的联系与区别。

2. 问题解决

(1)经历解决问题的过程,深化对"权"的各种形式的认识及对"加权平均数"的本质认识。

(2)体会权的差异对平均数的影响,能利用平均数解决实际问题。

3. 学科思维

(1)经历平均数的简化计算方法的探索过程,进一步增强统计意识,培养学生的观察、分析能力。

(2)在学习探究中,积极思考,学会尊重和倾听,提高学生发现问题、提出问题、分析问题和解决问题的能力。

(3)初步经历数据的收集与处理过程,发展学生初步的统计意识和数据处理能力。

三、重点、难点

重点:感受权的差异对平均数的影响,理解并会计算加权平均数。

难点：加权平均数概念的形成；理解"权"的意义，会利用加权平均数解决实际问题。

四、教法选择

虽然学生在小学和七年级已经学习了统计的简单知识，但由于生活经验不足，同时受认知水平的影响，对统计的意义和统计思想的理解尚处在最粗浅的认识层面，加之对"权"理解的困难，可能会感到这部分知识的学习比较抽象，对大部分学生来说有一定的挑战，本节课中对平均数的简化计算和加权平均数的公式的意义和作用的理解会成为难点。因此采用的教学结构与流程为"学前先思—自觉体悟—探究导学—变式引领—深度对话"等环节，并在教学中通过列举典型的、贴近学生生活的和具有现实意义的生活例子，感受过程的真实性，增强学生的参与程度，实现使学生理解加权平均数的意义和"权"的作用。通过设计有效的、有思维含量的数学问题，揭示平均数的三个计算公式的本质，让学生把握其应用的前提，达到深度掌握的目标。

五、活动过程

1. 学前先思

问题："平均数"我们在小学时就已经开始接触，你想对"平均数"说些什么吗？

设计意图：用学生熟悉的"××我想对你说"的句式抛出了"开放性"的问题，引发学生的思考。通过简单的语言引导，帮助学生回忆已经学过的统计知识，为新学习埋下伏笔。另外，由于是借班上课，这样能最大限度地了解学生的原有知识基础。

2. 自觉体悟

问题1：我县的畜牧业发展突出，以八达畜禽、三德利牧业和永康牧业为代表的企业产值占全市同行业的半壁江山，带动了我们地方经济的飞速发展，富裕了我们广大老百姓。我们要感谢党的政策，更要赞美我县勤劳、智慧的劳动人民。其中，蒋大爷（养猪专业户）便是勤劳致富的缩影。这不，又有一批生猪马上要出售(蒋大爷这批养了100头生猪),抽查质量见表5-1。

表5-1

从蒋大爷家随机抽查10头生猪(单位:千克)
104,106,98,98,100,104,104,100,104,97

他想估测一下这批生猪会带来的总收入。通常,我们需要了解和这批生猪相关的哪些量?

设计意图:因为授课班级是农村的学生,通过学生身边鲜活的、生动的例子,尤其是有情感背景的例子,成功地捕捉了学生的兴趣点,学生的积极性被调动起来,达到"课未始,兴已浓"的状态。

由此引入算术平均数的计算公式:一般,对于 n 个数 x_1, x_2, $\cdots$, x_n,我们把 $\bar{x} = \dfrac{x_1 + x_2 + \cdots + x_n}{n}$ 叫作这 n 个数的算术平均数,简称平均数,记作 $\bar{x}$,读作"x 拔"。

本质揭示:平均数表示一组数据的平均水平,它是反映数据集中趋势的一项指标。用平均数表示一组数据的情况,有直观、简明的特点。

3. 探究导学

对以上的问题进行不同解法的探究,引入加权平均数计算公式和平均数简化计算公式。

一般,如果在 n 个数中,x_1 出现 f_1 次,x_2 出现 f_2 次,$\cdots$,x_k 出现 f_k 次(这里的 $f_1 + f_2 + \cdots + f_k = n$),那么 $\bar{x} = \dfrac{x_1 f_1 + x_2 f_2 + \cdots + x_k f_k}{n}$。

一般,当一组数据 x_1, x_2, $\cdots$, x_n 的各个数值较大,且都围绕某一常数 c 波动时,可以把各个数值同时减去这个常数 c,得到 $x'_1 = x_1 - c$,$x'_2 = x_2 - c$,$\cdots$,$x'_n = x_n - c$。于是 $x_1 = x'_1 + c$,$x_2 = x'_2 + c$,$\cdots$,$x_n = x'_n + c$。

所以 $\bar{x} = \dfrac{1}{n}(x_1 + x_2 + \cdots + x_n) = \dfrac{1}{n}[(x'_1 + c) + (x'_2 + c) + \cdots + (x'_n + c)]$

$= \dfrac{1}{n}[(x'_1 + x'_2 + \cdots + x'_n) + nc] = \dfrac{1}{n}(x'_1 + x'_2 + \cdots + x'_n) + c = \bar{x}' + c$。

设计意图：很多教师在教学过程中，通常用三个例子来教授三个公式，这会让学生"孤立地看待"平均数的三个计算公式，不易建立起三个公式的联系(三个公式是一回事，只是表达方式不一样)，这里通过一个例子教授平均数的三个公式利于学生建立公式之间的联系，也便于揭示公式的本质，促进学生的理解。

4. 变式强化

问题2：张大伯也从他家养的一批生猪中随机抽取了8头，质量见表5-2。

表5-2

张大伯家随机抽查8头生猪(单位：千克)
104，96，102，99，104，99，96，96

你能帮他求出这8生头猪的平均质量吗？

设计意图：①平均数的三个计算公式比较抽象，及时巩固与强化是非常必要的；②没有换问题背景的目的是帮助中下学生便于进行迁移应用。

问题3：从我们班随机抽取10名同学，测量他们的身高，结果见表5-3。

表5-3

姓名	文昌萍	袁国芬	林昕	郑雨婷	张燕
身高/厘米	158	159	163	157	163
姓名	孔江华	刘林虎	唐宇	池向阳	袁福州
身高/厘米	157	168	159	158	158

求这10位同学的平均身高。

设计意图：这里的学生和身高数据，就是施教班级中的学生和他们的身高数据，完全是真实的，题目抛出后，会立刻引起所有同学的关注，促进他们积极参与。另外，巧妙地进行情境转换，让学生在解决感兴趣的问题中巩固了知识。

5. 变式引领

问题4：一家公司打算招聘一名英文翻译，对甲、乙两名应试者进行了听、说、读、写的英语水平测试,他们的各项成绩(百分制)见表5-4。

表 5-4

应试者	听	说	读	写
甲	85	83	78	75
乙	73	80	85	82

(1)如果公司想招一名口语能力强的翻译,听、说、读、写成绩按3∶3∶2∶2的比确定,计算两名应试者的平均成绩(百分制),从他们的成绩看应该录取谁?

(2)如果公司想招一名笔译能力强的翻译,听、说、读、写成绩按2∶2∶3∶3的比确定,计算两名应试者的平均成绩(百分制),从他们的成绩看应该录取谁?

设计意图:通过分组计算,交流比较、分析,让学生体会"权"对"结果"的"掌控"能力。

6. 深度对话

问题5:小亮看到某公司在招聘广告中说本公司平均月工资为4000元,小亮成功应聘。干满一个月,到发工资时,小亮却只拿到2000元的工资。小亮感觉上当了,可是主任出示了一张工资总表(见表5-5),显示平均工资确实是4000元,你认为小亮的2000元的工资合理吗?

表 5-5

	主任 (1人)	副主任 (1人)	普通员工 (5人)	人均工资(元)
月工资/元	6000	4000	2000	4000

设计意图:这道题以问题情境的形式给出,激发了学生探索的积极性,通过这道题让学生体会到:①平均数受极端数据的影响;②权的差异对平均数的影响;③让学生归纳了权的三种常见形式。

7. 回归基础

让学生浏览教材第170—171页,并完成第171页练习第4题,小组互助、共同完成。

设计意图：此处及时引导学生回归教材和基础，主要是让学生最大限度地做到脑中有"书"、心中有"数"，更好地掌握教材中的知识要点，加强对教材、知识点间的本质理解，让自觉数学走向"有效"。

课堂实录

面对普通农村学校的学生，教学中要以实际问题为研究载体，以自主参与、交流合作、点拨引领为主要教学形式，引导学生积极参与数学探究活动，发展数学思维，理解平均数的三个计算公式。教学中要关注三个方面的问题：

(1)学生参与数学探究活动的主动性和数学思维的深刻性。

(2)在实际问题中体验平均数的统计意义和工具意义。

(3)体会算术平均数与加权平均数的区别与联系，以及三个计算公式的适用前提。

一、学前先思

师：我们在七年级的时候学习了数据的收集，知道了普查和抽样调查的知识，并会用不同的图表来表示收集的数据。今天，我们将一起来研究如何对收集的数据进行整理和分析，以便更好地为我们的生产和生活服务。

(板书：第六章 数据的集中程度，第一节 平均数)

师："平均数"我们在小学时就已经开始接触，你想对"平均数"说些什么吗？

生："平均数"让我想到了"平均成绩""平均体重""平均工资"。

生：我想到"CCTV 青歌赛"的打分，去掉一个最高分、去掉一个最低分，最后得分应该和平均数有关。

生：什么是"平均数"？怎样计算呢？

(教师板书："是什么？""怎样求？")

生："平均数"应该表示的是"平均水平"。

生：我将我们小组的数学成绩加起来除以我们组的总人数，就是我们组的数学平均成绩。

……

师：大家讲的都非常好，"敢说、敢讲、敢提问"是数学探究和学好数学的前提，同时也看出同学们对平均数有了一定的认识。今天，我们将进一步对"平均数"进行系统的研究，以便我们更好地掌握和应用它。

教学启示：①唤醒学生的已有认知经验，感受到数学知识的学习不是孤立的，而是有生活基础的，是有连续性的；②让学生自觉体悟到今天的新知仅有生活经验和小学基础还是不够的，需要进一步学习和系统研究，激发了学生的学习欲望和热情，自然地导入了新课。

二、自觉体悟

师：我县的畜牧业发展突出，以八达畜禽、三德利牧业和永康牧业为代表的企业产值占全市同行业的半壁江山，带动了我们地方经济的飞速发展，富裕了我们广大老百姓。我们要感谢党的政策，更要赞美我县勤劳、智慧的劳动人民。其中，蒋大爷（养猪专业户）便是勤劳致富的缩影。这不，又有一批生猪马上要出售（蒋大爷这批养了100头生猪），他想估测一下自家的这批生猪的总收入。通常，我们需要了解和这批生猪相关的哪些量？

生：需要了解生猪的单价和质量。

师：我们首先了解这批生猪有多重吧。同学们，如果蒋大爷请你来帮忙，你会选择什么调查方式来调查这100头生猪的质量呢？

生：我认为应采用抽样调查的方式。

生：我们可以从100头生猪中抽取一部分称其质量来研究，否则工作量太大，不切实际，也会干扰生猪的正常"生活"（学生们笑了），所以我也认为是用抽样调查。

师：好的，同学们思考得非常细致，现在一个学习小组从中随机抽取了10头生猪，称得质量如下（质量见表5-6），如何计算抽取的10头生猪的平均质量呢？请同学们小组内协作尝试。

表 5-6

从蒋大爷家随机抽查10头生猪（单位：千克）
104，106，98，98，100，104，104，100，104，97

（学生组内协作，教师巡视指导）

生：我们组先求出10头生猪的总质量，再除以10，从而算得这10头生猪的平均质量，即：

$$\text{平均质量}=\frac{104+106+98+98+100+104+104+100+104+97}{10}=101.5(\text{千克})。$$

（实物投影展示算式，并统计发现大部分同学都是这么列式计算的，有个别学生在求和时出现计算的错误）

师：请你描述一下，你认为什么是"平均数"？如何求？

生：平均数就是一组数据的平均水平。

生：计算时先求出这组数据的总和，再除以总个数即可。

师：我们常用平均数来表示一组数据的平均水平，它是反映数据集中趋势的一项指标。用平均数表示一组数据的情况，有直观、简明的特点，所以在日常生活中经常用到，如平均速度、平均身高、平均产量、平均成绩等。一般，对于 n 个数 x_1，x_2，…，x_n，我们把 $\bar{x}=\dfrac{x_1+x_2+\cdots+x_n}{n}$ 叫作这 n 个数的算术平均数，简称平均数，记作 $\bar{x}$，读作" x 拔"。

教学启示：情境因需而创，但不能脱离实际、远离学生，否则会适得其反或劳而无功，而创设出学生熟知的、身边"真实"的情境往往事半功倍。该县以其畜牧业的发展在本地区远近闻名，这里以生猪为背景铺开，学生熟悉，很快进入了情境，于是才有了学生的巧妙回答，学生的思维被打开了，在不知不觉中进入了自觉学习的状态。于是概念的得出顺其自然，生讲师辅，这是"真学习"的开始。

三、探究导学

生（举手示意有话要说）：老师，刚才有同学在求和时出现计算错误，我们小组发现，其实求和可以简化一些。

师：是吗？请你代表你们组讲讲看。（其他同学在我的追问下投出了期待或质疑的目光）

生：我们组观察这组数据发现，其中一些数据是重复的，所以先进行了一个简单的统计，如表 5-7 所示。（在投影上展示草稿）

表 5-7

质量 /kg	97	98	100	104	106
画记	一	T	T	正	一
频数	1	2	2	4	1

从而发现，97 有 1 个，98 有 2 个，100 有 2 个，104 有 4 个，106 有 1 个，根据乘法的意义，求和时可以列式成：$97×1+98×2+100×2+104×4+106×1=1015$，再除以 10 即可得平均质量，即平均质量 $=\dfrac{97×1+98×2+100×2+104×4+106×1}{1+2+2+4+1}=101.5$（千克）。

师：你们的想法非常精彩，用你们的智慧简化了运算，并说出了这样做的依据。事实上（投影给出），当一组数据中的若干个数据多次重复出现时可以考虑你们的做法。

一般，如果在 n 个数中，x_1 出现 f_1 次，x_2 出现 f_2 次，…，x_k 出现 f_k 次（这里的 $f_1+f_2+\cdots+f_k=n$），那么 $\bar{x}=\dfrac{x_1f_1+x_2f_2+\cdots+x_kf_k}{n}$。

生：我们小组也想了一个简化计算的办法，我们观察这组数据发现，它们都在 100 左右波动，故可以先将各个数据同时减去 100，得到一组新数据：4，6，-2，-2，0，4，4，0，4，-3。再计算这组新数据的平均数，得 $\overline{x'}=\dfrac{1}{10}(4+6-2-2+0+4+4+0+4-3)=1.5$，于是，这批生猪的平均质量 $\bar{x}=\overline{x'}+100=101.5$（千克）。

师：这组的想法有没有道理呢？我们一起来探究一下。（在黑板上演算）

$$\bar{x}=\dfrac{(100+4)+(100+6)+(100-2)+(100-2)+100+(100+4)+(100+4)+100+(100+4)+(100-3)}{10}$$

$$=\frac{100\times 10+(4+6-2-2+0+4+4+0+4-3)}{10}$$

$$=\frac{100\times 10}{10}+\frac{4+6-2-2+0+4+4+0+4-3}{10}$$

$$=100+\frac{4+6-2-2+0+4+4+0+4-3}{10}$$

$$=100+1.5$$

$$=101.5(千克)$$

师：看来，这组同学的想法是有道理的。（多媒体展示）一般，当一组数据 x_1，x_2，…，x_n 的各个数值较大，且都围绕某一常数 c 波动时，可以把各个数值同时减去这个常数 c，得到 $x_1'=x_1-c$，$x_2'=x_2-c$，…，$x_n'=x_n-c$。

于是 $x_1=x_1'+c$，$x_2=x_2'+c$，…，$x_n=x_n'+c$。

所以 $\bar{x}=\frac{1}{n}(x_1+x_2+\cdots+x_n)=\frac{1}{n}[(x_1'+c)+(x_2'+c)+\cdots+(x_n'+c)]$

$$=\frac{1}{n}[(x_1'+x_2'+\cdots+x_n')+nc]=\frac{1}{n}(x_1'+x_2'+\cdots+x_n')+c=\bar{x}'+c$$

师：合理使用平均数的简化计算方法，可以简化运算、节省时间。数学学习贵在数学发现，而发现源于思考，通过刚才的探究和讨论，我发现我们班的同学有善于思考的良好习惯，这必将成为你们将来成功的坚实基础。

教学启示：学生的潜能是无穷的，关键是如何激发。这一环节在我预设中是在老师的引导下总结方法、得出结论。事实上，在学生们熟悉问题背景后，在小组的有效合作下，学生得出了求平均数的三个计算公式，虽然表述不够完善，但学生的潜能得到开发，增强了自我学习数学的自信，激发了继续探究的热情。这种超越"预设"的学习成果呈现，才是有效的"真学习"。因此，要相信学生，敢于放手、善于引导、促进生成，这是"自觉数学"的基础。

四、自觉强化

师：张大伯也从他家养的一批生猪中随机抽取了8头，质量见表5-8。

表 5-8

张大伯家随机抽查 8 头生猪（单位：千克）
104，96，102，99，104，99，96，96

你能帮他求出这 8 头生猪的平均质量吗？

教学启示：这一环节的跟进，旨在引导学生及时应用，巩固新知。背景主线不变，学生还在原来的情境中，趁热打铁。果然，三种方法都有学生尝试，正确率明显比前面提升了，这让大部分学生获得了成功的喜悦，为下一环节的导出铺平了道路。

师：我们已经求出蒋大爷家第一次抽取的 10 头生猪的平均质量是 101.5 千克，由此，你能估计一下蒋大爷家这批 100 头生猪的总质量大概是多少吗？（体会样本估计总体的思想）

生：根据"抽取的 10 头生猪的平均质量是 101.5 千克"，由此，可以估计蒋大爷家这批 100 头生猪的总质量大概是 10150 千克。

师：这里我们应用了"样本估计总体的思想"，这是我们在统计中常用的思想方法。另外，根据"中国猪网（http：//www.pigcn.cn/）"公布的 2012 年 12 月 28 日该县的生猪平均价格约为 15 元/千克，由此可以估计蒋大爷家这批生猪的销售收入为多少元？

生：大约 152250 元。

师：我们再来算一笔账，假设蒋大爷家这 100 头生猪的各类养殖成本大约为 100000 元，则这批生猪的利润为多少？

生：减去成本，大概可以获利 52250 元。

师：是呀，这样一批生猪可以获利 4 万～5 万元，如果一年养三批，那年获利就有 12 万～15 万元，所以，只要勤劳，必能致富。

教学启示：这里情境中的数据完全是真实的，是当天早上在"中国猪网"查阅所得，因为当地的学生对生猪养殖等情况比较熟悉，真实的数据容易引起学生的共鸣。在渗透"样本估计总体的思想"的同时，让学生切实感受到数学学习是有实际意义的，增强了学习数学的原动力，并通过具体、正面的数据培养学生勤劳致富的价值观，以及热爱家乡、热爱家乡劳动人民的情感。

五、变式引领

问题4：一家公司打算招聘一名英文翻译，对甲、乙两名应试者进行了听、说、读、写的英语水平测试，他们的各项成绩（百分制）见表5-9。

表5-9

应试者	听	说	读	写
甲	85	83	78	75
乙	73	80	85	82

(1)如果公司想招一名口语能力强的翻译，听、说、读、写成绩按3∶3∶2∶2的比确定，计算两名应试者的平均成绩（百分制），从他们的成绩看应该录取谁？

(2)如果公司想招一名笔译能力强的翻译，听、说、读、写成绩按2∶2∶3∶3的比确定，计算两名应试者的平均成绩（百分制），从他们的成绩看应该录取谁？

生：在第(1)小题中甲会被录取；在第(2)小题中乙会被录取。

师：如果以四项测试成绩同等重要的标准进行招聘，你认为合理吗？

生：不合理！如果以四项测试成绩同等重要的标准进行招聘，听、说、读、写成绩按1∶1∶1∶1的比确定，这个平均数计算就变成算术平均数的计算，优势项目就不能突出反映出来了。

师：招聘口语能力或笔译能力较强的翻译时，公司侧重于哪些方面的成绩？给出的比值是否能体现这些方面更加"重要"？

生：应重视听和说的成绩，给出的比值应该是体现听和说这些方面更加"重要"。

师：比较两个问题的结果，谈谈你对数据"权"的作用的认识。

生："权"是一个比例，是一项指标在整体中的占比（所占百分比），"权"越大这项指标就越重要，可见"权"对"结果"的"掌控"能力。

教学启示：通过这个问题让学生看到算术平均数可以看作各项的权数

都是1的加权平均数,因此,算术平均数是特殊的加权平均数;同时,加权平均数又是算术平均数的简便计算形式。

六、深度对话

问题5:小亮看到某公司在招聘广告中说本公司平均月工资为4000元,小亮成功应聘。干满一个月,到发工资时,小亮却只拿到2000元的工资。小亮感觉上当了,可是主任出示了一张工资总表(见表5-10),显示平均工资确实是4000元,你认为小亮的2000元的工资合理吗?

表5-10

	主任 (1人)	副主任 (1人)	普通员工 (5人)	人均工资(元)
月工资/元	6000	4000	2000	4000

生:这4000元的算法是不对的。

师:你知道主任是怎么算的吗?

生:用6000、4000与2000的和除以3后得到的。这里2000不应该只算1次,应该算5次!

师:那你认为怎样算?

生:$\dfrac{6000+4000+2000\times 5}{1+1+5}\approx 2857(元)$。

师:主任出示的平均工资确实是4000元,你认为小亮的2000元的工资合理吗?

生:不合理!这个公司存在很大的欺骗性!

师:4000元的平均工资是受到了什么数据的影响?

生:6000元。

师:我们把这样的数据叫作极端数据,原来平均数据是会受到极端数据影响的。这就是为什么很多时候打平均分要去掉一个最高分和一个最低分的道理!那你认为在这个问题中,普通员工的多与少会对平均工资有影响吗?

生：普通员工的人数越多，说明 2000 的权越大，那么对平均工资的影响会越大，工资会越低。

师：真的这样吗？我们来验证一下吧。

教师用 Excel 表格展现权的变化对平均值的影响。如图 5-2 所示。

	主任 （1 人）	副主任 （1 人）	普通人员 （5 人）	平均工资(元)
月工资/元	6000	4000	2000	

x 取值	5	10	20	30	40	50	60
月加权平均工资(元)	2857	2500	2273	2188	2143	2115	2097

图 5-2

师：那你认为当权越大时，平均数会越大，那你自己选一个你认为足够大的 x 取值，我们看一看平均工资会怎样？

教师通过 Excel 表格得出 x 取值为 60 时的平均工资为 2097 元，相应的统计图中的数值也跟着变化，如图 5-3 所示。

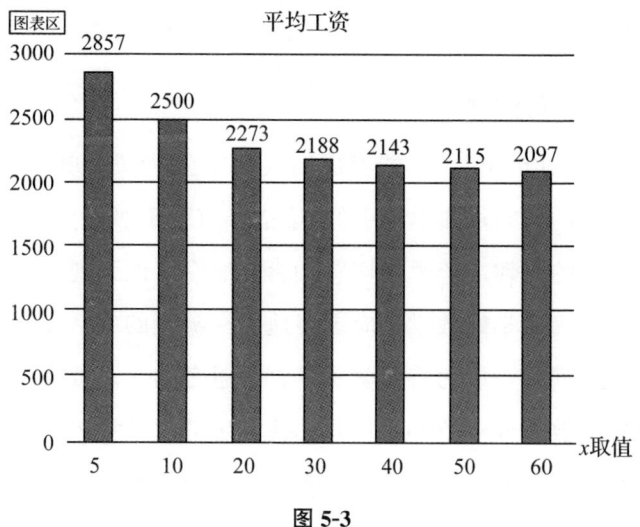

图 5-3

教学启示：通过 Excel 表格动态呈现权的差异对平均值的影响，避免了烦冗的计算，直观而形象地辅助了教学，便于学生的感知和理解。

师：这道题的权反映了数据出现的次数，也可以说是频数。综合前面的几个式子，我们可以看到权常见的有哪些形式？

（学生回答，教师完善后归纳，权常见的有三种形式：百分数、比、频数）

教学启示：这道题以问题情境的形式给出，激发了学生探索的积极性。通过这道题既让学生体会到了权的差异对平均数的影响，还让学生知道了权的另外一种呈现形式，借此让学生归纳了权的三种常见形式。可谓一箭双雕。

（其他教学活动过程略）

教学反思

在本节课中，我采用教师引导、小组合作、学生讨论交流的教学方式，揭示平均数三个计算公式的本质内涵以及相互之间的联系；这样不仅注重学科知识的获取，更注重学生参与获取知识的过程，从而调动学生积极、主动地参与教学过程，培养学生科学的思维方法。

一、"真情境"的创设

创设有效的"真情境"，才能促成高效的"真学习"。现实的生活材料，尤其是学生身边的材料，如本课中的"生猪养殖""班级学生身高"等，能激发学生研究问题的兴趣，产生亲切感。能使他们认识到现实生活中隐藏着丰富的数学问题，要学好数学，应更多地关注身边的生活实际，学会对各种现象提出数学问题，成为有数学头脑、会思考的人。教师要善于抓住这一点，在日常的教学中多留心生活，关注学生的生活世界，创设切合学生实际的教学情境，体现一个"真"字。同时，积极鼓励学生参与、理解情境，发现数学问题，引导学生把现实问题数学化、把数学知识生活化，培养学生运用数学解决实际问题的能力。

二、鼓励大胆地说

让学生大胆地"说"，才能促进课堂动态生成。学生是发展的主体，教师是引导者、组织者、合作者和指导者，但这要落到实处。由于对学生不放心，师讲生听的现象依然随处可见。其实，学生的"灵气"是客观存在的，只是被我们不经意地扼杀了，久而久之，何来创造性？何来发散性思维能力？因此，我们要大胆地相信学生的潜力和能力，多设计有针对性的问题、有实效的问题、开放性的问题，鼓励和引导学生敢思、敢说、敢质疑，如本课中"平均数概念的归纳""平均数简化计算的求法探索""与教师、教材的对话"等较好地甩开了膀子，摒弃了"师生间的陌生感"，共同探究数学知识，学生敢于提出心中疑问，收获了信心和知识，教师收获了信任和成就，一举多得。同时，课堂上我们要努力克服"告知的冲动"，该让学生讲的绝不多言，该让学生想的绝不干预，该让学生动的绝不代替，适时引导，旁敲侧击，让学生真正融入探究的氛围并获得新知。

三、信息技术应用

在本节课中学生的认知难点是对权的深度认知，为了使学生理解加权平均数的意义和权的作用，我利用了PPT的演示功能和Excel的数据处理功能，通过设计简单的程序，直观、形象地展现"权"的意义和作用，让学生形象地感受了探究过程的连续性、动态性和真实性，增强了学生对数据的权的作用和加权平均数的意义的认识和理解。通过学生归纳和教师释疑，让学生优化概念、内化知识，同时也增强了学生运用数学解决实际问题的信心，促进其形成良好的学习品质。

四、关注知识发生

在变式引领环节通过学生给数据赋权计算、分析、比较等，让学生体会到权的作用和产生的必要性，并在列式子计算的过程中体会到权的差异对平均数的影响。在提炼出一般公式这一环节，学生虽然已经具有一定的归纳分析的能力，但对于从特殊到一般，从现象到本质的抽象归纳还存在一定的困难。此处我通过引导学生观察前面计算加权平均数的几个式子的形式及其本质意义,来引导学生归纳。尽量让学生自己说出,让学生感受获取知识的过程,而不是直接呈现结果。

五、注意重点突出

因为小学阶段学生已经基本掌握了算术平均数,而算术平均数的认识对于加权平均数的理解是非常有帮助的。在这节课的教学中,我更多地着墨于加权平均数的理解,以及算术平均数和加权平均数的联系和区别上,淡化了算术平均数的概念和计算。另外,学生对于自己总结归纳的知识感受会更深刻、更鲜活。我采用恰当的设问和宽松的环境激励学生积极思考和主动探索,避免生搬硬套地接受知识,让学生通过观察后自己总结归纳,教师在学生归纳的基础上进行提升和完善。

本节课是通过对平均数的学习,让学生经历运用数据描述信息,做出推断的过程,体验统计与生活的联系,形成和发展统计观念,体会权的统计思想,养成用数据说话的习惯和实事求是的科学态度;通过对具体问题的解决,培养科学严谨的数学精神和思维的深刻性。

同行品悟

下面是送培地区的同行们对我这节课的品悟。

一、小中见大

潘老师的课,以人为本,整堂课以学生积极参与思考为主,教师及时精准有效点拨,使课堂活跃而又高效。整堂课知识层次、能力层次性强,教学内容循序渐进,以生猪养殖问题为切入点,通过一个问题让学生导出平均数的三个计算公式,以小见大,在有限的课堂时间中落实了学生数学素养的培养。在这节课中潘老师细心、耐心、积极地为学生创设一个又一个问题,让学生主动地形成自己思考解决问题的有效策略,并让学生及时总结、有效反馈,构建自己的知识体系。

二、面向全体

潘老师的课由生猪养殖问题展开,问题设计层层推进,题型全,深度广度好；课堂大气、板块化、结构式，起承转合自然，特别是能充分发挥例题的教育功能，教给学生解题的方法和蕴含其中的数学素养。从这节课中，我学到了教学设计需要面向全体学生，特别要关注中下学生，不能用优秀同学的思维替代所有学生的思考。同时，教学的设计要顺着孩子的思维自然流淌，教师也要因势调整改变自己的教学，只有这样才会有"高效的"课堂出现。

三、层层递进

潘老师以开放式的思维来组织本节课的教学，用"板块递进"为台阶，将平均数的三个公式用有效问题的形式串联起来，层层递进、不断深入，使学生品尝了一场思维上的盛宴；潘老师对学生的思维进行阶段性的总结提炼，促进学生对平均数的三个计算公式和权的意义的认识并不断深化。潘老师的这节课让我受益匪浅，对于公式新授课的设计、组织、实施过程中的及时应变，以及课中及时的反思、感悟、提炼，我学到了很多东西。

四、引领到位

潘老师的课设计巧妙，注重变式，板块与板块之间环环相扣，层层深入，综合实践性强，真正体现了公式新授课基于"揭示公式本质，注意适用前提"的思想精髓。在教学过程中启发引导学生去思考，并探索"对于平均数"我们到底要研究一些什么，潘老师引导到位，使学生变"要我学"为"我要学"，充分体现了学生的主体地位。通过设问、追问等方式，注重方法归类、整合，形成平均数的知识框架，特别是用PPT的演示功能和Excel的数据处理功能，通过条形统计图来对权的意义进行探究，促进学生对权的深度理解。

五、循循善诱

潘老师利用板块教学法，引导学生对平均数的再认识，根据学生的认知规律从简单到复杂、从浅表到深入地进行深度认知。紧抓"平均数的三个计算公式探究"这条主线，通过问题串的巧妙设计，层层递进，提升学生对前面学的"平均数"零碎知识的整合能力，通过"变式引领"和"深度对话"环节促进学生对权的理解，并使学生综合应用素养得到了提升，以达到融会贯通的目的。同时潘老师循循善诱，注重边讲解边提炼、归纳，最后用框架结构清晰梳理平均数的知识要点，使学生碎片化的知识系统化、结构化，有利于学生数学思维的深度发展，实现从量的积累到质的飞跃，有很重要的意义。

六、巧妙整合

潘老师的这节课知识点覆盖全面，课堂容量大，但层次清晰，尊重学生的认知规律，由一个简单的"求10头生猪的平均质量"问题，由浅入深，不断变式。能把这么多问题巧妙整合到一堂课中，彰显了潘老师深厚的教学功底。在对"平均数的三个计算公式"的探究过程中，逐步帮助学生构建系统的知识结构，并及时提炼总结方法，使学生的思维不断向深度和广度衍生。关于如何上好公式新授课，这节课给了我很大启发。

如何上好公式新授课？唯有深入地"理解数学、理解教材、理解教学和理解学生"！在传授数学知识、培养数学能力的过程中，要运用"数学的内在力量"更好地理解数学素养教育，将学生始终置于课堂"发展的中央"，只有这样才能带领他们由浅层学习向深度学习过渡，促进学生自觉学习、自觉生成有效而真实的发生。

课例 6

定理新授课：真正理解，熟练掌握，灵活运用
——以苏科版数学教材八年级下册"三角形的中位线"教学现实为例

教学主张

数学定理是由数学公理或已有定理推演而出的命题；数学定理还可以看成多个数学概念组成的命题，它揭示了概念间的特定关系，描述了某种数学规律。数学定理揭示了数学知识的基本规律，具有一定的形式符号化的抽象性和概括性的特征，是学生数学认知水平发展的重要学习载体。要学好数学，必须对定理有十分正确透彻的理解，也就是说，牢固掌握并能灵活运用定理是提高数学能力的重要前提。定理是数学多个知识点的汇聚，当学生灵活地掌握定理以后，才能真正地学会数学知识，灵活地运用数学知识解决问题，才能具备举一反三的数学学习能力。因而，数学定理是数

学的灵魂，也是学习数学的航标。初中数学定理是初中数学的重要教学内容，初中数学定理是证明的基础，也是学生探究学习的延续和发展。事实上，数学定理的教学不单纯是让学生知道和了解定理本身，也是让学生探索发现、提升思维和发展能力的过程，更是培养学生数学推理能力、逻辑思维能力和创新意识的重要途径，所以初中数学教学应重视数学定理的教学。

定理教学是初中数学教学过程中的一个重要环节，学生对定理的学习、掌握和运用，也是学生数学学习的重点和难点。在定理的教学中，往往存在这样的问题：

1. 导向有问题。在定理教学中非常容易产生"一背二套""条文加例题"的形式，这种形式的教学往往导致学生头脑里只留下相关定理的外壳，忽视它们的来龙去脉，不明确它们运用的条件和范围，妨碍了学生为后继学习打下坚实的根基。

2. 理解不透彻。教师讲的定理学生似乎听懂了，也初步理解了定理的内容，甚至还能背出来，但是怎样运用定理去解答有关问题，总是有些茫然，思路不广，把握不大。究其原因，在于教学中教师引导学生对定理的本质内涵揭示不够，使学生对定理的理解还不到位，定理的语言、图形与符号等变式性转换表征不足，导致学生不能进一步灵活运用定理。

3. 过程太简单。学生对定理的掌握是后继数学学习时分析、推理、判断的重要条件，是进行逻辑推理的基础。但是在现实的教学中很多教师存在轻过程重应用、轻条件重结果等倾向，忽略了定理本身的形成过程，而变为"条文加例题"，或虽有揭示定理的过程但简单浅薄，内容贫乏一掠而过，导致学生学得不到位。

4. 未纳入结构。数学知识系统性是很强的，学生在学习定理以后应将它纳入学生的认知结构，才能较为牢固地掌握。然而，有的教师让学生对定理进行平面化的认知，未让学生通过顺应（或同化）使定理纳入原有的认知结构中，导致学生学得不扎实。

自觉数学课堂视域下的"定理新授课"的教学主张主要表现为以下几个

方面：

1. 明晰价值。教学中要明确定理的地位和作用，通过定理教学能锻炼学生自主探究的学习能力，在深入理解定理的前提下，灵活地运用定理。只有准确把握定理的价值和在整个知识体系中的地位，才能准确定位定理的教学内容，把握教学尺度，选择教学方法，促进学生的自觉生成。

2. 把握重难点。对于初中学生来说，思维正处在逐步由以具体形象思维为主要形式向以抽象逻辑思维为主要形式的过渡阶段，我们在定理教学过程中要准确地把握重点和难点，厘清教学线索，把握教学过程，选择合适的教学方法，让学生明确定理的发生发展过程，在节点处发力，才能收到良好的教学效果。

3. 深度理解。定理教学中不但要求学生能记住定理，还要引导学生探索定理的整个发生发展过程，探究定理，发现定理，特别要关注揭示定理的产生推导和演变的过程，更要理解定理的本质内涵。并且在这个过程中要诱发学生思维的积极性，引起学生更多的联想，这也比较容易使得学生调动已有的知识、经验、感受和兴趣，从而更加自主地参与定理的探究过程和利用定理解决问题的过程，只有这样学生才能在学习过程中对定理有深层次的理解。

4. 建立联系。数学定理的学习过程既是建立数学概念间关系的一个过程，又是由学生将已学习掌握的公理、定理遵从数学的逻辑关系进行推理的过程。定理的教学过程必须要建立在概念间的关系过程和推理过程上，结合学生的认知基础和学习状况进行认真思考和分析，设计合理的学习活动，让学生经历从定理的背景中发现和提出猜想，再推理论证从而获得定理，以确保学生实现理解性的学习。

5. 培养发现力。数学定理的发现往往会经历曲折的实验、归纳、猜想等一系列的探索过程，这个过程是发现者的思维过程。因而在定理课的教学中，引导学生重复或模拟定理的发现过程，让学生进行定理的再发现和再创造过程，不仅能使学生了解定理结论的由来，强化对定理具体内容的理解和记忆，而且可以充分发挥学生学习的主观能动性，培养学生科学发现的能力。

6. 给锻炼契机。教材中定理的证明已是发现者（或数学家）证明思路的逻辑整理和简化，大部分以综合法的方式书写表达出来。教学中可让学生采用操作活动的方式合情推理得出结论（符合学生现有的知识水平和认知规律），接下来不仅要让学生知道"怎么做"，还要让学生学会"该怎么想"，为什么"这样做"，这样既不会失去数学课应有的功能，又给了学生一次发现和探索的锻炼机会。

"定理新授课"的一般结构与流程，如图6-1所示。

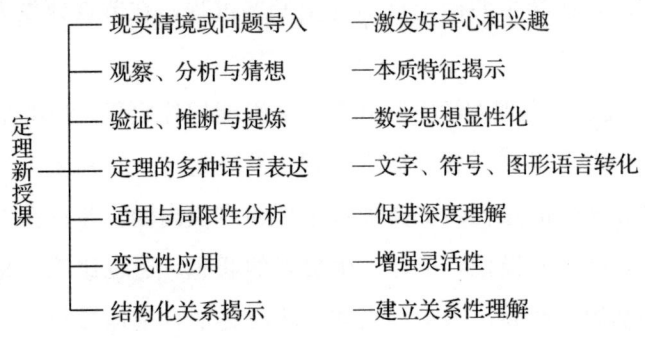

图 6-1

教学设计

本节课的设计理念是从学生的生活实际出发，创设教学情境，采取发现与探究相结合的教学方法，根据本节课的内容特征和学生的心理特征，倡导新课程的自主探究和合作交流相结合的学法；通过丰富的探究活动，鼓励学生积极思考、勇于钻研、敢于创新，并产生强烈的求知欲。

一、教材分析

本节教学内容是在学生已学过的平行线、全等三角形、平行四边形等知识内容基础上的应用和深化，"三角形的中位线定理"是初中数学的一个非常重要的知识点，它具有计算和证明等多种灵活的运用形式，直接关系到学生对几何计算、几何论证等内容的进一步学习，起着承上启下的作用。

在三角形中位线定理的证明及应用中，渗透了化归等数学思想与方法，这对培养学生分析问题、解决问题的能力，提升学生的数学核心素养和拓展学生的思维有着积极的意义。

二、教学目标

1. 双基水平

(1)知道三角形中位线的概念，明确三角形中位线与中线的不同。

(2)理解三角形中位线定理及其证明过程，并能进行简单的论证和计算。

2. 问题解决

(1)通过观察、实验、猜测、联想来发现三角形中位线的性质。

(2)经历探索三角形中位线定理的过程，发展合情推理能力，掌握三角形中位线定理。

3. 学科思维

(1)培养学生观察问题、分析问题和解决问题的能力。

(2)对学生进行事物之间可相互转化的辩证观点的教育。

(3)通过对问题的探索及进一步变式，培养学生逆向思维及分解构造基本图形解决较复杂问题的能力。

三、重点、难点

重点：三角形中位线定理及应用。

难点：证明三角形中位线定理时辅助线的添法。

四、教法选择

八年级学生正处于由实验几何向推理几何的过渡时期，对于严密推理论证，在知识结构和知识能力等方面都有所欠缺，但已具有一定的归纳总结、表达的能力。本节课的教学指导思想是从学生实际认知水平及知识结构出发，经过有效精进的教学活动让学生自主获取新知能。我们利用翻转课堂式教学中的优势，创设有效精进的学习活动，拉近数学知识与学生知能现实之间的距离，有利于学生提取和利用生活经验。首先让学生经过实验、观察、猜想、归纳来得出结论，然后经推理论证得到定理，最后进行相关应用,让学生通过"暖认知"的方式得到的知识是具有亲和力的,更容易被学生接受和认可,鼓励学生大胆猜想,用观察、测量等方法来突破重点、化解难点。

五、活动设计

1. 情境引思

问题:如图6-2,怎样将一张记为△ABC的三角形纸片,剪成两部分,使分成的两部分能拼成一个平行四边形?

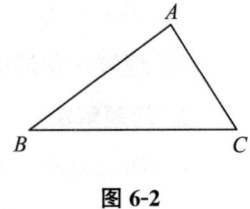

图 6-2

操作:(1)分别取 AB、AC 的中点 D、E,连接 DE;

(2)沿 DE 将△ABC 剪成两部分,并将△ADE 绕点 E 旋转 180°,得四边形 BCFD。

(3)思考:四边形 BCFD 是平行四边形吗?

(4)探索新结论:若四边形 BCFD 是平行四边形,那么 DE 与 BC 有什么位置和数量关系呢?启发学生逆向类比猜想:DE∥BC,$DE=\frac{1}{2}BC$。

设计意图:①从一个有趣的动手操作问题入手,激发学生学习兴趣;②通过问题情境引导学生探究其猜测,用测量来初步感知三角形中位线的定理和性质;③设置一连串的递进问题,启发学生逆向类比猜想:DE∥BC,$DE=\frac{1}{2}BC$。

2. 引学思辨

(1)认识中位线:像 DE 这样,连接三角形两边中点的线段叫作三角形的中位线。

(2)辨析:①一个三角形有几条中位线?②"中位线"与"中线"一样吗?两者有何异同?

设计意图:①有了上面的铺垫,让学生动手动脑,自主发现和认识中位线定义;②运用类比和比较的方式,让学生加深对定义的理解。

3. 探究导学

（1）操作猜想：如图 6-3，利用剪拼演示剪得的四个小三角形，若只改变其中一个小三角形的位置，你能把它们拼成一个平行四边形吗？

①思考：四边形 ECFD 是平行四边形吗？说说你的理由。

②探索新结论：若四边形 ECFD 是平行四边形，那么 DE 与 DF、BC 之间有什么关系呢？

(2)探究：如图 6-4，△ABC 的中位线 DE 与 BC 有怎样的关系？

让学生猜想：从刚才的剪拼活动中，你得到了什么启示？

①通过几何画板的动态演示，增强直观性。

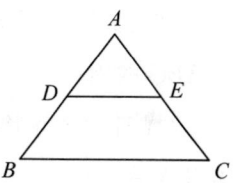

图 6-4

②怎样推理证明这个结论？如何构造平行四边形的模型？

③引导学生添画辅助线（不同的思路）。

④分析证明的关键步骤，证明新结论。

⑤引导学生一题多解，学会多种辅助线添画方法和证明方法。

⑥通过上述证明，你能用文字表达该结论吗？

引导学生归纳：（中位线定理）三角形的中位线平行于第三边，且等于第三边的一半。

几何语言：∵ DE 是△ABC 的中位线，

$$\therefore DE /\!/ BC, DE = \frac{1}{2} BC。$$

设计意图：①让学生在特定的数学活动中经历三角形中位线性质定理的形成过程，通过操作、观察、分析、推理、归纳总结，得出一般性的结论；②发展学生的形象思维能力和空间思维能力，发展学生的合情推理能力和发散思维能力，在独立思考的基础上，敢于发表自己的观点；③通过对学生的回答做积极的评价，拓宽学生思路，使学生获得成功的体验，增强学习的自信心；④让学生体会一题多解的数学思想，引导学生多角度、多方位地思考问题。

4. 简单运用

(1)强化练习。

①如图 6-5，在 △ABC 中，D、E、F 分别是 AB、AC、BC 的中点，① 若 AC = 4 厘米，BC = 6 厘米，AB = 8 厘米，则 △DEF 的周长 = _____；

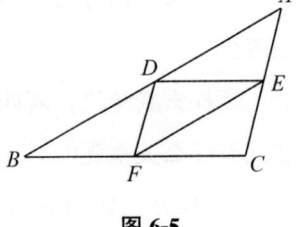

图 6-5

②变式：若 △DEF 的周长是 12 厘米，则 △ABC 的周长是 _____；

(提问：三角形的三条中位线所围成的三角形的周长与原三角形的周长有什么关系?)

③若 △ABC 的面积为 24 平方厘米，则 △DEF 的面积是 _____。

(提问：三角形三条中位线围成的三角形的面积与原三角形的面积有什么关系?)

(2)变式运用。

例：如图 6-6，在任意四边形 ABCD 中，顺次连接各边的中点 E、F、G、H，四边形 EFGH 的形状有什么特征？

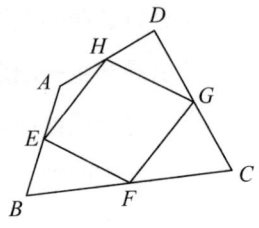

图 6-6

结论：顺次连接任意四边形各边中点所得的四边形一定是平行四边形。

设计意图：①在前面"明析前疑"的基础上，乘胜追击，该组练习是中位线性质定理的变式运用，让学生吃透图形的性质，推进对所学知识的升华；②引导学生运用中位线定理对中点四边形的特性进行探究，得出中点四边形的形状，提升学生综合分析和探究发现的能力，关注数学的转化思想方法的渗透。

5. 变式拓展

变式1：如图6-7，四边形$ABCD$中，E、F分别是AD、BC的中点，连接EF，求证：$EF \leq \dfrac{AB+CD}{2}$。

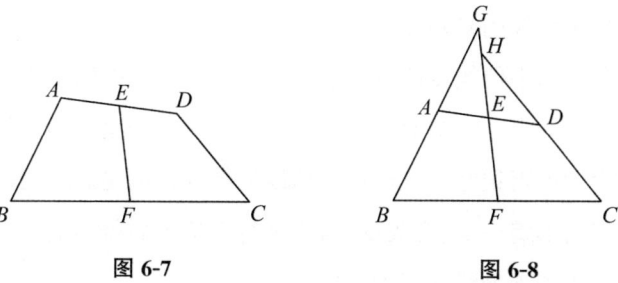

图6-7　　　　　图6-8

变式2：如图6-8，在四边形$ABCD$中，E、F分别是AD、BC的中点，且$AB=CD$，求证：$\angle BGF = \angle CHF$。

设计意图：①引导学生独立思考，类比上面例析的"中点，中点，寻找中位线"不能直接用，要通过"取对角线中点""两次构造中位线"的方法来解决问题；②通过这两道变式题来训练学生的思维能力，给学生提供一个实践、创新和提高的机会。

（结课感悟等其他活动过程设计略）

课堂实录

数学核心素养的培育重在提升学生的关键能力和必备品格，这些能力和品格的培育离不开学生在自主学习、合作学习、探究学习基础上开展深度学习的优效学习活动。有效、优效的学习离不开学生的合作与交流，它可以集聚学习信息，相互启发。

一、操作成果展示与分享

1. 操作成果交流

师：同学们会画三角形的中位线了吗？任何一个三角形都有几条中位线？

生：取三角形两边的中点，然后连成线段，就是这个三角形的一条中位线。

生：任何一个三角形都有三条中位线。

师：我们选其中一条三角形的中位线来研究它的特性，同学们知道哪些关于三角形中位线的知识？

生：三角形的中位线在位置关系上平行于它所对的第三边。

生：三角形的中位线在数量关系上等于它所对的第三边长的一半。

师：同学们说得很好！三角形中位线的特性你们是怎么发现的？

生：将三角形剪一次（直线段）拼成平行四边形后得出的。

生：通过添加辅助线证明得出的。

2. 质疑和提出问题

师：若是没有书上的提示，我们碰到这样的问题该如何思考？

生：要找一条线段的特性，一般从位置和数量两个方面去思考。

生：我可以借助工具测量一下。

生：测量的结果一般有误差，所以只能参考这个结果，但说明结论的正确性还是要通过严格的证明。

生：看书后，我能理解这种方法的正确性，但是我怎样才会想到书上这样添加辅助线的方法？

师：同学们的疑惑就在这里。下面我们就围绕"巧用辅助线证明三角形中位线定理"进行研究。

教学启示：数学教学不仅要使学生掌握数学知识和技能，还要学会数学方法和思维，体悟数学的价值。学生通过动手操作和微视频学习后能较好地掌握概念，但知其所以然比知其然更为重要，所以根据学生的困惑，提出问题，更能激发学生的求知欲，这也是翻转课堂要解决的首要任务，要让学生能发现问题，并带着问题参与课堂，提高课堂教学的目标性和实效性。

在课堂教学中要让学生自主学习、探究学习，激发他们的学习兴趣和动力，同时通过小组讨论、多媒体演示、学生展示等以学生为主体的活动形式，发挥学生的积极性和主动性，让课堂"活"起来，让学生"动"起来。

二、认知冲突中突破疑点

师：我们通过对图形的观察或者测量，可先猜想出三角形中位线与第三边的关系。你在没有观看微视频或书本的前提下会如何思考？

生：用同位角相等、内错角相等、同旁内角互补证平行线。这里条件都不够。

生：刚学过的平行四边形也有平行线，可构造平行四边形。

生：我由第二个结论 $DE=\dfrac{1}{2}BC$ 得出灵感（如图6-9），可以把短线段延长，也可以把长线段分割。

师：同学们真棒，下面我们就以小组为单位，探索一下"加倍法"和"折半法"是否都能构造平行四边形而证明结论呢？（教师巡视）

（小组交流成果）

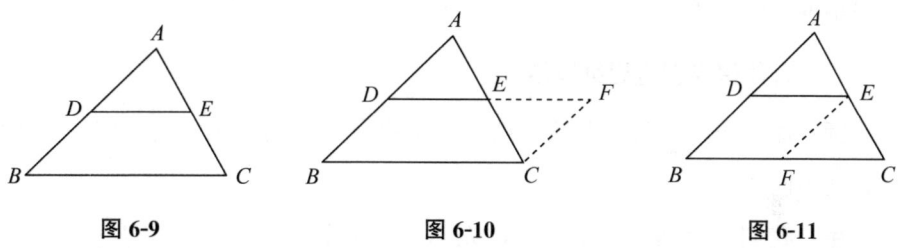

图 6-9　　　　图 6-10　　　　图 6-11

生：我们小组用"加倍法"，把短线段 DE 延长一倍，可以构造平行四边形，并且证明上述两个结论。

生：我们小组也是用"加倍法"，但是通过过点 C 作 $CF\parallel AB$，同样可以构造平行四边形，并且证明上述两个结论。（如图6-10）

生：我们小组采取的是"折半法"，取长线段 BC 的中点，虽然也构造了平行四边形，但我们没法证明它。（如图6-11）

生：我们小组也是用"折半法"，是过 E 点作 $EF\parallel AB$，与 BC 相交于点 F，平行四边形构造出来了，却没有条件证明。（如图6-11）

师："折半法"看着很简单，为什么证明不了平行四边形？观察哪个条件没起到作用？有什么办法弥补吗？

生： 只能用到一个中点，另一个中点没有用到。

教学启示： 优效学习活动的设计要把学生当作学习的主人，设计有效的活动，要提出恰当的问题，给学生提示学习和探究的线索，放宽学习的权利。不仅要让学生知道数学知识，更要关注学生是如何知道的，只有学生在不断的探索过程中产生认知冲突，才能引导学生追根溯源、寻找答案。课堂要成为他们探求知识的场所，激发学生的好奇心，充分发挥出学生的潜能，最大限度地满足他们成功的愿望和要求，形成积极、主动、灵活、独特的思考问题和解决问题的能力，培养勇于探索的精神，让学生从课堂中获得成就感、满足感，在心理上产生一种愉悦感。

通过交流活动，让学生感受问题解决策略的多样性，比较问题解决多样化策略中各种方法的特点，学会优化方法。在本节课的教学过程中，三角形中位线的定义和定理的学习难点是定理证明的方法归纳、定理的应用以及辅助线的构造。

三、合作探究促进思维发散

师： 那不妨作两条辅助线，把另一个中点也利用起来。同学们一起帮助这两组同学思考。

生： 我们小组尝试出来了，先过 E 点作 $FE // AB$，与 BC 交于点 F，再过 A 点作 $AG // CB$，与 FE 的延长线交于点 G，这样两个中点都能用到，也构造了平行四边形，并且能证明结论。（如图 6-12）

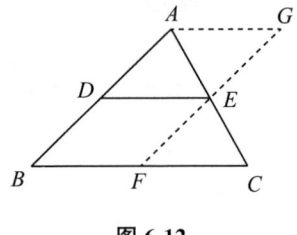

图 6-12

师： 同学们集思广益，想出来这么多种证明的方法，老师也提供一种供大家借鉴。

分别过 A、B、C 作 DE 这条直线的垂线，垂足分别为 N、M、G，构造矩形得证。（如图 6-13）

请同学们挑选一种证明方法，写下完整的证明过程。

教学启示： "问题是数学的心脏。"通过问题串组织学生交流，让学生结合自己的"先知""先学""先研"和遇到的"不知""半知""疑问"等展开讨论与研究,把学生"被动学"变成"主动学",快乐地体验学习、发现学习和合作学习。很多小组想到了"折半法",可就是证不出平行四边形,在这个关卡,教师适时点拨。学生为发展主体

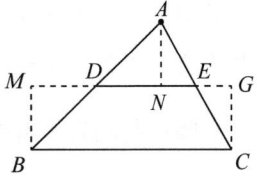

图 6-13

不是让教师退出"阵地",而是更需要教师抓住学生问题的本质给予指导,通过小组合作讨论,带动整个班级的研讨氛围,一起分享找到答案后的喜悦,感受到辅助线的奥秘和神奇所在。

四、变式教学促进智慧生成

为了促进学生对三角形中位线定理的应用意识和学生能力水平的提升,下面我选取了两道经典的习题作为例题的变式题来拓宽学生对三角形中位线定理的应用视野,在教学过程中,采用倒序预设悬念的方法,将学生的思维引向深入,引导学生提出问题,尝试寻找问题解决的策略和依据,形成自我尝试解决问题的思想方法。

变式 1:如图 6-14,四边形 $ABCD$ 中,E、F 分别是 AD、BC 的中点,连接 EF,求证:$EF \leqslant \dfrac{AB+CD}{2}$。

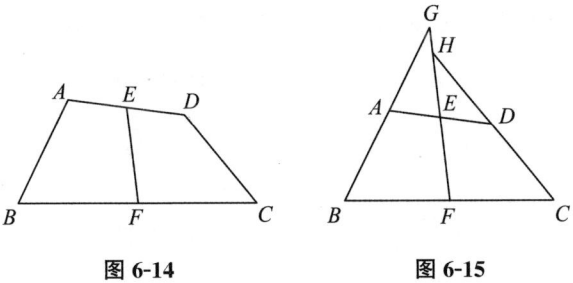

图 6-14 　　　　图 6-15

变式 2:如图 6-15,在四边形 $ABCD$ 中,E、F 分别是 AD、BC 的中点,且 $AB=CD$,求证:$\angle BGF = \angle CHF$。

教学启示:上面的两道变式题对学生来说一时有点找不到求证的方向,特别是变式 2 中两角既没有位置上的特殊性,又找不到全等的三角形,为此

设计的这两道变式题促进学生对"连接对角线取中点"的策略进行强化认知，其中变式1的图形是变式2的图形的一部分，它的奠基性是很明显的。

师：我们先来看变式1，题目中有多个中点和有 $\dfrac{1}{2}$ 这样的关键词时，你们会联想到什么？

生：联想到构造三角形中位线，利用中位线性质解决问题。

师：现在这道题的中点在四边形的边上，我们怎么往下思考？

生：我们可以通过辅助线构造三角形。

生：可以延长 BA、CD 构造三角形，也可连接 AC 或 BD 构造三角形。

生：第一种方法不可行，因为中点 E 不在三角形的边上。我认为第二种可行，就是两个中点分别在不同的三角形内了，如何解决？

师：这位同学观察非常细致，并提出了自己的问题，辅助线的添加要在充分利用已有条件的基础上进行。

生：既然要构造三角形的中位线，可取三角形 AC 的中点 M，连接 EM、FM，就构造了两个三角形的中位线。(如图 6-16)

师：我相信添加辅助线后的题对大家来说就容易解决了。请同桌互相说一说解题方法。

（学生分组讨论）

师：我们再回到变式题2，大家能找到这个变式1的图形吗？

生：用刚才的方法(如图 6-17)，构造两条中位线就能解决啦。

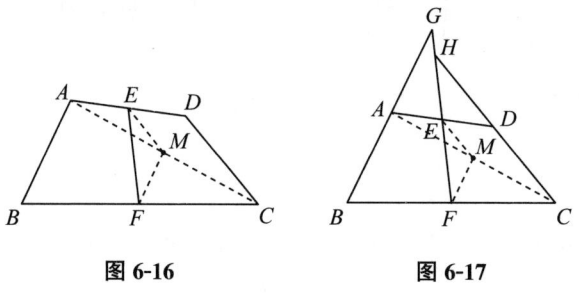

图 6-16　　　　图 6-17

（解题过程略）

教学启示：优效教学，需要教师充分把握学情，去设计和组织富有个性化的、切合学生实情的学习活动。本题的探讨重点是辅助线添加的探索过程，让学生成为活动的主体，让学生感受中位线的产生并非无中生有、从天而降，而是自然生成、有理有据的，在辅助线探寻的过程中，培养学生的学习能力，同时积累基本活动经验，以达到深度学习中的分析、评价和创建的目标。

在这两道变式题的探究中，当学生遇到困难时，我给出了通过"构建三角形中位线"来解决问题的策略，再让学生进行策略迁移和类比的方式解决变式题，通过多维促进式互动交流，提出疑问和问题，正确进行相关问题的解决，为学生进入再学习、再发现和再研究的发展境界奠定基础，并提高其自组织学习水平。

教学反思

初中学生的思维特点是从具象思维向抽象思维渐变的，他们对数学新知能的理解是要通过形象思维，借助对客观事物表象的理解而产生的，也就是说学生对数学新知能的获得是通过主体学习活动来建构的。

一、关注深度学习

课堂教学的核心策略是要让学生从浅层学习（理解、识记、简单应用）走向深度学习（分析、评价、创建），这样会激发学生对新知能探究的兴趣，也培养了学生学会学习的能力和乐于学习的热情。在这节课中，正是设计出了既符合数学学习规律又符合学生身心特点的递进型学习活动，去促进学生深度学习和发展的要求。

二、递进性学习活动

数学核心素养背景下的教学不仅仅是知识掌握的教学，还应关注学生的数学学习。学生的新知能是通过主体的学习活动来建构的，而认知活动是与情感、意志活动及个性心理倾向相互促进、协同发展的。同时，学生的认知活动总是遵循从具体到抽象再到具体的顺序，呈螺旋式上升。本节课通过递进性的学习活动来激发学生以新知能探究的兴趣，也培养了学生学会学习的能力和乐于学习的热情。

三、创造性用教材

本节课对教材知识进行重组和整合,选取了更好的教材内容对其进行深加工,设计出活生生的、丰富多彩的学习活动,充分有效地将教材的知识激活,把握住了教材的"广度"和"深度",既有能力把问题简明地阐述清楚,同时也有能力引导学生去探索、自主学习,形成有效的具有教学个性的教学资源。

四、良性差异互动

这节课的内容还是比较丰富的,以一般学生的实际情况来说,安排一课时是比较紧张的。在这节课的教学过程中我没有"平均用力",而是注意"详略得当"地处理,关注"将核心探究过程还给学生",在知识发生、多种证明方法的探讨和变式拓展处进行节点发力,注意将学生的"潜能"挖掘出来,用"良性差异互动",多维互动引领,既发挥了学生的主体地位,又能通过"兵强兵"的方法达成教学目标。

五、有效的"扶与放"

在探索三角形中位线定理的多种证明方法的过程中,我把重点放在了让学生思考证明思路,尤其是辅助线的添加上。为什么要这样作辅助线,这样作辅助线以后,构造了什么样的图形,形成了什么样的隐含条件,这些条件在定理的证明过程中起到了什么作用,以及在证明过程中各个条件之间的转换,把这些问题交给学生自己思考、交流,这种有效的"扶与放"的教学方式提高了学生自主探究的能力。

六、会一道,通一类

在处理例题与变式题时,通过一些经典习题进行了台阶性递进,这样的设计能够让学生加深对本节课所学知识的理解,还能复习巩固已学旧知识,将新旧知识融为一体,达到知识系统化、专题化,令学生解题时具有灵活性、可操作性,让学生对此类问题形成解题的技能,总结提升解题的方法。在教学中我们要把学生最应该掌握的问题,进行重点剖析挖掘,争取让学生通过几道题的分析与挖掘,达到"会一道,通一类"的效果。

这节课使我明白:我们要改变教学策略,设计出既符合数学学习规律又符合学生身心特点的递进性学习活动,激活学生的主体意识,最大限度地调动学生参与学习活动的主动性、积极性与创造性;激活数学知识形态,让学生充分感受与理解知识的发生发展过程;激活学生思维,不断提高学生的创造性思维能力,去满足学生个性化学习和个性化发展的要求。

同行品悟

下面是来自江苏省的同行对这节课的品悟。

一、经历快乐探究

本节课采用"问题引思—探究导学—促进发现—变式应用"的具有启发性的"自觉数学课堂"教学策略,把大部分时间交给了学生,让学生充分动脑、动手、动口进行探究性的学习,但潘老师不是一位旁观者,而是一位引导者、合作者、组织者。采用讲、议、练结合的方法,教师通过观察、提问、巡视、谈话等活动,及时了解学生的学习和反馈,把发展学生思维与随时把握学生学习效果结合起来,做到实而不死,活而不虚。整节课潘老师强调直观与抽象结合,注意提高学生的逻辑证明能力,让学生一次又一次地感受了数学学习的快乐。

二、关注方法启迪

本节课以探究三角形中位线的性质及证明为主线,开展教学活动。在三角形中位线定理探究过程中,学生先是通过动手画图、观察、测量、猜想,得出三角形中位线的性质,然后师生利用几何画板的测量和动态演示功能验证猜想的正确性,增强了直观性,教师再引导学生尝试构造平行四边形等多种方法进行证明。通过知识的形成过程,使学生体会探究数学问题的基本方法;通过定理的探究与证明,努力培养学生分析问题和解决问题的能力,提升学生的数学思维品质。

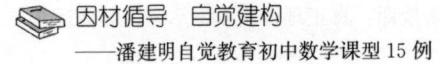

三、活动递进性强

三角形中位线定理的应用中，如何构造中位线是本节课要突破的难点，在整个探索活动中，潘老师让学生多角度、快节奏地去认识教学内容，达到事半功倍的教学效果。通过变式的引领，使学生很容易发现解决问题的规律，找出解决方法，使学生学得轻松、兴趣浓厚、精神状态极佳。本节课虽然容量较大，但由于精心策划了递进性的学习活动，加强了活动过程的展示，最终达到了良好的教学效果。

四、问题驱动性好

问题是创造性思维的起点，是兴趣的激发点。好的问题情境，可以调动学生主动积极地探究。本节课的问题驱动性好，从概念的产生到概念的辨析，再到定理的发现及证明，设计了一个个问题，层层递进，激活了学生的思维，促使学生不断地深入思考。这节课对我的启示：在今后的教学中我应该尽力放手让学生大胆探索、创新，而不应该时时限制学生的思考；若在教学过程中发现有少数学生在探究活动中态度欠积极，应像潘老师一样给予适时引导和点拨，只有融入了学生的内心，课堂才会更精彩。

五、建构知识框架

概念是由具体到抽象，由特殊到一般，经过分析综合，去掉非本质特征，保持本质属性而形成的。我觉得潘老师关注了概念的形成过程，即学生的思维形成过程，整堂课学生根据自己的经验背景，以自己的方式理解知识，通过中位线与中线的类比性辨析让学生进一步理解了中位线的概念。在三角形中位线定理的证明过程中让学生产生认知冲突，刚好成为深化理解的契机。潘老师有深厚的把握课堂的功底，灵活安排课堂生成，整节课的教学从定理的引入、形成到深化、应用都环环相扣，水到渠成。特别是潘老师整节课的教学更有建构知识框架的意识，学生一旦掌握方法，后续的学习将能轻松驾驭。

六、有效整合重组

潘老师的课在紧扣课标的基础上能够对情境和相关知识进行调整和重组。善引导、善变式、勤归纳、勤内化，最后达到学生对三角形中位线定理深度理解的目标。整堂课详略得当，比较关注经验唤醒，注重整体化认知，重点突出，沉稳扎实；关注学生知识的自我构建过程中的难点，及时予以指导和帮助。在例题教学中以并列类比的形式同时探究，然后再利用归纳出的模型解决问题。教学语言准确精练，板书规范，让学生清晰地明确学习要求，在熟悉的背景下轻松地学习，这些都是值得我学习的亮点！

七、问题设计精准

课堂是学生知识内化的主阵地。这节课中学生最大的困惑是怎样想到作如此的辅助线证明三角形中位线定理，教师对方法的提炼和指导尤为重要。由于潘老师问题设计的精准性强，问题设计符合学生的认知，注重方法和思想的渗透，因而学生对问题的探究就更加有目的性，并且在探究问题的过程中，通过自主探索，提高了学生独立学习的能力，通过小组合作，在相互借鉴和学习的过程中拓展了对知识的理解深度。

课堂的教学内容要贴近学生的最近发展区，情境的引入不仅要关注学生前经验的唤醒，也要考虑课堂中师生关系的培养；课堂教学设计要有其统领性，用丰富、有递进性的变式来拓展学生思维的宽度和深度，结合例题分析助力学生形成解决问题的策略。在课堂教学中要注重建模思想的渗透，基本图形的归纳；当学生遇到困难时要帮助学生用类比的手段理解，课堂教学要围绕"思—变—悟"的主线展开，只有这样才能高度领悟和践行"自觉数学课堂"的精髓。

——潘建明自觉教育初中数学课型 15 例

课例 7

例题教学课：建立关系理解，悟透方法规律

——以北师大版数学教材九年级下册"何时获得最大利润"教学现实为例

教学主张

例题是在教学中为解释数学概念、原理和命题而设置的，例题教学在数学教学中占有相当重要的地位，在教学过程中有画龙点睛的作用。例题教学是数学教学的重要环节，是把知识与技能和数学思想方法联系起来的纽带。好的例题能引导学生在应用新知的过程中加深对所学知识的理解，搭建起新知与旧知的桥梁，从而完善学生的知识系统，扩大知识网络。例题学习是学生获取数学知识、掌握数学技能、体悟数学思想方法的重要途径。教学中的例题具有很强的针对性、典型性和示范性，能帮助学生在知识与能力上获得发展。例题教学不仅能培养学生的数学学习能力和思维能

力，而且能以点带面，提升学生的感性认识，帮助学生领悟数学思想方法，探寻并掌握数学学习的"捷径"，大大提高教与学的效率。

目前的例题教学中存在一些问题：

1. 站位不高。有些教师只关注本节知识点，未从整体上把握教材，没有深入钻研课标和教材的本质内涵，不清楚每个知识点间的联系，未从整体的逻辑线索整合相关的具有典型性和代表性的例题。

2. 针对性差。不同的例题具有不同的教育功能，同样的例题在不同的教学阶段具有不同的作用。目前缺乏针对性地选择例题的问题还比较严重，主要体现在对教材的理解不够，过低或过高估计学生，都会忽略例题的典型性和示范性，盲目选择一些难题、偏题来"卖弄"解题技巧，结果收效甚微。

3. 教法单一。例题教学过程应该是充满激情的师生、生生之间互动的过程，通过灵活多变的教学形式来激发学生参与的积极性和创造性思维的发生。但现实教学中多数教学方法单一，变成教师"秀教技"的过程，使学生感到学习活动枯燥。

4. 提炼不够。教师很多时候将例题讲解完就了事，不善于总结例题的解题方法、思维过程、题型等，也不对例题进行更加深入的挖掘，无法做到一题多变，不能发散学生的思维和提高学生的创新能力，提炼不够，欠缺"临门一脚"。

5. 生搬硬套。因为在备课和准备例题时，教师已经对例题的解题思路、解题方法有了预先的设计，形成了思维定式，在课堂上讲解例题时照本宣科，缺乏教学的灵活性，只是用自己预先设计好的教学步骤指引学生"解题"，让学生进行"生搬硬套"，限制了学生的数学思维的发散，使学生形成死板的思维定式，一旦例题出现一点变动，便完全不会解题。

自觉数学课堂视域下的"例题教学课"的教学主张有以下几个方面：

1. 立意高远。例题既是运用知识解题的示范，也是思维训练的典范，增强对例题功能、价值的认识，因此教师要注重例题教学的过程。例题选择恰当与否，直接关系到学生对知识的理解和掌握，例题的选择不能过多、过杂、过难，必须要有一定的基础性和代表性，遵循从易到难的原则。

2. 合理选择。在例题的选择上要从整体性、逻辑原则、过程性、教育价值、可接受性五个维度上下功夫，恰当选择例题，不能一味地追求解题的难度和技巧。要选择典型的，能体现现阶段教学目标，能蕴含数学基本思想和方法的例题，必要时可以根据学生的实际情况更换教材例题或补充课外例题。

3. 减负增效。例题的精选能在很大程度上避免"题海战"，使学生减负增效，提高教学的有效性。一般来说，填空题重概念辨析，选择题重方法，解答题重思维，证明题重演绎，综合题重逻辑。教师应根据不同的教学目的而选择不同的题型，使学生从不同的途径和角度去加深理解并巩固知识，促进减负增效的达成。

4. 面向全体。由于种种原因，学生的个体之间存在差异性是客观存在的，最有效的教学就是能让每一位学生在学习中获得相应的知能和成功的喜悦。教师在例题设计时，把原本统一的教学内容变得具有层次性，让学生自主选择适合自己的内容，避免一刀切，要注意保护他们的学习兴趣和积极性，变"齐步走"为"手拉手一起走"。

5. 引领到位。进行例题讲解时，教师要引领学生分析清楚、透彻，点拨到位，例题讲解要重视思维过程的指导，要全面呈现发现过程，揭露如何想，揭示怎样做，让学生明白为何要这样解，什么情况下适合这样解，这种解法是怎样想出来的，使学生掌握自己对数学问题的理解、分析和解答等"有效的"学习方式。

6. 经验提升。"解题千万道，解完脑后抛"，这样的教学难以达到提高学生解题能力和发展学生思维的目的。例题讲解后，教师要引导学生把例题的题型结构、类型、条件与结论的关系等理解透彻并及时进行总结和反思，引导学生总结、反思、归纳与感悟，特别要关注中下水平的学生解题后的反思，这有利于帮助学生积累经验和总结解题规律，优化解题方法，能够达到以少胜多、事半功倍的效果。

7. 素养培育。例题的讲解不能就题讲题，要充分挖掘例题的功能，通过讲解例题，讲清这种类型例题的本质，从解题过程中提炼通法，总结解题规律，使学生逐渐掌握数学通法。要注重例题变式与延伸，通过对例题增加或减少一个条件等方式，让学生感受数学的转化思维与逆向思维等，通过多变的例题来探求所应用知识的本质内容，进而在做题中寻找规律与变化，了解不同题型的解答规律等。在学生掌握基本解法的基础上，注重引导学生运用多种解法，举一反三、一题多解、多题归一，能够"会一题，通一类"，培养学生数学思维的灵活性与深刻性，多途径进行数学素养培育。

8. 规范书写。规范的解题过程要审题规范、条理清晰、格式规范、表达规范、注意细节等，它能够使学生养成良好的学习习惯。在例题教学中，不仅要关注学生是否会说，更要关注学生能否规范地写，要经常性地对学生解题的规范性予以强调，特别是对关键步骤和细节的关注。教师的例题教学是对学生最好的影响过程，因此要求教师在解题教学中要严格要求学生，尽量做到每节课都能示范一道题的完整的解题过程，这对提高学生解题的正确率大有裨益。

"例题教学课"的一般结构与流程，如图7-1所示。

图 7-1

教学设计

在本节课的学习中，教材已研究了二次函数及其图象和性质，让学生初步了解了求特殊二次函数最值的一些方法。本节课在巩固二次函数性质及识图能力的同时，进一步让学生掌握利用二次函数知识求一些简单实际问题中最值的方法，培养学生运用所学知识解决实际问题的能力。本节知识具有承上启下的作用,既是前面所学知识的具体应用,又为学生的进一步学习奠定基础。

一、教学分析

初中数学教学的主要任务是将数学的思想方法、分析和解决问题的策略传授给学生,使学生积累数学学习活动经验,形成一定的数学化意识和思维品质,从而更好地强化其数学问题的思考和解决能力。在初中数学中,例题是非常重要的教学内容,教师通过数学例题强化相关知识点,将其中蕴含的数学知识和思想方法内化到学生头脑中,深化数学思维品质,使其更加积极主动地思考,提高学生的数学素养水平。

二、教学目标

1. 双基水平

能为一些较简单的生活实际问题建立二次函数模型,并在此基础上,根据二次函数关系式和图象特点,确定二次函数的最大(小)值,从而解决实际问题;由具体到抽象,进一步理解二次函数 $y=ax^2+bx+c$ 图象的顶点坐标与函数最大(小)值的关系,并明确当 $a<0$ 时函数取得最大值,当 $a>0$ 时函数取得最小值。

2. 解决问题

能将生活中的某些简单实际问题转化为二次函数模型,并能熟练运用二次函数知识解决这些实际生活中的最大(小)值问题。

3. 学科思维

(1)通过对实际生活中最大(小)值问题的探究,认识到二次函数是解决实际问题的重要工具,体会二次函数是一类最优化问题的数学模型。

(2)通过探究二次函数最大(小)值问题的过程,发展解决问题的能力,感受数学的应用价值,体会函数的思想方法和数形结合的思想方法。

三、重点、难点

1. 重点

(1)探索销售中的最大利润问题,从数学角度理解"何时获得最大利润"

的意义；

(2)引导学生将简单的实际问题转化为数学问题，并运用二次函数知识求出实际问题的最大(小)值，从而得到解决某些实际生活中最大(小)值问题的思想方法。

2. 难点

从实际问题中抽象出二次函数模型，以利用二次函数知识解决某些实际生活中的最大(小)值问题。

四、教法选择

九年级学生已初步掌握了函数的基础知识，积累了研究函数性质的方法及用函数观点处理实际问题的初步经验。由于年龄特征，他们借助直观图象更容易理解抽象的函数问题。我借班上课班级的学生思维较为活跃，在"引学—深思—展评—变式—感悟"式的课堂教学策略中能积极参与讨论问题，大胆发表自己的见解和看法；但同样也存在审题不仔细、考虑问题不全面等不足。

五、活动设计

1. 引例再探

引例：某果园有 100 棵橙子树，每一棵树平均结 600 个橙子。现准备多种一些橙子树以提高产量，但是如果多种树，那么树之间的距离和每一棵树所能接受的阳光就会减少。根据经验估计，每多种一棵树，平均每棵树就会少结 5 个橙子。问题：当增种多少棵树时，果园的总产量最多？

这是本章第一节"种多少棵橙子树"的问题，我们得到表示增种橙子树的数量 x（棵）与橙子总产量 y（个）的二次函数表达式为 $y=(600-5x) \cdot (100+x) = -5x^2 + 100x + 60000$。也曾用列表的方法得到一个猜想：当 $x=10$ 时，橙子的总产量最多。现在请你验证一下当初的猜想是否正确。

设计意图：从学生熟知的章头引例入手，运用求二次函数最大值的方法解决橙子最大产量问题，验证本章第一节所提出的问题中猜想的正确性，这样既能解决当初的遗留问题，也能为这节课的学习奠基。

2. 经验提升

教师进一步提出：怎样来求一般二次函数的最值呢？让学生在配方法和公式法的基础上，再观察图 7-2 和图 7-3 中的二次函数的图象，利用数形结合思想，让学生进一步加深对求最值方法的理解。

观察 $y=ax^2+bx+c(a<0)$ 的图象：

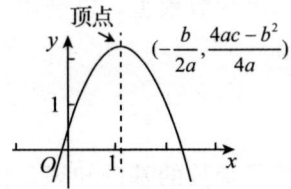

图 7-2

观察 $y=ax^2+bx+c(a>0)$ 的图象：

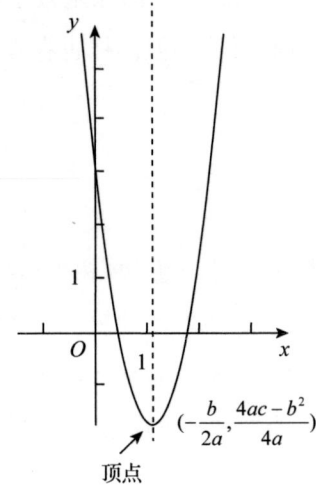

图 7-3

设计意图：让学生观察二次函数图象，验证归纳得出：当 $a<0$ 时，二次函数最大值是顶点的纵坐标值；当 $a>0$ 时，二次函数的最小值也是顶点的纵坐标值。最后归纳出求二次函数最大（小）值的方法：①配方化为顶点式求最大（小）值；②直接代入顶点坐标公式求最大（小）值；③利用图象找顶点求最大（小）值。

3. 例题解析

例1. 某商店经营T恤衫,已知成批购进时单价是2.5元。根据市场调查,销售量与销售单价满足如下关系:在一段时间内,单价是13.5元时,销售量是500件,而单价每降低1元,就可以多售出22件。请你帮助分析,销售单价是多少元时,可以获利最多?

审题分析:①此题主要研究哪两个变量之间的关系,哪个是自变量,哪个是因变量;②销售量可以表示为_____,销售额(销售总收入)可以表示为_____,所获利润与销售单价之间的关系式可以表示为_____;③当销售单价是_____元时,可以获得最大利润,最大利润是_____元。在解决第③问时,先引导学生观察得出此函数为二次函数,再引导学生探索思考"何时获得最大利润"的数学意义。

设计意图:为了让学生明确研究的是哪两个变量之间的关系,补充第①问。此问建立在学生已有知识的基础上,学生回答较为容易,鼓励学生独立思考完成。第②问,为了更容易找到两个变量间的函数关系式,先列代数式,要求学生独立思考完成。然后同桌两人讨论,允许学生间有不同意见。再让学生列出利润与单价的函数关系式,将实际问题转化为数学模型。使学生领悟到"何时获得最大利润"的问题,就是在自变量取值范围内此二次函数何时取得最大值的问题。

4. 例题变式

例2. 某旅社有100张普通客床,若每床每夜收租费10元,床位可以全部租出;若每床每夜收费提高2元,便减少10张床租出;若再提高2元,便再减少10张床租出。依此情况变化下去,为了投资少而获租金最多,每床每夜可提高租金多少元?

设计意图:不难看出,例1没有揭示问题的本质:以基本数量单位为基准的数量变化规律。因此,我补充了例2来揭示其问题的本质。

5. 知能结构

(1)求二次函数最大(小)值的方法:①利用顶点坐标公式,求最大(小)值;②利用配方法化为顶点式,求最大(小)值;③利用图象,找顶点,求最大(小)值。

(2)利用二次函数知识解决实际问题的步骤与思路,如图7-4。

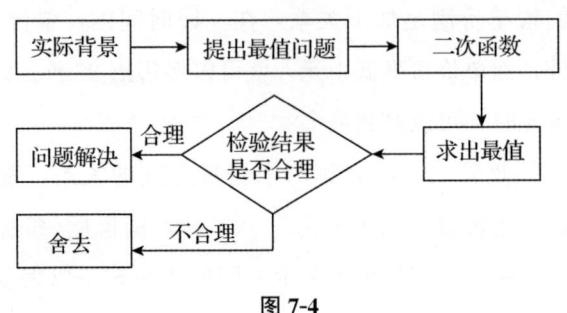

图 7-4

6. 检测强化

例:某公司试销一种成本单价为500元的新产品,规定试销时的销售单价不低于成本单价,又不高于800元。经试销调查,发现销售量y(件)与销售单价x(元/件)的关系近似于一次函数:$y=-x+1000(500\leqslant x\leqslant 800$,$x$为整数)。

设公司获得毛利润(毛利润=销售总价-成本总价)为S元。

(1)使用销售单价x表示毛利润S;(2)若你是试销员,要使公司获得最大的毛利润,销售单价应定为多少元?此时最大毛利润是多少元,销售量是多少件?

设计意图:针对学生能力较强、思维比较活跃的特点,补充了一道综合利用一次函数和二次函数求最大毛利润的练习题,进一步培养学生的数学阅读能力和知识综合运用能力。

课堂实录

初中数学素质教育要改变以往只关注课标、教材和教辅的不良现象,更要关注课堂教学中的生机、活力和灵魂,我们所传授给学生的数学知识,不能只剩下一副枯瘦的骨架(只有知识、技能和题目),要有具有生命活力的东西(能力和智慧),此能力和智慧常常会在认知冲突中动态生成。我们

课例 7　例题教学课：建立关系理解，悟透方法规律

要让数学素质教育焕发活力，让学生喜欢数学。然而使学生将掌握的知识形成能力是一个厚积薄发的过程，要求我们在平时的教学中应不失时机地去培养，对于我们平时的数学课堂教学来说，特别要注意对例题潜能在教育价值的挖掘，让学生在认知冲突和互动交流中加强数学知能的动态生成。

一、引例再探

引例：某果园有 100 棵橙子树，每一棵树平均结 600 个橙子。现准备多种一些橙子树以提高产量，但是如果多种树，那么树之间的距离和每一棵树所能接受的阳光就会减少。根据经验估计，每多种一棵树，平均每棵树就会少结 5 个橙子。问题：当增种多少棵树时，果园的总产量最多？

师：同学们，这是本章第一节"种多少棵橙子树"的问题，我们得到表示增种橙子树的数量 x（棵）与橙子总产量 y（个）的二次函数表达式为 $y=(600-5x)(100+x)=-5x^2+100x+60000$，也曾用列表的方法得到一个猜想：当 $x=10$ 时，橙子的总产量最多。现在请你验证一下当初的猜想是否正确。你是怎样做的？与同伴交流。

生：$y=-5x^2+100x+60000=-5(x-10)^2+60500$，当 $x=10$ 时，$y_{大}=60500$。当初的猜想是正确的。

生：在 $y=-5x^2+100x+60000$ 中，$a=-5$，$b=100$，$c=60000$，

$$-\frac{b}{2a}=-\frac{100}{2\times(-5)}=10,\quad \frac{4ac-b^2}{4a}=\frac{4\times(-5)\times 60000-100^2}{4\times(-5)}=60500,$$

当 $x=10$ 时，$y_{大}=60500$。当初的猜想是正确的。

教学启示：通过验证本章当初所提出的问题中猜想的正确性，强化了学生用配方法和公式法来求二次函数的最大值问题的解题思路。

二、经验提升

师：刚才对于 $y=-5x^2+100x+60000$，同学们用了配方法和公式法求出了最大值，在实际问题中除了求最大值外还有求最小值的问题，怎样才能求一般二次函数的最值呢？我们来看下列二次函数的图象。大家有什么发现？

观察 $y=ax^2+bx+c(a<0)$ 的图象(如图 7-5)：

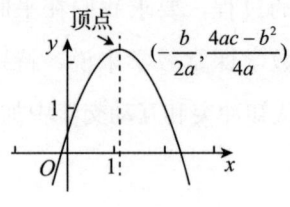

图 7-5

观察 $y=ax^2+bx+c(a>0)$ 的图象(如图 7-6)：

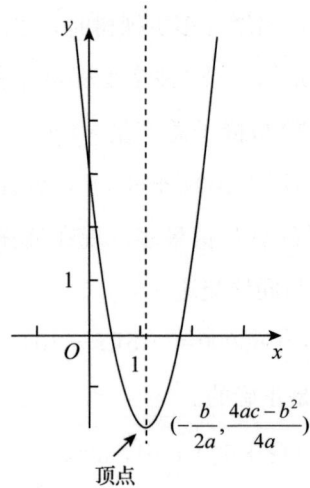

图 7-6

生：由于 $y=ax^2+bx+c$ ($a<0$)，$a<0$，从图 7-5 中可以看出，二次函数最大值就是顶点的纵坐标值。

师：看上述二次函数的图象如图 7-6，大家又有什么发现？

生：由于 $y=ax^2+bx+c$ ($a>0$)，$a>0$，从图 7-6 中可以看出，二次函数最小值就是顶点的纵坐标值。

师：谁来将它们整体归纳一下？

生：当 $a<0$ 时，二次函数最大值是顶点的纵坐标值；当 $a>0$ 时，二次函数的最小值也是顶点的纵坐标值。

师：求二次函数最大(小)值的方法有哪些呢？

生：①配方化为顶点式求最大(小)值；②直接代入顶点坐标公式求最大(小)值；③利用图象找顶点求最大(小)值。

教学启示：①让学生感知二次函数是一类最优化问题的数学模型，是求最值问题的有用工具，能帮助我们解决生活中的实际问题；②通过从橙子产量问题到观察图象，用数形结合思想帮助学生加深对求最值策略的认知。

三、例题解析

例1. 某商店经营 T 恤衫，已知成批购进时单价是 2.5 元。根据市场调查，销售量与销售单价满足如下关系：在一段时间内，单价是 13.5 元时，销售量是 500 件，而单价每降低 1 元，就可以多售出 22 件。请你帮助分析，销售单价是多少元时，可以获利最多？

师：本题主要研究哪两个变量之间的关系，哪个是自变量，哪个是因变量？

生：销售单价为 x 元和利润 y 元之间的关系，销售单价为 x 元是自变量，利润 y 元是因变量。

师：销售量和销售额(销售总收入)可以怎样表示？

生：销售量是 $500+22(13.5-x)$，销售额(销售总收入)是 $x[500+22(13.5-x)]$。

师：那么所获利润与销售单价之间的关系式可以怎样表示？

生：$y=(x-2.5)[500+22(13.5-x)]$。

师：很不错！现在请同学们独立完成：当销售单价是多少元时，可以获得最大利润，最大利润是多少元？

(学生独立完成后再小组交流，看谁的方法较为简单)

生：当销售的单价是 9.25 元时，可以获得最大利润，最大利润是 9112.5 元。

师：在求最值的方法配方法、公式法和图象法中，本题用哪一种方法较为简便些？

生：当二次函数关系式的系数比较简单时，用配方法好。本题中的二次函数关系式中的系数比较复杂，配方法和图象法都比较烦琐，还是用公式法好。

师：解完这道题，你们有什么感悟？

生：求最大值或最小值问题，就是通过建立二次函数数学模型，再通过配方法或公式法、图象法，求出最大值或最小值。

教学启示：这是北师大版数学教材中的原始例题，它的教育价值还是比较大的，一是让学生明白可以通过建立二次函数数学模型来求出最大值或最小值问题，二是让学生思辨配方法、公式法和图象法的合理性使用问题，我们要讲解到位。但不难看出，例1没有揭示问题的本质：以基本数量单位为基准的数量变化规律。我讲完例1后，便补充了例2来揭示问题的本质。

例2. 某旅社有100张普通客床，若每床每夜收租费10元，床位可以全部租出；若每床每夜收费提高2元，便减少10张床租出；若再提高2元，便再减少10张床租出。依此情况变化下去，为了投资少而获租金最多，每床每夜可提高租金多少元？

师：同学们对这道题的解题思路是什么？

生：还是用二次函数来解。

师：为什么？

生：因为租金是由租出去的床位数与每张床租出去的单价的乘积来决定的。再说了，题目中要求"获租金最多"，只有二次函数才能解决这个问题。

师：同学们，你们同意他的观点吗？

生：老师，他说的前半句是对的，但后半句不对。

师：为什么后半句不对？

生：如一次函数 $y = 2x + 3$，其中 $1 \leqslant x \leqslant 3$，则它有最小值5和最大值9。

教学启示：①要传授哪些知识，培养哪些能力，渗透哪些数学思想和方法，这是首先要考虑的；②在"教什么""怎么教"之前先弄清"为什么要教";③例题的选择要有代表性和典型性,要与学生知识的最近发展区相匹配,例题对学生来说是现实的、有意义的和富有挑战性的;④教师对学生错误的回答不要自己先去下结论,让学生来评判,这样能培养学生的批判性和深刻性思维,提高学生的思维品质。

师:你们打算怎么来解这道题?

生:可仿例1用二次函数。设每床每夜租费提高 x 元,所得的租金为 y 元。

根据题意,得:

$y=(10+x)(100-5x)=-5(x-5)^2+1125$,

所以当每床每夜提高5元时,获租金最多,为1125元。

师:他做的对吗?

生:对!

师:你们没有质疑吗?

生:……(沉默)

师:(对另一生)你能告诉同学们式子 $(10+x)$ 和 $(100-5x)$ 的含义吗?

生:因为每床每夜收费提高2元,便减少10张床租出,所以每床每夜收费提高1元,便减少5张床租出。

教学启示:面对众多学生的错误,并不是简单地告诉学生结果了之,而是要让学生明白为什么错了,错在哪里,要找到突破口。

师:你们对这个观点赞同吗?

生:老师,我感觉有点不妥,虽然题目中说"每床每夜收费提高2元,便减少10张床租出",但并不代表"每床每夜收费提高1元,便减少5张床租出"。

生:不对,可以这样理解,上次我去食堂买面包,牌子上写"五元两个",我给了两元五角,就买到了一个。

生:不对,你这是生活中的特例,我认为本题中的2元是一个基本数量单位,不可分割。

生:我认为可以这样理解。

生：不可以。

师：看来现在有两种观点了，好，我给大家点时间，请同学们小组讨论。

教学启示：并不是任何问题都值得小组讨论，让学生讨论的问题要有价值；另外，数学活动并不能为追求课堂气氛热闹，而重活动轻思维；这里的讨论是要让学生走出认识上的误区，也是加强学生在活动中的体验，这种体验是不可以用语言来传授的。

师：你们讨论的结果是什么？

生：我们认为本题中的2元是一个基本数量单位，不可分割。

师：为什么？

生：只有当收费提高的数目为正偶数时，才有"每床每夜收费提高2元，便减少10张床租出"这样的一个关系，在其他情况下就不一定成立。

师：同学们的结论和他一样吗？

生：一样。

师：这样一来，这道题又该怎么做呢？

生：设每床每夜租费提高 $2x$ 元（其中 x 为 $0 \leqslant x \leqslant 10$ 的整数），所得的租金为 y 元。

根据题意，得：

$$y = (10+2x)(100-10x)$$
$$= -20\left(x - \frac{5}{2}\right)^2 + 1125$$

从式中可以看出，当 $x = \frac{5}{2}$ 时，y 有最大值，但 x 为整数，故要取靠近 $\frac{5}{2}$ 的整数值，所以当 $x=2$ 和 3 时，y 取得最大值。又因为要投资少，即租出去的床位要少，所以 x 取得 3，则 $2x=6$，

所以当每床每夜提高6元时，获租金最多，为1120元。

师：解完这道题后，你们有什么想法吗？

生：我们做任何事都要尊重科学，不可想当然。

课例 7　例题教学课：建立关系理解，悟透方法规律

教学启示：要注意培养学生的科学人文素养，新课标所倡导的教学目标中的情感、态度和价值观的培养是在平时教学中潜移默化形成的。

师：对这道题同学们还有什么话要说吗？

生：老师，这道题还可以用列表法做。

师：你是怎么做的？

生：因为每床每夜租费提高的价格是大于等于 0 而又小于等于 20 的整数，可列表（如表 7-1）。

表 7-1

床位提高价	0	2	4	6	8	…	20
租出的床数	100	90	80	70	60	…	0
收　　益	1000	1080	1120	1120	1080	…	0

这是从当初引例中受到的启发，从表 7-1 中可以看出我们刚才得到的结论。

师：很好，同学们要善于跳出书本和老师的圈子去创新思维，大家给他鼓掌。

教学启示：要防止赏识教育导致廉价表扬泛滥，更不能用"对不对""是不是"这样学生不需要深度思考就能回答的问题来设问，否则会使学生的思维浅尝辄止、随意应付，判断力下降。

师：二次函数是帮助我们解决较复杂的问题的重要工具，同学们一定要掌握。同学们：例 2 与例 1 有什么区别吗？

生：例 1 是以 1 元为基本数量单位，其矛盾被掩盖了，例 2 是以 2 元为基本数量单位，矛盾就凸现出来了。

教学启示：在平时教学中要让学生学会类比，要关注学生的知识和能力的生成性。

师：如果给你们出数学中考卷的老师想把这道题变一变，出到你们明年的中考卷上，你能帮他们出点主意吗？

教学启示：抓住学生最关心的事，来激发学生的兴趣和调动积极性，

加深学生对本知识点的理解,使学生形成对知识的运用能力。

生:老师,可以改数字。

师:你来改一下。

生:将例 2 中的条件换成:若每床每夜收费提高 3 元,便减少 10 张床租出,并依此情况变化下去。

师:这样一改会得到一个怎样的关系式?

生:这里是以 3 元为基本数量单位,可得:

$y=(10+3x)(100-10x)$(其中 x 为 $0 \leqslant x \leqslant 10$ 的整数)。

师:若条件改为每床每夜收费提高 4 元,便减少 10 张床租出,并依此情况变化下去呢?

生:这里是以 4 元为基本数量单位,可得:

$y=(10+4x)(100-10x)$(其中 x 为 $0 \leqslant x \leqslant 10$ 的整数)。

师:你能推广吗?

生:若改为每床每夜收费提高 n 元,便减少 10 张床租出,可得:

$y=(10+nx)(100-10x)$(其中 x 为 $0 \leqslant x \leqslant 10$ 的整数)。

师:很好,还有其他改法吗?

生:换背景。某水果批发部有一种小包装的水果若干箱,若每箱的批发价为 10 元时,每天可批出 100 箱;若每箱的批发价提高 2 元,每天便少批出 10 箱;若再提高 2 元,每天便再少批出 10 箱。依此情况变化下去,为了减少库存并销售额最多,每箱可提高多少元?

生:老师,还可以改得复杂一点。某水果批发部有一种小包装的水果若干箱,每箱的进价为 6 元。若每箱的批发价为 10 元时,每天可批出 100 箱;若每箱的批发价提高 2 元,每天便少批出 10 箱;若再提高 2 元,每天便再少批出 10 箱,依此情况变化下去,为了获得利润最多,每箱可提高多少元?

生:老师,还可以加税。

……

教学启示:在学生的数学学习活动中,要让学生经历体验、感受、探索、理解、掌握和灵活运用，使学生的数学学习过程变为学生自我建构、自我生长的过程。课堂的主体是学生，要使学生能更加主动地参与到学习中来，让他们提出问题、表述观点、展示成果无疑是促进学习的重要抓手，让学生通过不断的体验、感悟、领悟等使新知得以内化。

教学反思

本节课根据新课标中提出的"人人学有价值的数学；人人都能获得必需的数学；不同的人在数学上得到不同的发展"的基本理念设计教学。关注学生原有的知识经验和认知前提是学生思考的基础和起点，只有了解学生的最近发展区，才能在真实的学习中引发学生深层的思考。本节课教学特色主要体现在以下几个方面。

一、教学内容

本节课以章头引例问题为导入，通过探索思考解决问题的策略分析，使学生对利用二次函数求实际问题最值的经验得到提升，然后由例1拓展到例2，使学生对"以基本数量单位为基准的数量变化规律"产生认识，体现了学生的数学学习内容应当是现实的、有意义的、富有挑战性的，学生的数学学习活动应当是一个活泼的、主动的和富有个性的过程的理念，提高学生发现问题、提出问题、分析问题和解决问题的能力。

二、教学方法

我们在教学设计中要先做到"四个吃透""四个把握"——吃透教材地位，把握核心知识点；吃透教材编写者意图，把握重难点；吃透学生学情，把握教材内容深度广度；吃透学生真正参与学习的过程，把握能力增长点。本节课对构建学习新知采用"引学—深思—展评—变式—感悟"的教学方式，结合橙子产量、T恤衫销售、床位问题等实际问题的探究，通过师生互动、生生互动，共同解决问题，提高课堂教学效率，也体现了教师是数学学习的组织者、引导者、合作者的理念，只有把学习核心过程还给学生，才能体现自觉数学教育的真正价值所在。

三、学习方式

本节课采用学生独立思考探索与合作交流的学习方式，通过积极主动的学习活动，使学生成为数学学习的主体。在学习活动中培养学生分析推理、交流合作和解决问题的能力，并让他们体会到在解决问题过程中与他人合作的重要性。本节课在核心知识建构中培养学生有序的思维方式和学习方式，体现了自觉数学教育主张：学习过程是学生通过与学习资源、支持载体、学习环境的相互作用去获取知能的认知过程。

四、评价方式

根据新课标的评价理念，既要关注学生学习的结果，又要关注他们学习的过程，还要关注学生数学学习的水平和学生在数学活动中所表现出来的情感与态度。因此，在本课教学中，十分关注学生能否将实际问题表示为函数模型；是否能运用二次函数知识解决实际问题并对结果进行合理解释；课堂中学生是否在教师引导下进行了独立思考和积极讨论，并注意在整个教学过程中给予学生适当的评价和鼓励。

五、有待加强

在本节课之前的学习内容中，学生已初步了解求特殊的二次函数最值的方法，但教材上没有求一般二次函数最值的方法。在学生探索"何时获得最大利润"的过程中，对求一般二次函数最值的方法，引导学生进行归纳总结，使感性认识上升为理性认识；本节课的教学重心放在了对例2的变式探究上，由于二次函数的最值还可能是自变量取值范围所在闭区间的端点所对应的函数值，按照新课标的要求，本节课只研究在二次函数顶点处取得最值的情况，在后面的教学中这部分内容还需要强化；在引例教学中，学生提到用图象来求最大利润问题，结合实际背景，图象应由一些不连续点构成，教材上没有给出此题图象，我只是用PPT图片给了一点简要的说明，可能个别学生还有疑问，还需要有针对性地再指导。

教师是学生学习的组织者、指导者和参与者，课堂教学应面向全体学生，我们的教学要从关注传授知识的量转向关注知识的质，要从注重记忆转向注重思维,要从注重学习结果转向注重学习过程,要从强调教法转向强调学法,要从强调学会转向强调会学,要从学生被动接受转向主动发现,要从信息单向传递转向信息多向交流,这样的教学才有生命力。

同行品悟

这节公开示范课,受到了全国同行的广泛关注,下面收录的是部分同行的品悟。

一、以"真学"促"真教"

这节课的优点,是采用板块递进式的教学方式,关注学生在做中学、学中思和思中悟,提高学生的审美品位。潘老师的这节课,让我们领悟了自觉数学课堂之美,自觉课堂应展现学生的灵动思维,以"真学"促"真教",关注对知识的本质理解,更关注学生创新思维和"好奇心"的养成,让数学学习变得有趣味、有活力、有情境、有挑战性,这是数学有效教学的前提。

二、关注学生的"自觉生成"

潘老师的课堂最突出的亮点就是把核心学习过程还给了学生,让学生成为课堂的主人。在教学过程中,潘老师精心设计了"问题串",学生通过自觉思辨,自主探索领悟知识的形成过程,让学生进行"自觉生成",自信勇敢地表达自己的观点,潘老师的自觉数学教育正悄悄改变着学生们的学习状态和学习效果。

三、巧妙利用"认知冲突"

听了潘老师的课受益匪浅。大师的课堂,灵动而精彩。他激活了学生的已有数学世界图景,让学生学会用已知去探索未知,清晰的板块,层次分明,张弛有度。小组合作,不流于形式,每个人都融入了学习探索的过程,这样的小组合作充分发挥了学生的学习主动性,每个孩子在走出课堂的那一刻都收获满满。特别是在例2的教学中巧妙利用"认知冲突"来激活学生对问题进行本质性的揭示和探究,提升了学生的认知水平和思维品质。

四、突出学生发展性主体地位

自觉数学教育思想重在激发学生"本质潜能"的释放,潘老师的课通俗易懂、风趣幽默,又高潮迭起、视野宽阔,颇具教育情怀。特别是他先进的教学理念,新颖的教学方法,独特的教学风格,让学生参与知识产生、发展和应用的全过程,让学生真正成为学习主体和课堂主人,突出学生发展性主体地位,激励学生更加积极地参与教学活动,给在场的老师留下了深刻的印象。

五、"每个老师不能只看到自己头顶的一片天空"

这是今天在跟潘老师见面时听到潘老师讲的第一句话,在之后的授课和讲座的过程中,潘老师用自己的言行深刻地诠释了这句话,作为一名数学教师,无论文理,潘老师可以说是门门精通。其实各门学科的确都是相通的,最大限度地挖掘各种教学资源、教学方法、教学方式、教学策略,为我所用,才能真正让我所教的学科课堂高效,让学生得到最大化的发展。每个老师只有自己知识面广,格局大,能力强,有胸怀,才能真正培养全面发展的学生。

六、唤醒学生的自主责任意识

潘老师的这节课让我深受启发——我们的教学只有基于学生的实际,只有基于学生自主责任意识的唤醒,才能让我们的数学课堂做到学生的"真学",我们的教师才能做到真正意义上的"真教"。反观自身的教学,往往是自己引导太多,学生自觉学习太少;教师讲的多,学生提问少;学生缺乏自主学习的动力,没有真正唤醒学生自主学习的意识。潘老师今天的课让我们初步感受到了自觉数学教育的魅力所在,也为我们今后的教学打开了一扇窗,让我们意识到了唤醒学生自觉的重要性,这必将成为我们今后努力的方向!

七、只有暴露差异,才有精准针对

作为一名新入职的教师,我很害怕学生出现我预设之外的问题,所以课堂中牵拉学生的痕迹很重,但是潘老师的课是要让学生在课堂上暴露问题,可以作为典型来示范教学。对比自己的教学,我每次都很苦恼地把易错的点告诉学生,但学生还是在练习中出现一模一样的错误。今后的课堂中我可以像潘老师一样大胆地让学生暴露出他们的问题,只有暴露差异才有教学的精准针对性,我要把课堂真正地交给学生。

课堂教学要块状结构清晰,既有设疑铺垫,也有知识的内化,更有研究成果的全面运用,要"点""线""面"结合,全面关注数学理解和学习能力的培养。特别是在解决问题的时候,表现出来的态度明确、观点科学、思维清晰,面对现实中各种问题,能够有条有理地进行简化和量化,从数学思维出发,从事物各个角度寻找解决问题方法的素养,这才是培养数学学习力的最有价值的内容,也是数学学习力培养的一种境界。

课例 8

习题讲评课：强化知识技能，形成迁移能力

——以苏科版数学教材七年级下册第 37 页
"第 18 题等习题"教学现实为例

教学主张

习题讲评课，是中小学数学教学的重要课型。习题讲评课是教师根据教材的内容和学生掌握知识的要求，在课堂上所进行的以总结、讲解和练习习题为主的一种课型。它是对学过的知识进行再整理、再综合、再运用后，以学生习题中暴露的问题为中心，强化学生学习薄弱环节、纠正模糊错误知识点的主要途径，旨在矫正和完善学生的认知结构，是教师引导学生检查知识掌握情况、查漏补缺，对学生学习起到矫正、巩固、补充和发展作用，提升学生解题的技能和策略的重要手段。其总结是使知识系统化的主要措施，讲解是引导学生突破知识难点和关键的有力手段，练习是引导学生检查和运用知识的重要环节，它能使学生完成从理性认识到实践的

第二次认知飞跃。有效的习题讲评有利于引导学生发现自己在习题练习中存在的问题，并采取有效的措施加以解决，以提高学生的学习效率，让学生能够将所掌握的数学知识应用于实际问题中，从而培养学生的数学应用能力，实现学习效益的最大化。

高效的习题讲评教学在提高学生思维品质、帮助教师了解教学效果等方面有着不可替代的作用：

1. 深化与活化作用。通过习题讲评教学，学生可以进一步深化、活化基本知识与基本技能，达到牢固地掌握概念、深刻地理解数学规律的目的。

2. 反馈与补偿作用。通过习题讲评教学，教师可以更好地分析学情，查漏补缺，从而调整教学内容、方法和进程；另外习题讲评课还可以将学生尚未灵活运用的知识和能力进行补偿教学。

3. 巩固与提高作用。数学知识需要通过习题讲评教学来巩固，同时也必须通过习题讲评教学来达到提高运用知识分析问题和解决问题能力的目的。

习题讲评课通常分为以下几种：

1. 以掌握基础知识为目的的巩固型习题讲评课。

2. 以掌握某种数学思想方法为目的的方法掌握型习题讲评课。

3. 以培养和提高学生分析问题和解决问题能力为目的的问题解决型习题讲评课。

4. 以沟通所学各部分知识间的内在联系，提高灵活地综合运用知识的能力为目的的综合型习题讲评课。

5. 以培养学生通过实验来探求数学规律、发现数学问题等能力为目的的实验操作型习题讲评课等。

当前习题讲评课中存在的主要问题有以下几点：

1. 重点不突出。习题讲评没有重点，面面俱到，从第一题详细分析到最后一题，教师讲得头头是道，学生听得索然无味，典型的"逐题灌"。

2. 随意性较大。教师准备不充分，拿起习题就讲，无的放矢，信口开河，想到哪儿讲哪儿，讲到哪儿算哪儿，典型的"自由式"。

3. 针对性差。习题中的错误没有数据统计，没有错因分析，对学生知识的掌握情况不了解，讲题缺少针对性，不能做到有的放矢，典型的"官僚式"。

4. 浅表性理解。教师只是蜻蜓点水式地核对正确答案，不讲解题的思路、方法和技巧，学生知道了是什么，但不能理解为什么，严重阻碍了学生创造性思维的发展，典型的"填鸭式"。

5. 缺少灵活性。教学中超前提示多，等待思考少，使学生的思维不能深入；直线讲解多，发散分析少，不利于提升学生的分析能力；习题教学中只讲清答案的来源，缺少灵活性。

6. 方法指导少。教师承包多，学生的有效参与少，加重了学生的依赖心理；着眼结果多，突出过程少，不利于培养学生的探究能力；就题论题多，方法指导少，不利于提高学生解决问题的能力；等等。

自觉数学课堂视域下的"习题讲评课"的教学主张有以下几点：

1. 认识要到位。教师要厘清习题讲评课的功能，习题讲评是培养学生思维能力的重要途径，也是将学生从"题海"中解脱出来的一种有效途径。

2. 厘清主线索。在讲评习题前要做足准备，做好数据统计和错因分析，确定详讲和略讲的习题，对哪些习题进行类比拓展，通过铺设思维路径协助学生解决问题，并据此概括提炼解决这类问题的通式方法。然后提供变式练习，帮助学生整理解题要点。

3. 分析要全面。从整体上研究学生对知识、技能、能力和数学思想的掌握程度，剖析错误的原因，全面梳理习题样本，确定重难点，收集学生的优秀解法，发现学生学习差异和教学效果差异的证据是有效性教学的保证。

4. 突出主体性。要让学生成为发展的主体，关注学生的理解和优化的解法，在习题讲评中要注意"学路优先"。

5. 促思维提升。帮助学生学会对一些较重要的、典型的题目从不同角度进行变式性思考，向学生讲解解题思路和做题的规律，讲解题目的通性。教授学生解题方法，并从中总结出解题的规律与方法，使学生能够触类旁通，举一反三，提高分析问题、解决问题的能力，培养学生的理解、思维与分析、知识应用与迁移、综合解题等能力。

6. 防止再犯错。讲评中要举出学生错误的例子，分析题目错误的原因，要具备较强的针对性，要让学生从中得知自己错误的原因和避免错误的方法，特别要防止"教师一讲再讲，学生一错再错"。

7. 建错题档案。每次批改作业都要有记录，根据记录了解学生（学困生为重点）的学习习惯、错题分布、知识点掌握程度等，对他们进行"精确画像"，了解每个学生哪里掌握得不足、哪里需要查缺补漏等，这样才能提高教学的精准性。

8. 习题讲评纠错的过程受课堂时间短、容量大限制，通过一遍的讲解有时很难达到完全清除错误的目的。因此，根据讲评过程中发现的新问题、新解法、综合性较强的题目进行拓展迁移，设计相应的练习题帮助学生提炼解题思路和解题方法，才能在纠错的同时提高解题能力。

"习题讲评课"的一般结构与流程，如图 8-1 所示。

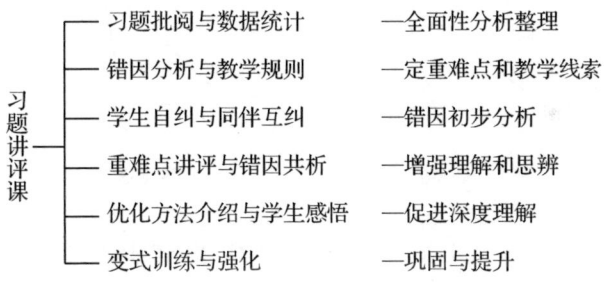

图 8-1

教学设计

《义务教育数学课程标准(2011 年版)》指出："学生学习应当是生动活泼的、主动的和富有挑战性的过程。学生应当有足够的时间和空间经历观察、实验、猜测、计算、推理、验证等活动过程。"教材是我们组织教学的重要资源，"用教材，不是教教材"并不意味着抛弃教材，在实际教学中很多人对教材中的例题和习题"不屑一顾"，认为它们的"教学的附加值"不高，这是不妥的。实际上，教材中的每一个例题和习题都是经过"千锤百炼"的，对培养学生的能力具有"典型性"和"代表性"，有很高的教育价值，问题是我们有没有行走到它们的教学智慧深处。

一、数据分析

1. 作业布置

该班原任课老师闵老师在教授完苏科版数学教材七年级下册"三角形的内角和"和"三角形的外角和"后，布置了下列课后补偿性作业。

(1)必做题。

①如图 8-2，在 △ABC 中，∠B = 44°，∠C = 72°，AD 是 △ABC 的 ∠BAC 的角平分线，求 ∠BAC 和 ∠ADC 的度数。

②如图 8-3，在 △ABC 中，外角 ∠DBA = 78°，∠A = 36°，求 ∠C 和 ∠ABC 的度数。

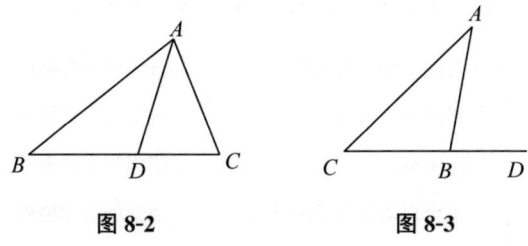

图 8-2　　　　　图 8-3

③如图 8-4，在 △ABC 中，BE、CD 相交于点 E。如果 ∠A = 2∠ACD = 76°，∠2 = 143°。试求 ∠1 和 ∠DBE 的度数。

④如图 8-5，把 △ABC 纸片沿 DE 折叠，使点 A 落在四边形 BCDE 的内部 A′的位置，∠A′与∠1 + ∠2 之间存在怎样的数量关系？为什么？（苏科版数学教材七年级下册第 37 页第 18 题）

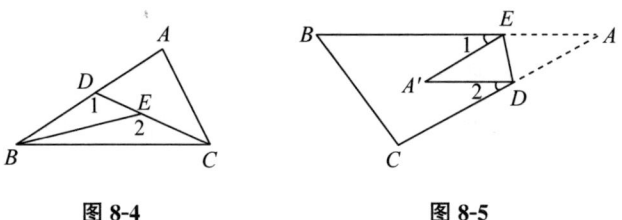

图 8-4　　　　　图 8-5

(2)选做题。

⑤已知：如图 8-6，BO、CO 分别是 $\triangle ABC$ 的 $\angle ABC$、$\angle ACB$ 的外角角平分线，BO、CO 相交于 O，试探索 $\angle 1$、$\angle 2$ 与 $\angle A$ 之间是否有固定不变的数量关系。

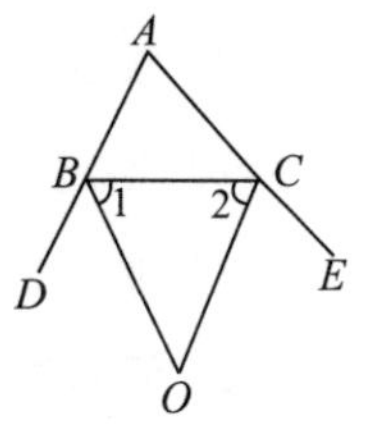

图 8-6

2. 批阅结果

我对闵老师布置的作业进行了精心的批阅，结果如下：第①题全对；第②题 1 人错误；第③题 2 人错误；第④题 17 人错误；第⑤题 19 人错误。（全班共 46 人）

3. 数据分析

通过作业观察、与闵老师交流、学生访谈，得到以下相关数据分析：

(1)错因分析：第②题 1 人错误的原因是看错题目；第③题 2 人错误的原因是 1 人看错题目，1 人计算错误；第④题中 17 人错误的原因是对折叠接触不多而导致了解不深，对其相关问题的解决策略不得要领；第⑤题中 19 人错误的原因是，在两条外角平分线的背景下不知道如何建立 $\angle BOC$ 与 $\angle A$ 之间的联系桥梁。

(2)对因分析：第①题、第②题、第③题做对的学生都是自己独立完成的；在第④题和第⑤题做对的学生中各有 14 人和 16 人是在与家长、同学交流或相关网页查阅等"帮扶"下做对的；排除所有干扰因素独立完成后全对的学生只有 13 人。

(3)策略分析：基于第①题、第②题、第③题做对的学生都是自己独立完成，第④题和第⑤题独立完成后获全对的人数只有 13 人，第④题和第⑤题的解题思路和解决策略是相关联的，因而教学策略如下：第①题、第②题、第③题不做讲解，处理方式是在教师个别指导下自行订正、反思；第④题和第⑤题集体讲解，由于这两题的解决策略相关联，因此将问题串联，以第④题的变式为线索，进行拓展式讲解。

二、教学目标

1. 双基水平

(1)通过做中学了解折叠的概念,知道折叠后相关线段和角的相等关系。

(2)加强对三角形的内角和与三角形的外角和的认知。

2. 问题解决

(1)会运用折叠后相关线段和角的相等关系来解决相关问题。

(2)能熟练运用三角形的内角和与三角形的外角和综合解决问题。

3. 学科思维

(1)经历操作、观察、归纳、说理等数学活动,发展有条理的表达能力。

(2)通过系列问题的探究,发展学生的模型意识、有序性思考和推广能力。

三、重点、难点

重点:会运用折叠后相关线段和角的相等关系来解决相关问题。

难点:能熟练运用三角形的内角和与三角形的外角和综合解决问题。

四、教法选择

到目前为止,学生只学了三角形的一些初步知识,可用的知识只有"三角形的内角和为 $180°$""三角形的外角等于与它不相邻的两内角的和""多边形的内角和为$(n-2)\times 180°$"等。由于还未学过"全等三角形"和"轴对称"等知识,学生对"折叠"的理解和运用是一个难点。另外,对"$\angle A'$ 与 $\angle 1+\angle 2$ 之间存在怎样的数量关系?""建立 $\angle BOC$ 与 $\angle A$ 之间联系"这类探究问题尚属首次接触,对学生的探究能力也是一个挑战。学生对"折叠"了解不深,首先应通过"做中学"借助几何直观来使学生认识"折叠"过程中的不变量;其次是精心设计"有效题串"由浅入深进行渐进教学,达到起点低、切入口小、难点分散和强化提高的目的。本节课的教学策略为"纵向联系—横向拓展",具体过程有"先行使者—原题呈现(一)—变式拓展—拓展提升—原题呈现(二)"。

五、活动设计

在学习活动设计中一定要目标明确,这是上好习题讲评课的前提,要结合学生实际情况,做到有的放矢。关键是课前要清楚学生需要讲什么,这节习题讲评课要解决哪些问题,做到有针对性,同时要关注以所讲的习题为主线进行递进性的教学创新设计。

1. 纵向联系

(1)先行使者(点 A' 在 CD 边上):如图 8-7,把△ABC 纸片沿 DE 折叠,使点 A 落在四边形 $BCDE$ 的边 CD 上的 A' 处。$\angle EA'D$ 与 $\angle 1$ 之间存在怎样的数量关系?为什么?

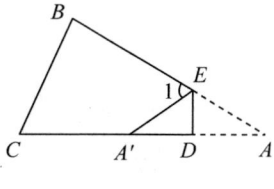

图 8-7

(2)原题呈现(点 A' 在四边形内部):如图 8-8,把△ABC 纸片沿 DE 折叠,使点 A 落在四边形 $BCDE$ 的内部 A' 的位置,$\angle A'$ 与 $\angle 1+\angle 2$ 之间存在怎样的数量关系?为什么?(第④题:苏科版数学教材七年级下册第 37 页第 18 题)

(3)变式拓展(点 A' 在四边形的外面):如图 8-9,把△ABC 纸片沿 DE 折叠,使点 A 落在四边形 $BCDE$ 的外部 A' 的位置,$\angle A'$ 与 $\angle 1+\angle 2$ 之间存在怎样的数量关系?为什么?

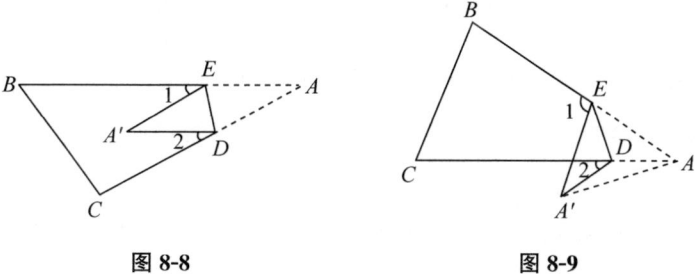

图 8-8 　　　　　图 8-9

设计意图:在对学情有深刻了解的基础上,题目应精选精编,难易适度,有层次性、针对性、典型性和灵活性。即针对教学的重点、难点和考点,能起到示范引路、方法指导的作用,还应便于从情境、设问、立意等方面做多种变化,从不同角度使学生对知识与方法有更深的理解。尤其应注意对教材例题与习题的挖掘,对其进行适当的拓展、演变,编制一题多解、一题多变、一题多用、多题一法的习题,提高学生灵活运用知识的能力,使其源于教材而又高于教材,做到教学创新。这里用简单的折叠问题作为先行使者,有了这个基础,再进行深度的形内和形外的深入推进。

2. 横向发展

(1)拓展提升:如图8-10,将△ABC纸片的三个角都向内折叠,使点A'、B'、C'都在三角形的内部,求图中∠1+∠2+∠3+∠4+∠5+∠6的和是多少度。

追问:①将四边形纸片的每个角都向内折叠呢?②将n边形纸片的每个角都向内折叠呢?

(2)原题呈现(第⑤题):已知:如图8-11,BO、CO分别是△ABC的∠ABC、∠ACB的外角角平分线,BO、CO相交于O,试探索∠1、∠2与∠A之间是否有固定不变的数量关系。

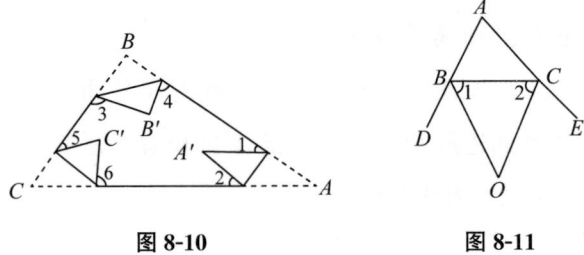

图 8-10   图 8-11

设计意图:我在原有习题的题设条件、问题的情境和设问方式上做了适当的变换,这样给学生一种似曾相识而又不落窠臼的感觉。很多学生由于思维定式而没有思路,因此当一道题教授完后,应引导学生进一步深化习题,挖掘试题内涵,把原题加以变化,进行"变式拓宽"。如可改变题设部分的某一条件、变换问题情境、变换设问方式,还可以把几个题目进行重组综合,这实际上是给学生创造一个"再练习""再提高"的机会。如此对某知识点多角度、多侧面、多层次地进行合理的发散思维训练,可以充分调动学生解题的积极性,拓展他们的思维,加强他们的思维变通,提高他们的思维品质,让习题讲评教学达到"教是为了不教"的境界。这里从一个角的折叠拓展到三角形、四边形、多边形，再与第⑤题相联系，将知识串联起来，让学生有结构化的感觉，便于学生的理解和掌握。

课堂实录

在习题讲评课的教学中要对所选的习题认真研究，把习题归类，同类型的题目一起讲，这样能让学生在脑海中对知识结构有一个系统的认识。根据不同的教学内容，采用不同的教学方法，在讲评时要详略得当，注意启发学生积极思维，使其随着层层剖析而逐步深入，寻找最优化，做到合理教学。对教学资源进行灵活、多角度、多途径的有效整合，赋予学生数学学习材料生命的活力，让学生在自主建构中发展情感，生成智慧，使学生的数学学习活动更具生命的价值。

(一)纵向联系

在习题讲评教学中，对涉及的重要知识，应不失时机地进行主动回顾，依据学生掌握的程度进行强化，若有盲点应及时亡羊补牢，要让习题教学达到巩固知识的目的。这节课中三角形的内、外角和知识，学生掌握得没有多大问题，因而我的教学重心放在"折叠"上。

1. 先行使者

如图 8-12，把△ABC 纸片沿 DE 折叠，使点 A 落在四边形 BCDE 的边 CD 上的 A′处。∠EA′D 与∠1 之间存在怎样的数量关系？为什么？

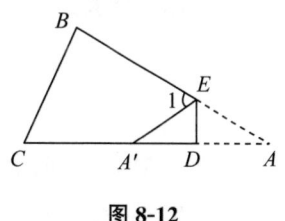

图 8-12

师：请同学们把手中的三角形纸片按题目的要求折叠一下。

(全体学生一起动手折叠手中的三角形纸片)

师：同学们，通过刚才的"折叠"，现在再看一看老师给出的图形，你有什么发现？

生：∠EA′D=∠A。

师：仅仅得到∠EA′D=∠A 吗？

169

生：还有∠A′ED＝∠AED，∠A′DE＝∠ADE。

生：还有AE＝A′E，AD＝A′D。

生：因为∠A′DE＝∠ADE，又因为∠A′DE＋∠ADE＝180°，所以DE⊥AA′。

师：那么∠EA′D与∠1之间存在怎样的数量关系？

生：∠1＝2∠EA′D。

师：为什么？

生：因为∠1为△EAA′的外角，又因为三角形的外角等于与它不相邻的两内角的和，所以∠1＝2∠EA′D。

教学启示：提供这个"先行使者"的好处有：①从特例入手，降低难度，也使学生"潜意识"地认识到"点A落在四边形BCDE的边CD上的A′处"这一特殊位置不能忽视；②让学生动手"折叠"使"点A落在四边形BCDE的边CD上的A′处"易于操作；③"折叠"使"点A落在四边形BCDE的边CD上的A′处"时，学生在表述其边角相等关系时易于表述；④"折叠"使"点A落在四边形BCDE的边CD上的A′处"时，使学生"潜意识"中有对DE⊥AA′的"认知"。在具体教学过程中让学生讲全其中的所有边角相等关系，这既扫除了对"折叠""全面认知"上的障碍，也丰富了学生的学习经验，为后续探究做好铺垫。

2. 抛"锚"教学

（呈现原题：第④题，即苏科版数学教材七年级下册第37页第18题，略）

师：请同学们把手中的纸片再按现在题中的要求重新折叠，如图8-13。

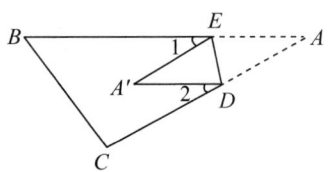

图8-13

（学生动手重新折叠手中的三角形纸片）

师：现在同学们又有什么发现？

生：∠EAD＝∠EA′D，∠AED＝∠A′ED，∠ADE＝∠A′DE，AE＝A′E，AD＝A′D。

师：你讲得真全，请同学观察图形，猜想∠A′与∠1＋∠2之间存在怎样的数量关系。

生：∠1+∠2=2∠A′。

师：为什么？

生：观察图形可知：∠1+∠A′ED+∠DEA=180°，又因为∠AED=∠A′ED。所以∠1=180°-2∠A′ED。同理可得∠2=180°-2∠A′DE。两式相加得：∠1+∠2=360°-2(∠A′ED+∠A′DE)，又因为在△A′ED 中，∠A′+∠A′ED+∠A′DE=180°，所以∠A′ED+∠A′DE=180°-∠A′，代入可得：∠1+∠2=360°-2(180°-∠A′)=2∠A′。

师：还有不同的解决方法吗？

生：连接 AA′（如图 8-14），由"三角形的外角等于与它不相邻的两内角的和"可得：∠1=∠3+∠4，∠2=∠5+∠6。所以∠1+∠2=∠EA′D+∠EAD。又因为∠EA′D=∠EAD，所以∠1+∠2=2∠EA′D。

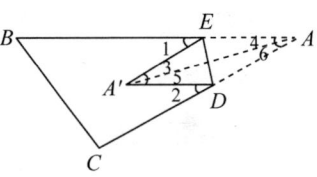

图 8-14

师：同学们，这两位同学都说得很好，表达得也很完整，不知道你们欣赏谁的解法？

生：后面这一种。

教学启示：将教材原习题作为"锚"，在这里进行抛"锚"教学，探究不同的解法目的在于：一是拓宽学生解决问题的思路；二是加深学生对这个问题的本质理解。另外，这里教师没有给学生"暗示"哪一种方法好，而是让学生进行自我"价值判断"，选择优化方法，旨在在学生的"潜意识中"自我培养思维的合理性和解法的优化意识。

3. 变式拓展

如图 8-15，把△ABC 纸片沿 DE 折叠，使点 A 落在四边形 BCDE 的外部 A′的位置，∠A′与∠1+∠2 之间存在怎样的数量关系？为什么？

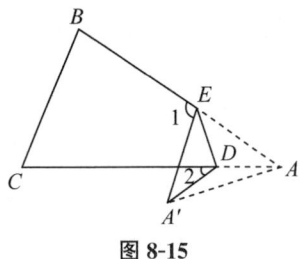

图 8-15

师：请同学们重新按题中的要求将手中的三角形纸片进行折叠，并探求出∠A′与∠1+∠2

之间存在的数量关系，为什么？

生（动手折叠后得到）：$\angle 1 - \angle 2 = 2\angle A'$。

师：哪位同学来说一下为什么？

生：类比刚才的后一种方法，连接 AA'，由于"三角形的外角等于与它不相邻的两内角的和"，可得：$\angle 1 = \angle EA'A + \angle EAA'$，$\angle 2 = \angle DA'A + \angle DAA'$。两式相减得：$\angle 1 - \angle 2 = \angle EA'D + \angle EAD$。又因为$\angle EA'D = \angle EAD$，所以$\angle 1 - \angle 2 = 2\angle EA'D$。

教学启示：变式拓展的意图是打破学生的思维定式和认识上的封闭性，让学生明白对于折叠三角形一个角的问题，这个角的顶点可以落在一个边上或落在形内或落在形外，学会"自觉"运用数学的分类思想去思考问题。

(二)横向发展

1. 拓展提升

如图 8-16，将△ABC 纸片的三个角都向内折叠，使点 A'、B'、C' 都在三角形的内部，求图中$\angle 1 + \angle 2 + \angle 3 + \angle 4 + \angle 5 + \angle 6$ 的和是多少度。

师：图中$\angle 1 + \angle 2 + \angle 3 + \angle 4 + \angle 5 + \angle 6$ 的和是多少度？

生：360°。

师：为什么？

生：因为$\angle 1 + \angle 2 = 2\angle A'$，同理可得：$\angle 3 + \angle 4 = 2\angle B'$，$\angle 5 + \angle 6 = 2\angle C'$。所以$\angle 1 + \angle 2 + \angle 3 + \angle 4 + \angle 5 + \angle 6 = 2(\angle A' + \angle B' + \angle C') = 2(\angle A + \angle B + \angle C) = 360°$。

师：如图 8-17，现在将三角形纸片改为四边形纸片，则图中$\angle 1 + \angle 2 + \angle 3 + \angle 4 + \angle 5 + \angle 6 + \angle 7 + \angle 8$ 的和为多少度？

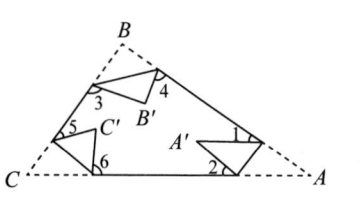

图 8-16

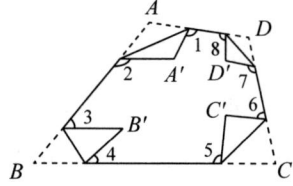

图 8-17

生：为四边形内角和的两倍，为720°。

师：如图8-18，若将四边形纸片改为 n 边形，则图中 $\angle 1+\angle 2+\cdots+\angle(2n-1)+\angle 2n$ 等于多少度？

生：n 边形的内角和的两倍，是 $(n-2)\times 360°$。

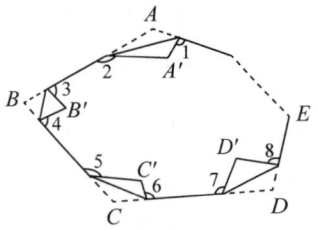

图 8-18

2. 原题呈现（第⑤题）

已知：如图8-19，BO、CO 分别是 $\triangle ABC$ 的 $\angle ABC$、$\angle ACB$ 的外角角平分线，BO、CO 相交于 O，试探索 $\angle 1$、$\angle 2$ 与 $\angle A$ 之间是否有固定不变的数量关系。

师：通过前面的探究，现在同学们对第⑤题的解决有什么想法？

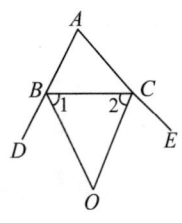

图 8-19

生：因为 BO、CO 分别是 $\triangle ABC$ 的 $\angle ABC$、$\angle ACB$ 的外角角平分线，所以 $\angle DBO=\angle 1$，$\angle ECO=\angle 2$，BO、CO 相交于 O，所以 $\angle A=\angle O$，由第④题可知，$2\angle O=\angle ECO+\angle DBO=\angle 1+\angle 2=2\angle A$。

师：大家对他的解法有什么看法？

生：老师！他的解法不对！

师：为什么？

生：这里是 BO、CO 分别是 $\triangle ABC$ 的 $\angle ABC$、$\angle ACB$ 的外角角平分线，不一定有 $\angle A=\angle O$！第④题是将角折叠，这两道题的本质是不一样的，第④题的结论不能在这里用！

师（对另一生）：你有什么看法？

生：他说的对！我只看了图形就用结论，没有比较它们的本质，下次一定认真审题。

师：很好！所有的同学都要吸取他的教训！现在谁来说说第⑤题的解法？

生：老师，我们可以通过两次外角与内角的关系将它算出来的。因为

BO、CO 分别是 $\triangle ABC$ 的 $\angle ABC$、$\angle ACB$ 的外角角平分线，$\angle DBC = 2\angle 1 = \angle A + \angle ACB$，$\angle ECB = 2\angle 2 = \angle A + \angle ABC$，两式相加可得：$2\angle 1 + 2\angle 2 = 2\angle A + \angle ACB + \angle ABC$，又因为 $\angle A + \angle ACB + \angle ABC = 180°$，所以 $2\angle 1 + 2\angle 2 = \angle A + 180°$，所以 $\angle 1$、$\angle 2$ 与 $\angle A$ 之间的关系是 $2\angle 1 + 2\angle 2 - \angle A = 180°$。

生：老师，我有和他不同的做法……

教学启示：①拓展提升的目的是让学生全面、深刻地看到教材习题的全貌和问题的本质，在教学中常常要防止让学生"只见树木而不见森林"；通过合理整合教学资源，用从三角形、四边形、多边形这三个"有效题串""四两拨千斤"地将"纷繁复杂"的问题"轻松解决"；②把习题归类，这样能让学生在脑海中对知识结构有一个系统的认识。通过对第⑤题的原题呈现，与第④题类比，让学生发现它们的异同之处，提升了他们的思辨能力。

教学反思

习题讲评教学承载着重要的数学教育功能，为什么有相当一部分学生对数学缺乏兴趣，学习中难以形成愉快体验？究其原因是习题讲评课没有上"活"上"精"，过分注重结论及解题的方法和技巧，注重数学的严谨性、逻辑性，导致学生看不到数学被发现、创造的过程，从而对数学学习产生错觉和误解，认为数学只是一些枯燥的公式和定理的堆砌，数学学习就是记忆和模仿，未达到对知识的真正理解，主体性得不到体现，始终是一种"冰冷的美丽"，久而久之便失去了对数学学习的兴趣和自信。

一、先思后导，返璞归真

本节课关注了学生的主体地位，通过先行使者和动手操作，使学生看清了折叠的意义与本质，在此基础上对折叠问题有了深度探究的"资本"。同时将课堂还给学生。在展示习题后，给学生时间审题思考，充分展示学生的思维过程，引导学生自己来分析问题，得出结论，甚至让学生来教学生。鼓励学生打破常规，锐意创新，使学生在多思多变中提高思维的灵活性和创造性,旨在通过习题讲评教学达到培养学生创新意识的目的。

二、精心设问,循循善诱

本节课中通过提问和追问,特别是把第④题进行纵向联系为一系列环环相扣的问题,按思维的进程面向全体学生依次提出,分别由不同的学生作答。由审题寻找突破口,依次展开过程分析,鼓励学生发表自己的见解,既讲正确的也讲误区,既讲常规方法也讲技巧捷径,要让习题教学达到激发学生学习兴趣的目的,同时促进了对第④题的本质理解。

三、引导分析,启迪思维

本节课中在引导学生学会分析时,诸如"通过刚才的'折叠',现在再看一看老师给出的图形,你有什么发现""大家对他的解法有什么看法"等,让他们知道怎样利用条件,怎样剖析结论,怎样连接条件与结论,体验思维深入的过程,领悟问题探索的方法,不仅能明了分析的过程,学会怎么解,而且能从中学会怎么想,让习题讲评教学达到提升学生分析问题的能力的目的。

四、分析错因,相机指导

本节课在教学中准确地发现学生在知识理解、方法运用等方面存在的不足,给予必要且及时的矫正,不仅指出错在哪里,更重要的是引导学生发现产生错误的原因,使学生以后避免重蹈覆辙。如有学生给出了错误的解法,我说:"大家对他的解法有什么看法?"学生马上就发现了问题,利用这个错误资源给予学生一个很好的思辨机会。在习题讲解课中学生会犯错误的原因主要有:①概念模糊不清;②审题粗心大意;③思维狭窄片面;④忽视潜在因素;⑤语言表述缺乏科学性、逻辑性和准确性等。我们要让习题讲评教学达到提高学生思维品质的目的。

五、整理思路,触类旁通

在本节课的教学中,首先让学生个体进行思路探索,然后在教师引导或同伴互助的基础上,让学生学会运用批判性的思维进行选择,用比较合理而简捷的思路完成解题过程。例如,在第④题中,对连接 AA' 解法的优化选择等。本节课通过纵向联系和横向发展，把相关问题的解决方法进行归纳整理，形成系统，让学生能够整体把握，再次遇到这类问题时就能触类旁通，因为习题讲评教学的目的就是要达到提高学生学习能力的目的。

六、规范引路，学会表达

有时学生对习题虽然有思路和方法，但并不代表能合理规范地表达，因此在习题教学中，要引导学生关注教师的板书过程，时刻将严谨、富有逻辑性（或合情推理）的解题思路清晰地展现在学生面前，使学生从解题思路、方法和规范要求等方面受到熏陶，从中把握解题过程的规范性、推理的严谨性、演算的准确性等。本节课从学生的表达来看，他们对前因与后果的表述非常明确。对表述和书写的规范我一直很重视，特别是七年级起始阶段一定要强调到位，我们要让习题讲评教学达到提升学生严谨的治学态度的目的。

高效率的习题讲评教学对数学素质教育来说是很重要的，习题讲评课的教学实质与精髓就是教师对习题材料的处理和加工能否发挥出习题应有的"特异功能"，能否充分调动学生积极有效地参与，将所教的知识、能力和智慧"内化"到学生的心灵深处，生根、开花、结果，这是一堂习题课成功与否的关键。

同行品悟

以下是听课的同行对这节课的品悟。

一、目标适切

潘老师在课前做了精心准备，通过说课我们知道采用了系列的"数据分析"，采用了"纵向联系"和"横向发展"两个板块的教学，在教学目标的确定时充分考虑了学情，在教学中关注学路优先，关注知识的要点、节点和生成点，讲解细腻，为我们展示了一堂高效的习题讲评课。潘老师不仅将教学目标分解到每个板块中，还将教学目标分解到每个板块的任务性问题设计中；任务性问题简洁、明了、有层次，让学生有完成的可能；学生活动方式和反馈方式适切；教师语言表达极具亲和力；板书内容提纲化、系统化，知识网络的形成水到渠成。以上这些都值得我好好学习。

二、循循善诱

潘老师执教的习题讲评课，板块清晰、过渡流畅、课容量合理、学生的参与度高，注重新旧知识的融合。潘老师还非常关注学生的错误，当学生回答有误时，他并没有急于否定或给出肯定答案，而是循循善诱，不断地启发引导学生。整堂课以基本图形的生长变化（折叠）为主线，通过典型问题帮助学生完成知识回顾—知识重组—综合应用，促进学生自觉生长，充分体现了自觉教育思想。这节课给我很大的启发，那就是：给予学生总结反思的机会远比灌输知识更重要。

三、结构串联

潘老师以三角形折叠为抓手，十分注重知识与知识之间的内在联系，编织了以"折叠"为中心，在"纵向联系"和"横向发展"两个方面加以延伸的一张知识网，加强了学生对"三角形内角和""三角形外角和"的综合运用能力，并运用了"直观""类比""建模"等一系列重要的数学思想方法，可谓构思巧妙，精彩绝伦。这节课给我的启示是：没有笨学生，只有笨老师。面对习题讲评课的教学，教师只要用心设计，就可以把一个个琐碎的知识有机地串联起来，让学生在静止中看到变化、看到规律。通过调节条件的弱化与强化进行变式拓展，一个个典型问题的解决，就可以成为培养学生能力的增长点，学生能力的增长点也就是我们数学课堂教学质量的增长点。

四、步步为营

潘老师的课切入精准，板书设计新颖，以三角形的折叠展开，围绕"纵向联系"和"横向发展"两个生长点，课堂层层推进，教师适时点评引领，课堂采用独学、对学、群学等形式，充分调动了学生的学习积极性，拓宽了课堂的宽度，锻炼了学生深入思考问题的能力。特别是通过对图形的变式，将中考所涉及的一些典型的折叠问题以一种知识网络的形式展现，步步为营，使学生们从简单的问题探究到复杂的问题，从基本的图形探究到复杂的图形,打通了知识与知识之间的连接障碍。我们评课议课老师一致认为,潘老师的课是灵动而充满智慧的,选题具有思辨性,善于抓住契机,挖掘学生潜能,激发学生思维,引导学生探究。

五、操作体验

潘老师从学生已有的知识经验出发,利用任务性板块的教学设计引导学生由浅入深地进行新知的探究。这节课中,学生动手操作、感悟体验、总结提升,独学与群学相结合,学生的参与度高,学习的热情高涨。在课堂上潘老师能很好地处理预设与生成的关系,由此也可以看出潘老师驾驭课堂的能力很强。在课堂上潘老师也很注重对学生学习习惯的培养,对于出错的学生能够循循善诱,通过同伴互助引导的方式使其加深对错误点的认识,并且能够及时对学生做出评价。潘老师的课让我深深感受到:一个好的教学设计一定要充分地分析学生的学情,要能够激发学生学习的热情,操作体验(动手折叠)是加深学生对知识理解的一个强有力的手段。

纵观我的教学过程,是根据学情把握好教学的逻辑起点,用"做中学"帮助学生本质理解"折叠"这个核心概念,教学设计由浅入深,环环相扣,让学生经历了直观、推理、发散、优化、类比、推断、归纳、概括等思维过程,使学生的思维品质得到了进一步的提高。有效地对教学资源进行灵活、多角度、多途径的整合,要赋予学生数学学习材料生命的活力,使学生的数学学习更具现实性、挑战性、探索性和人文性。让学生在自主建构中发展情感,生成智慧,使学生的数学学习活动更具生命的价值,是我们必备的"基本素质",也是我们的职责。

图象作图课：数形结合，明晰机理
——以苏科版数学教材八年级上册"一次函数的图象(1)"教学现实为例

教学主张

函数是中学代数的主干知识，是整个中学（特别是高中数学）数学知识的精髓。函数图象是一种特殊且形象的语言和工具。函数图象作为函数的一种表示形式，是函数关系中最为直观的表达形式，是函数定义的几何形式，也是数形结合的基础和依据。它运用数和形的巧妙结合，恰当地表达了在某个变化过程中的变量之间的变化规律。图象的特点是简明、清晰、形象直观、动态过程清楚，使变量之间的函数关系更加明确，利用它可以直观地反映函数的变化趋势，还可以恰当地表示用语言难以表达的内涵。所以，函数图象是处理数学、物理、化学等学科问题的重要手段，是培养学生数形结合思想,提高发现问题、提出问题、分析问题和解决问题能力的良好载体。函数教学的关键是函数图象的教学,让学生对函数的认识"有图有真相"。图象在研究函数性质、方程、不等式等问题中也具有十分重要的作用,教会学生画图象、识图象以及用图象是函数图象教学的"吉祥三宝"。

当前在函数图象作图教学中存在的问题有以下几点:

1. 灌输较多。在教学过程中,一些教师常常是给学生一个演示教学,然后让学生进行"模仿性操作",并将一些结论进行"牵引式提炼",再让学生"死记硬背"。

2. 解读不够。教师在演示教学中,只是让学生对函数图象进行"粗略大概"的认知,对"细节之处"和"发生机理"缺乏"精细化"解读。

3. 要求不严。有的教师在图象作图示范教学中"随意性"较大,规范性不够,导致学生所画的图象也就不规范,为学生后继学习留下了"隐患"。

4. 包办代替多。很多教师不放心学生,总想包办代替,自己讲得多,留给学生的时间和空间少;学生展示得少,教师没有放手给学生,没有让学生去经历知识的获取过程。

5. 总结提炼少。在教学过程中,有的教师详略不当,重点不突出,没有注重方法的总结等。

自觉数学课堂视域下的"图象作图课"的教学主张主要有以下几点:

1. 认识要到位。函数图象是解决相关问题的基础工具,也是数形结合思想教学的重要载体,在教学过程中一定要正确示范、规范作图和严格要求。

2. 目标要精准。在函数图象作图教学过程中,本节课要达成的目标要清晰,根据目标规划出学生的学习活动。例如,一次函数图象的作图的目标是:一是通过画函数图象理解一次函数图象的形状;二是用两点法画一次函数的图象。这样学生目标明确,操作性强,才能有较好的学习效果。

3. 交代要明晰。在教学过程中,纵横坐标轴表示的意义、描点法画图象的依据、如何在表中取值、连线的注意要点、空心点、伸展趋势等必须交代清楚。

4. 起始很重要。学习函数的图象需要培养学生数形结合的思想，一次函数图象又是所有函数图象中最简单的一种，是以后学习其他复杂函数的基础，所以整体全面地学习一次函数的图象能为学生以后学习其他复杂函数提供思路样本，节省学习时间。

5. 要注意拓展。在教学中要关注当函数的自变量限制在某一范围时函数图象的作图，这样有利于拓宽学生的视野。

6. 手脑要结合。学生是学习的主体，教学中要通过学生的观察、分析、比较、归纳，探究知识的发生、发展、形成的过程，得出结论，并能加以运用，解决实际问题；要侧重于学生能力的培养，要手脑结合，掌握"画法"的同时，要明晰"画理"；在学生活动中，要关注如何调动学生的积极性、互动性，提高学生活动的实效性。

7. 以发现为主。教学过程中要以学生自主发现为主，即教师创设问题情境，激发学生思维，引导学生观察、比较、思考并分组展开讨论，使学生作为认知主体参与知识发生的全过程，体验揭示规律、发现真理的乐趣，充分发挥教师的主导作用和学生的主体作用，同时要在探索新知的过程中培养学生的合作精神。

"图象作图课"的一般结构与流程，如图9-1所示。

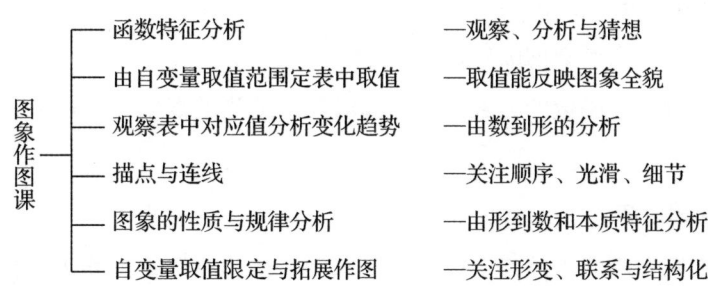

图 9-1

教学设计

学生已经有了平面坐标系、常量与变量以及函数的概念等知识，一次函数的图象是学生在初中第一次接触函数的图象，描点法画图象的方法是后继学习的基础,通过观察图象的变化得到其性质也是学习函数性质的通用方法。另外,由于学生是首次接触由函数图象归纳其性质,没有思路,还缺乏思维的深刻性及完备性,所以培养学生总结归纳的能力是很有必要的。再者,函数思想是一种重要的数学思想,它体现了运动变化和对立统一的观点,体现了数形结合等数学思想方法,不仅是知识性方面,更重要的是学习方法方面。因此,本节课具有奠基性作用。

一、教学分析

学本节课之前,学生已学习了变量与函数、平面直角坐标系以及一次函数的概念等有关的知识,对利用图象表示变量之间的关系已有所认识,并能从图象中获取相关的信息,但对函数与图象的联系还比较陌生。因此,本节课需要我们在教学中引导学生重点突破函数与图象的对应关系,应着重采用数形结合的教学方法,让学生认清图象作图操作的本质。另外,可以借助多媒体课件的动态功能增强其直观性,帮助学生理解。在教学过程中,要让学生经历由特殊到一般,由简单到复杂,运用类比、归纳、数形结合等方法,培养学生分析问题、解决问题的能力。

二、教学目标

1. 双基水平

(1)知道一次函数的图象是一条直线。

(2)能画一次函数的图象,并会选取两个适当的点画一次函数的图象的方法。

2. 问题解决

(1)能够在画图象过程中,观察并发现一次函数图象的相关规律,学会简单描述及应用。

(2)通过小组合作讨论,鼓励学生多角度思考、探索、交流,激发学生的好奇心和主动学习的欲望。

(3)通过本节课的教学,希望能激发学生学习数学的兴趣和积极性,逐步培养学生实事求是的科学态度。

3. 学科思维

(1)能够初步从数形结合角度去观察事物、思考问题，体验解决问题方法策略的多样性。

(2)逐步培养学生的观察能力、概括能力，通过教师指导发现知识，初步培养学生数形结合的思想以及由特殊到一般的数学思想。

三、重点、难点

重点：用描点法画一次函数图象和简便作图象的方法。

难点：培养用"数形结合"的思想方法解决数学问题的能力。

四、教法选择

本节内容是在学生学习了变量和函数的基本概念的基础上进行的，但学生刚刚接触函数，函数对他们来说还是比较抽象难懂的，函数图象对他们来说是一个全新的概念，所以在课堂教学中，不能单纯地传教知识，而是要把教法融于学法中，在学法中体现教法。让学生大胆地尝试、探究，在画图过程中培养动手动脑的能力，进一步发展学生的符号感和数学化的能力，在实际动手操作画图中，渗透数形结合的思想，并在动手动脑的过程中逐步理解和掌握一次函数的图象作法。教学过程中重视小组讨论、讲练结合及学生自主归纳总结等教学策略的综合应用，教学结构与流程为：解读—尝试—展评—提炼—变式—感悟。在教师做重点提示讲解中，注意画图规范，大部分时间留给学生作图象练习，展示优秀作业，注意暴露差异，化学习资源为教学资源，并通过学生合作交流或独立思考，让学生有更多的体验成功的机会。

五、活动设计

1. 课题追问

(1)回顾一次函数的概念。

(2)回顾函数图象的概念。

(3)对课题"一次函数的图象"的追问。

设计意图：这样的设计符合学生的学习习惯，能让学生在温习旧知的过程中体验旧知与新知之间的联系,积极探索新知。通过对课题"一次函数的图象"的追问,让学生明白本节课学习与探究的重点内容。

2. 情境创设

点燃一支香,感受它的长度随着时间的变化而变化,帮助学生理解教材中图片提供的信息,探索一次函数的图象,结合教材第151—152页(教材所给的情境)。

(1)图片是怎样表示时间变化的?

(2)这支香点燃5分钟后缩短了多少?点燃10分钟后呢?

(3)用 y(厘米)表示香长度,x(分钟)表示香燃烧时间,写出 y 与 x 的函数关系式。

(4)依次连接图片中香的顶端,你有什么发现?

(5)你能利用平面直角坐标系,将图片揭示的信息以及你的发现告诉大家吗?

设计意图:一次函数的图象对学生来说是一个新生事物,通过对教材所给的问题情境的观察与分析,让学生知道一次函数图象在生活中是常见的"图形",有学习和探究的必要。另外,让学生感知一次函数的图象是"直的"。

3. 作图示范

例1. 画一次函数 $y=2x+1$ 的图象。

解:(1)列表。(写出自变量 x 与函数值 y 的对应表)

先确定 x 的若干值,然后填入相应的 y 值(如表 9-1)。

表 9-1

x	…	-2	-1	0	1	2	…
$y=2x+1$	…	-3	-1	1	3	5	…

(2)描点。表中的每一组对应值,以 x 值作为点的横坐标,以对应的 y 值作为点的纵坐标,便可画出一个点。

(3)连线。按照横坐标由小到大的顺序把相邻两点用线段连接起来,得到的图形就是函数式 $y=2x+1$ 的图象,它是一条直线。

(4)根据所画出的一次函数 $y=2x+1$ 的图象(如图9-2),回答下列问题:

①点(3,7)在直线 $y=2x+1$ 的图象上吗?

②直线 $y=2x+1$ 经过点$(-2,-1)$吗?

教学要点:一次函数的图象是什么?怎样画一次函数的图象?通过一个具体的一次函数,讲解画一次函数图象的基本方法:列表、描点、连线。为了让学生理解这个重要画图方法的基本思想和操作过程,教学时要先让学生回顾:什么是函数图象?函数图象由哪些点组成?这些点的横坐标如何确定?纵坐标如何确定?在此基础上,要让学生明确:

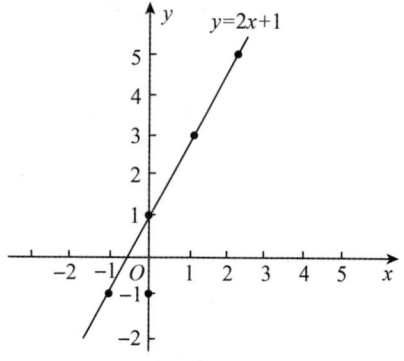

图 9-2

(1)如何"列表"?表中 x 的值如何选取?表中 y 的值如何确定?

(2)怎样"描点"?描多少个点?点的坐标如何确定?

(3)为什么要"连线"?怎样连线?

(4)为了让学生对"一次函数的图象是一条直线"有"深度认知",用几何画板直观演示和取等距离点进行三点共线的简要证明过程。

(5)关注点在直线上和直线经过点的验证策略教学。

设计意图:学生对平面坐标系有所了解,但对数形结合的方法还不是很熟练,有必要给学生加以示范。问题一环紧扣一环,让学生逐层深入思考,既动手又动脑。整个环节由浅入深,在与他人交流合作的过程中,学生可以借助他人的想法来激发自己的灵感,体验问题解决多样化的学习策略,积累学习数学的经验。

4. 简便作法

一次函数的图象是一条直线,由直线的公理可知:两点确定一条直线。所以,作一次函数的图象时,只要确定两个点,再过这两个点作直线就可以了。一次函数 $y=kx+b$ 的图象也称为直线 $y=kx+b$。

一次函数 $y=kx+b$ 图象与坐标轴交点的位置特征如下:

(1)当 $k=0$ 时，函数 $y=kx+b$ 为 $y=b$，平行于 x 轴，与 y 轴交点为 $(0,b)$。

(2)当 $k\neq 0$ 时，函数 $y=kx+b$ 图象与 x 轴交点，令 $y=0$，求出 $x=-\dfrac{b}{k}$，交点为 $\left(-\dfrac{b}{k},0\right)$；与 y 轴交点，令 $x=0$，求出 $y=b$，交点为 $(0,b)$。

5. 变式强化

例2. 在平面直角坐标系中，画一次函数 $y=-3x+3$ 的图象(如图 9-3)。

解：令 $x=0$，代入 $y=-3x+3$，得到 $y=3$。

令 $y=0$，代入 $y=-3x+3$，得到 $x=1$。

过点 $(0,3)$ 和 $(1,0)$ 画一条直线，这条直线就是函数 $y=-3x+3$ 的图象。

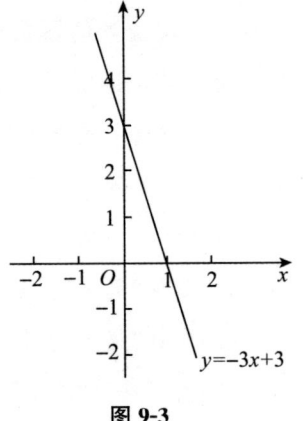

图 9-3

借助图象找出：

(1)直线上横坐标是 2 的点；

(2)直线上纵坐标是 -3 的点；

(3)直线上到 y 轴距离等于 1 的点；

(4)问题引申：根据一次函数 $y=-3x+3$ 的图象，回答下列问题：当 x_____ 时，$y>0$；当 x_____ 时，$y=0$；当 x_____ 时，$y<0$。

教学要点：

(1)简便作法的书写步骤；

(2)找点设计的意图在于加强学生对自变量与函数值的对应关系的认知，也是为后继学习服务的；

(3)问题引申是为认知一次函数、一元一次方程和一元一次不等式三者之间的关系奠基的；

(4)让学生在没有压力的状态下完成同他人合作的过程，提高了分析和解决问题的能力。

6. 认知深化

问题：根据图 9-2 中的信息，设香燃烧后所剩下的长为 y（厘米），点燃时间为 x（分钟），在平面直角坐标系中，画出 y 关于 x 的函数图象。

设计意图：一是完善对教材导入情境的深度认知；二是加强对限制自变量取值范围时一次函数的图象变化的认知；三是由于是公开示范课，给人一种"首尾呼应"的感觉。

7. 提升练习（备用）

已知一次函数 $y=2x-4$ 与 $y=-\dfrac{1}{2}x+2$。

(1)在同一坐标系中画出它们的图象；

(2)说出它们的图象的交点坐标。

设计意图：一是若借班上课学生的数学素养较好，为提升他们的能力做准备；二是对"说出它们的图象的交点坐标"的策略可从"数"与"形"两个方面来解决，拓宽学生的视野。

（结课与作业环节略）

课堂实录

数学教学的本质，不仅关注学习活动的简单叠加，更应重视帮助学生在经验的积累中实现相应的思维发展，并不断地向更高层次提升，只有这样才能让学生学会用知识生成智慧。对于用"数形结合"的方法解决问题，很多学生都处于"迷糊"的状态，很难理解它们之间的关系，为了帮助学生形成智慧，我们就应更加重视数学学习活动的学程设计，要更加重视学生对于学习活动的直接参与。

一、学前先思

师：（课前已在黑板上写好了课题）同学们，我们今天学习的课题是什么？

生：一次函数的图象！

师：你将这个课题读懂了吗？

生：不太懂！

师：有谁读懂了，谁来解读课题"一次函数的图象"？

生：老师这个课题并不难懂！只要抓关键词"图象"，一次函数是"定语"，不同的函数有不同的图象，今天我们只研究一次函数的图象！

师：什么是函数的图象？

生：在直角坐标系中，以函数自变量的值为横坐标、相应的函数值为纵坐标的点，所有这样的点所组成的图形叫作这个函数的图象。

师：那什么是一次函数的图象呢？

生：(知识要点1)在直角坐标系中，以一次函数的自变量的值为横坐标、相应的函数值为纵坐标的点，所有这样的点所组成的图形叫作这个一次函数的图象。

教学启示：一次函数的图象是学生真正接触"数形结合思想"的开端，也是学生从熟练的"数"向陌生的"形"转换的起点，一定要让学生对此深入理解，这常常是教师们忽视的地方；这样做同时也教会了学生研读教材的方法，提高了学生分析问题的能力。

师：你对于课题"一次函数的图象"，想提什么问题？

生：一次函数的图象是一个什么样的图形？

生：怎样画一次函数的图象？

生：一次函数的图象对我们的学习有什么帮助？

生：一次函数的图象在生活中有什么应用？

……

师：刚才同学们提出了很多问题！很好！学问学问要先学"问"，然后再学"答"！这节课不可能解决同学们提出的所有问题，我们今天这节课应该解决哪些问题？

生：一次函数的图象是一个什么样的图形？怎样画一次函数的图象？

教学启示：激发学生的好奇心和问题意识是数学教学的首要任务，这是培养学生创新意识的基础；三维教学目标不是靠贴标签的方式来生硬地强加在教学任务中的，是在与学生的交往过程中自然生成的。

课例9 图象作图课:数形结合,明晰机理

师:请写出一个你喜欢的一次函数关系式。(将这些函数关系式都分别写在黑板上)

生:$y=2x+4$。

生:$y=-3x+6$。

生:$y=x-3$。

生:$y=-4x-4$。

教学启示:后面教学等一会儿用学生列举的一次函数关系式来作图象,能让学生有一种"亲切感",所传授的知识会有一种"亲和力",利于知识的生成。

二、探究导学

师:请同学们观察与思考下面的问题:香燃烧过程(如图9-4)。

师:(片刻后)图中有几支香?

生:1支。

师:你们有什么发现?

生:香原长16厘米,每5分钟烧掉4厘米,共燃烧了20分钟。

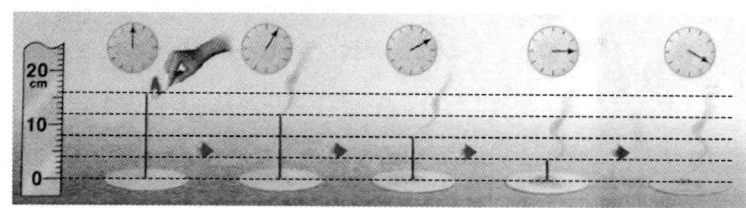

图 9-4

师:请将观察的结果填入表9-2。

(学生完成)

表 9-2

点燃时间/分钟	0	5	10	15	20
香的长度/厘米	16	12	8	4	0

师:设香燃烧后剩下的长度为 y 厘米,点燃时间为 x 分钟,能写出 y(厘米)关于 x(分钟)的函数关系式吗?

生：$y=-0.8x+16$。

师：依次连接图片中香的顶端，你有什么发现？

生：它们在一条直线上！

师：你能借助直角坐标系，将此信息表示出来吗？

生：以x轴表示点燃时间，以y轴表示香的长度，建立直角坐标系，分别描出点$(0，16)$，$(5，12)$，$(10，8)$，$(15，4)$，$(20，0)$。

师：请同学们在方格纸上，建立平面直角体系，分别找出这些点。

（学生作图描点，教师巡回对学困生进行指导）

师：在直角坐标系中作出的这些点的位置上有什么特征？

生：在一条直线上！

师：根据你们的作图，你对一次函数图象的形状有什么猜想？

生：一条直线。

教学启示：函数图象是学生的"认知难点"，要站在学生的视角来处理知识的发生过程，不可急于求成；让学生通过具体情境进行观察、分析、归纳、提炼和猜想，使学生易于对一次函数的图象进行深入了解。

三、例题教学

例1. 在平面直角坐标系中，作出一次函数$y=2x+1$的图象。

师：（知识要点2）作函数图象的一般步骤：

(1)列表：找到一些满足条件的点；

(2)描点：以表中各组对应值作为点的坐标，在直角坐标系内描出相应的点；

(3)连线：把这些点依次光滑地连接起来，即可得该函数的图象。

教学启示：函数图象的一般作法与步骤是学生首次接触，一定要认真仔细讲解到位，特别是取多少个点，为什么要连线，为什么两端还要出头等问题一定要讲清楚(如图9-5)。

师：请同学们在做中感悟(简单模仿)：在学案的"做中感悟"栏内以小组为单位分别作出一次函数$y=2x+4$，$y=-3x+6$，$y=x-3$，$y=-4x-4$

例1. 作出一次函数$y=2x+1$的图像.

解：1. 列表：

x	…	-2	-1	0	1	2	…
y	…	-3	-1	1	3	5	…

2. 描点：

3. 连线：

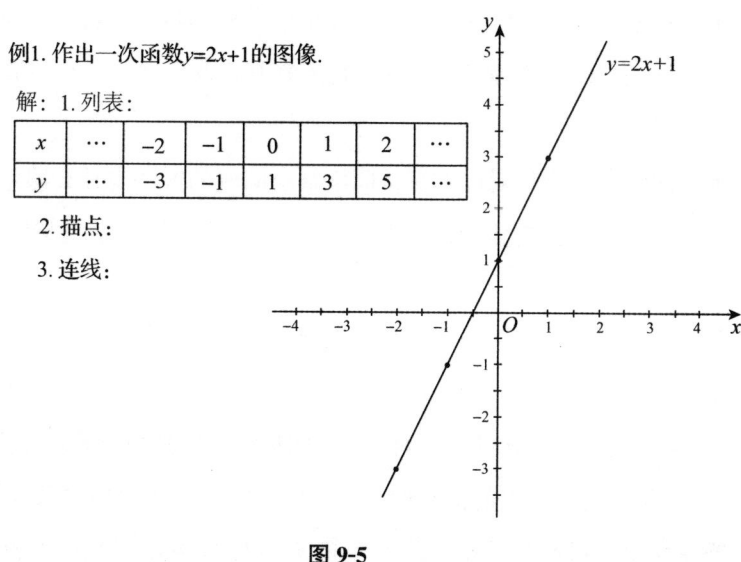

图 9-5

的图象。

（学生作图象，教师巡回对学困生进行指导）

师：（学生完成后）请在实物投影上展示你们的学习成果。

（以小组为单位派代表进行展示和点评）

师：请观察你们刚才所作的所有一次函数的图象，你们有什么发现？

生：一次函数的图象是一条直线！

（此处用几何画板直观演示和取等距离点进行三点共线的简要证明过程略）

师：对！（知识要点3）(1)一次函数$y=kx+b(k\neq0)$的图象是一条直线；(2)一次函数$y=kx+b(k\neq0)$的图象也称为直线$y=kx+b(k\neq0)$。

师：（概念变式）根据所画出的一次函数$y=2x+1$的图象，回答下列问题：(1)点$(3,7)$在直线$y=2x+1$的图象上吗？(2) 直线$y=2x+1$经过点$(-2,-1)$吗？

生：点$(3,7)$在直线$y=2x+1$的图象上，因为把$x=3$代入$y=2x+1$得$y=7$，所以点$(3,7)$在直线$y=2x+1$的图象上。

生：点$(-2,-1)$不在直线$y=2x+1$上，因为把$x=-2$代入$y=2x+1$得$y=-3\neq-1$，所以点$(-2,-1)$不在直线$y=2x+1$的图象上。

生：老师，我还有方法，从刚才作出的一次函数 $y=2x+1$ 的图象中也可以看出点 $(3，7)$ 在直线 $y=2x+1$ 的图象上，点 $(-2，-1)$ 不在直线 $y=2x+1$ 的图象上。

师：同学们，你们对以上三位同学解决问题的方法有什么感悟？

生：前两位同学是从"数"的角度考虑的，后一位同学是从"形"的角度考虑的。

师：你们对探究的这个问题有什么感悟？

生：(知识要点4)

(1)满足函数关系式的每一对 x、y 的值所确定的点都在图象上；

(2)图象上的每一点的横坐标 x、纵坐标 y 都满足函数关系式。

教学启示：根据教授知识的类型确定学生的学习方式；作函数图象是后继学习的基础，让学生通过简单模仿在做中感悟和加深对作函数图象一般步骤的理解和掌握；通过概念变式让学生学会对本质属性的判断；通过解决问题方法的学习感悟，让学生对利用"数"和"形"来解决问题的策略有更深的认识。

四、策略变式

师：既然一次函数的图象是一条直线，那么画一次函数的图象有没有简捷的方法呢？要不要取这么多个点？

生：不要，因为两点确定一条直线，所以只要取两个点就可以了。

师：取怎样的两个点呢？

生：任意两点都可以。

生：不可，在我的潜意识中应该取与坐标轴的交点。

师：你为什么有这样的感悟？

生：取与两坐标轴的交点，一次函数图象的某些特性可能更容易看出来。

师：你说得很好！(知识要点5)一次函数图象的简便作法：画一次函数 $y=kx+b(k\neq 0)$ 的图象时，确定两个适当点的位置，常取点 $(0，b)$、点

$(-\frac{b}{k}, 0)$。

师：下面和老师一起来完成例2：在平面直角坐标系中，画一次函数 $y=-3x+3$ 的图象。

解：把 $x=0$ 代入 $y=-3x+3$，得 $y=3$。把 $y=0$ 代入 $y=-3x+3$，得 $x=1$。过点 $(0,3)$、$(1,0)$ 画一条直线，这条直线就是一次函数 $y=-3x+3$ 的图象(如图9-6)。

问题引申：根据一次函数 $y=-3x+3$ 的图象，回答下列问题：当 x_____时，$y>0$；当 x_____时，$y=0$；当 x_____时，$y<0$。

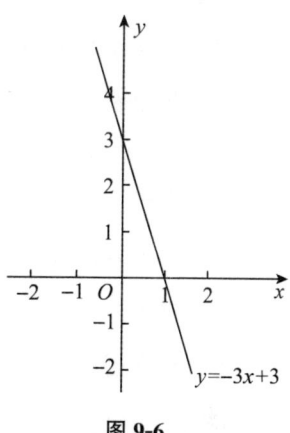

图 9-6

师：请同学们观察图象，这三个问题先回答哪一个？

生：第二个，当 $x=1$ 时，$y=0$。

师：你们是怎样得到这个结论的？

生：从图象上看出来的，$y=0$，就是求直线 $y=-3x+3$ 与 x 轴交点的横坐标。

师：还有别的思路吗？

生：根据刚才画一次函数 $y=-3x+3$ 的图象过程的启示，用方程建模，把 $y=0$ 代入 $y=-3x+3$，得 $x=1$。

师：听了这两位同学的发言大家有什么感悟？

生：解决这类问题，若有图象可从"形"的角度来观察图象得到结果，若没有图象可从"数"的角度来解决。

师：在一次函数 $y=-3x+3$ 的图象中，$y>0$ 该如何理解？它所对应的 x 的值又是多少？

生：是一次函数 $y=-3x+3$ 的图象中 x 轴的上方部分，所对应的 x 的值是 $x<1$。

师：在一次函数 $y=-3x+3$ 的图象中，$y<0$ 该如何理解？它所对应的 x 的值又是多少？

生： 是一次函数 $y=-3x+3$ 的图象中 x 轴的下方部分，所对应的 x 的值是 $x>1$。

师： 请同学们在平面直角坐标系中，用简便作法，画一次函数 $y=-2x+4$ 的图象。

（学生作图，教师巡回指导，完成后在实物投影中进行展示和点评）

教学启示： 观察图象是"数形结合思想"的重点内容，一定要让学生"完全彻底"地"理解到位"；一次函数的简便画法是本单元的重点内容，一定要让学生亲力亲为，不可草率。

五、拓宽提升

问题： 根据图9-4中的信息，设香燃烧后所剩下的长为 y（厘米），点燃时间为 x（分钟），在平面直角坐标系中，画出 y 关于 x 的函数图象。

（学生小组合作，教师巡回指导）

师： 下面请第三小组的中心发言人来展示你们小组的学习成果。

生： （将作业放到实物投影上，如图9-7）这道题的关键是必须先求出 y 关于 x 的函数关系式。根据题意，得香燃烧后的长度 y（厘米）与燃烧时间 x（分钟）之间的函数关系式为：$y=-0.8x+16$，它是一个一次函数，它的图象应该是一条直线，根据一次函数图象的简便画法就可以作出它的图象。

解：根据题意，得香燃烧后的长度 y（厘米）与燃烧时间 x（分钟）之间的函数关系式为：$y=-0.8x+16$

过点 $(0, 16)$ 和点 $(20, 0)$ 作一条直线，就是函数 $y=-0.8x+16$ 的图象。

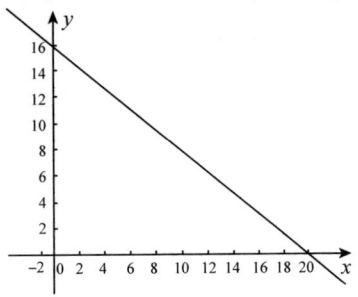

图 9-7

师： 你们各小组画的图象都是这样吗？

生： 老师，他们画得不对！

师： 为什么？

生：不是直线，而应是一条线段！

师：为什么？

生：因为自变量的取值是有范围的，$0 \leqslant x \leqslant 20$。

师：同学们，他说得对吗？

生：对！

师（对另一生）：你有什么感悟？

生：对于实际问题还要考虑自变量的取值范围，以后看问题一定要深刻、全面，思维要缜密。

教学启示：让学生展示学习成果时，要挑有代表性错误的作业，学生作业中的错误是很好的教学资源，要用好这个资源。通过学生身边的人和事来启发学生，效果会更好。

六、教学回归

(1)学生回归书本，看教材第151—153页，片刻后。

师：你告诉同学们，看教材后的收获。

生：其一，教材通过香的燃烧过程这个情境分析给了我们一个一次函数图象是直线的印象；其二，介绍了画函数图象的一般步骤是列表、描点、连线；其三，通过作一次函数 $y = 2x + 1$ 的图象让我们明白一次函数 $y = kx + b$ 的图象是一条直线；其四，又介绍了一次函数图象的简便画法。

(2)回归基础。学生完成学案中的基础练习(教材中的基础练习已融合其中)。

教学启示：回归分为回归书本和回归基础。学生脑中有"书"，才能做到心中有"数"，回归书本便于学生掌握教材中的知识要点，加强对教材的本质理解；回归基础非常重要，只有打好基础才能进行智力和能力的培养。

七、学后感悟

师：这节课你有什么收获？这些学习经验如何在今后的学习生活中应用？

生：通过这节课的学习，我知道了一次函数的图象是一条直线，并学会了函数图象的一般画法和一次函数的简便画法。

生：我学会了怎样观察一次函数的图象。

生：我知道了画实际问题的函数图象时，要注意自变量的取值范围。

……

八、学会创新

师：请你根据这节课中的例题(或习题)编(或出)一道题，看谁出的题新颖、精妙！

生：作一次函数 $y=2x-6$ 的图象。

生：作函数 $y=-2x+5(x\geqslant -1)$ 的图象。

生：求直线 $y=-3x+6$ 与坐标轴围成的三角形的面积。

生：南京到上海 300 千米，高铁匀速运行，其速度为 360 千米/小时，画出高铁从南京到上海匀速运行的图象。

生：汽车油箱的贮油量为 60 升，每百公里耗油 10 升，作出油箱的剩油量(升)与行驶的路程(千米)的函数图象。

……

九、课后分层作业

所有同学完成学案中的 A 组和 B 组题；学有余力的同学完成 C 组题。

教学启示：学后感悟有利于学生对本节课内容的整体把握，促进其学习经验的提升和认知逻辑链的生长；让学生改编或创新出题能促进学生对本节课所学内容的本质理解和灵活掌握，也是培养学生创新意识和能力的基础；学生作业分层能更关注因材施教、减负增效和保护学生学习数学持久的兴趣和热情。

教师是"路标"，学生是"司机"，教师是学生学习的组织者、指导者、参与者和合作者，课堂教学应面向全体学生，我们的教学要从关注传授知识的量转向关注知识的质，要从注重记忆转向注重思维，要从注重学习结果转向注重学习过程，要从强调教法转向强调学法，要从强调学会转向强调会学，要从学生被动接受转向主动发现，要从信息单向传递转向信息多向交流，这样的教学才有生命力。

教学反思

在本节课的教学中，我主要关注了以下几个方面：

一、自觉生成

本课是苏科版数学教材八年级上册"第三章 一次函数"中的第三节教学内容，苏科版数学教材打破了其他教材的知识顺序：先一次函数再正比例函数（从一般到特殊的认知），通过"燃香问题"较好地帮助学生了解函数图象的生成过程，以及变化规律，既节省了时间，提高了兴趣，又促进了学生对一次函数知识的整体理解和把握。我通过让学生动手操作、独立思考、合作交流等活动，让学生在已有知识和经验的基础上进行自我建构，自觉生成。

二、讲在关键处

只有建构在深入思考上的学才是"真正的学"，数学教学首先要关注学生问题意识的养成和分析能力的提高，所以我通过对"课题的追求"让学生厘清关系和明晰探究目标；另外，"质性数学教学"不只是关注教学技术的"改良"，而是要通过教师科学有效的引导使教学主体间产生积极而有效的互动，来实现学生"本质力量"的释放。在教学的过程中，我关注学生思维过程的展示，并进行恰当的点拨，坚持"讲在关键处"。

三、打破封闭性

本节课中，我不是直截了当地进行介绍、灌输，而是通过各个活动，把学生带入主动探索的活动中来，引导学生动手画图、观察、分析、归纳等，极大地激发了学生的学习兴趣，在展评交流中通过学生激烈的辩论使难点得到较好的解决，再结合实例，更加深了学生对定义的了解和掌握，收到了事半功倍的效果。另外，通过变式学习活动，使学生的"数学世界图景"更完美地建构，我通过环环相扣的核心"问题串"的设计、变式强化、对自变量限制范围等策略，打破了学生在认识上的封闭性。

四、好的问题

适当地提出好问题，可以引导学生的思考和探索活动，使他们经历观察实验、猜测发现、推理论证、交流反思等理性思维的基本过程。我给了学生多次提问的机会，使他们领悟发现和提出问题的艺术，引导他们更加主动、有兴趣地学，富有探索地学，逐步培养学生的问题意识，孕育创新精神。同时，本节课中我把抽象的数量关系与形象直观的图形联系起来，通过解读图象，了解抽象的数量关系，把这种"数形结合"在教学过程中有机地贯穿始终。

五、在节点处发力

在教学过程中，我关注了"在节点处发力"，具体体现：在完成教学任务并实现教学目的的"作用点"上，在知识形成过程的"关键点"上，在运用数学思想方法寻找解决问题策略的"关节点"上，在数学知识之间联系的"连接点"上，在数学问题变式的"发散点"上，在学生思维的"最近发展区"内。这是进行有效教学的基本原则。

六、待加强处

通过本节课的教学及课内反馈，我发现以下问题需要注意：

1. 学生在学习了一次函数图象画法时，大部分学生可以很快接受，但有少数几名学生理解比较吃力，究其原因是前面内容掌握不牢、理解不透，特别是"数"与"形"不能有机结合造成的，所以在巡学过程中要加强对他们的关注与指导。

2. 根据教材的安排从"描点法"到"简便画法"的转化有点快，特别是作法步骤的书写不一样，有少部分学生对新知识的理解进入状态较慢，他们有点"迷茫"，这里的"点拨"还要加强。

3. 对依照自变量范围的限制作函数图象（发生"形变"问题），还需要再强化。

本节课针对学生是首次接触一次函数图象的作法，我找准适切的生长点和延伸点，低起点、有层次、有梯度地充分展现学生的学，激起学生思维的碰撞；我设置的问题由浅入深、层层递进，引导他们进行理性的思考，不断提升他们思维的深度。另外，学生有足够的自主探索时间，有与同学合作互动的空间，有与老师交流表达的机会，使学生不是从老师那里获取知识，而是在数学活动的过程中发现规律、自觉建构和体验成功。

同行品悟

以下是来自江苏省的部分同行的品悟。

一、层层推进

潘老师的教学语言自然而有亲和力，基本围绕一个主线——一次函数的图象的发生发展进行教学，从对课题的追问来引入主题，让学生理解了什么是一次函数图象，为什么要学习它，怎么画一次函数的图象。实际问题数学化，数学问题符号化，层层推进，由易到难，由简到繁，符合学生的认知和发展规律。

二、前后呼应

潘老师的课十分注重学生读题能力的培养以及对概念的理解，能引导学生抓住概念中的关键字，以及问题中出现的关键句，引导学生对描点法与简便画法进行比较，从而找出更优的解法。另外，在一次函数图象作法的教学过程中不断进行问题变式拓展，这一点深化了数学中的数形结合思想，给我们听课教师很好的示范作用。给我印象最深的是前后呼应，首先数学是来源于生活的，用燃香问题导入，让学生学会将生活中的问题数学化，但最后也要回归生活，将燃香问题进行深入探究，使学生的思维品质得到有效的提升。

三、重点突出

潘老师的课重点解决了三个问题：一是为什么；二是是什么；三是怎么学。潘老师的课条理清晰，环节与环节之间过渡自然，对于细节的把握非常到位，还注重将新旧知识结合，问题变式引领到位，结构化板书，重点突出，让人一目了然，记忆犹新。

四、有归属感

本节课层层深入，引发学生思考，问题环环相扣，调动学生的学习积极性，注重首尾呼应，更是极大地调动了学生的学习积极性，加强了对学生的价值观的培养。在教学过程中潘老师提供了丰富的素材、数学思想的多维度渗透，让学生在不知不觉的学习中落实了学习目标；让学生学习自然生成，知识的掌握高效扎实，教学的主题突出精准，题型的多样化使"双基"优效，老师的方法指导使学生的思维有了归属感。

五、创造使用

潘老师上课可谓气宇轩昂，激情四射，用情绪带动了学生的积极性，其新颖的情境贯穿整节课，一方面激发了学生的学习兴趣，另一方面又对学生进行了数学思想的教育。通过探究、感悟、类比、总结等步骤带领学生感悟了函数的重要性，为本章学习打下了很好的基础。其教学设计新颖独特，具有自身的教学风格，同时又充分考虑学情，对教材进行创造性的使用，合理修正和补充了教材的教学内容。

六、"真的"教学

潘老师的课明暗线清晰，整节课行云流水，让学生感受到原来数学不仅在身边，更可广泛探究和应用，激发了学生深入探究的欲望。我个人觉得这节课的一些环节具有开放性，由学生发挥能动性，去发现问题和提出问题，老师再加以分类、归纳、补充、提高。整节课设计精巧，层层递进，并帮助学生形成画一次函数图象的策略，潘老师的教学灵活机智，更是值得我们学习借鉴。这节数学课真新颖，真有劲，真有用，因而我认为是"真的"教学。

七、教法灵活

本节课务实、高效，教学内容题型齐全，各种方法指南全面保障了不同层次学生发展的需要，不断促进学生合理化思考。在引导学生画图，发现结论"一次函数的图象是一条直线"后，利用几何画板直观演示和"等距离三点共线法的证明"加深学生的理解，并激发学生自觉探究数学问题的好奇心，体验发现的乐趣。潘老师对学生不断追问，将学生的思维推向高潮，学生在潘老师的引领下，不断深入探究，激发头脑风暴。整个教学过程，潘老师引领学生发现问题、解决问题，促进学生在争辩中成长。这节课的教学方法非常灵活生动。

教学的本质追求是什么？是稳定而有效的课堂教学。具体体现在我们的教学要遵循数学课堂教学的逻辑规律，由浅入深、有梯度地呈现知识，从而极大地满足学生的学习需求。有效的课堂则需要在 45 分钟内完成既定的学习目标，达成课堂学习和加强课堂巩固的效果，能在课堂完成的学习任务，要让学生领悟到位和收获满满。教师是学生学习的组织者、引导者、合作者与共同研究者，在这节课中，以学生与学生、学生与教师之间的"对话""讨论"为出发点，以互助合作为手段，以解决数学问题为目的，让学生在宽松的环境中自觉探索，促进学生在思辨中成长，获得成功的感悟与收获。

因材循导 自觉建构
——潘建明自觉教育初中数学课型 15 例

课例 10

尺规作图课：正确有序操作，明晰方法原理

——以苏科版数学教材九年级中考第一轮复习"尺规作图"教学现实为例

教学主张

新课标提出，数学课程要让学生获得适应社会生活和进一步发展所必需的数学基础知识、基本技能、基本思想和基本活动经验，了解数学的价值，提高学习数学的兴趣，养成良好的学习习惯，具有初步的创新意识。初中数学尺规作图知识虽然篇幅不多，但不可忽略其作用。尺规作图是指用没有刻度的直尺和圆规作图。尺规作图是起源于古希腊的数学课题。尺规作图使用的直尺和圆规带有想象性质，跟现实中的并非完全相同：

1. 直尺必须没有刻度，无限长，只可以用它将两个点连在一起。直尺只能用来作直线、线段、射线或延长线。

2. 圆规可以开至无限宽，但它本身就没有刻度，圆规只能用来作圆和圆弧。

只使用圆规和直尺，并且只准许使用有限次，来解决不同的平面几何作图题。可见尺规作图的准确性是建立在几何推理上的，即其正确性需要用几何推理来论证；相关问题能够有效地训练学生严密的逻辑推理能力和灵活的猜想发现能力。新课标对学生能力培养的要求，对尺规作图也提出了更高的要求，这给尺规作图的课堂教学带来了一定的挑战。

目前的尺规作图课中主要存在下面几个问题：

1. 重视不够。可能是因为在中考等一些考试中所占分数较少，考试的作图难度系数也不是太高，因此很多教师不够重视，只局限于一些（五种）基本尺规作图法的理解和操作，教学中常常一带而过。

2. 要求不严。可能是觉得尺规作图是相关内容的"副产品"，教学中有的教师随意性较大，演示不规范，对学生的要求也不严，有的教师甚至连作图的结论也不要求书写。

3. 表述不清。尺规作图的步骤因为考试时不要求书写，因而有的教师在课堂上的引领性示范也很不到位，表述不清，没有帮助学生理出操作顺序，错失了对学生思维有序性培养的机会。

4. 析理不力。一些教师在尺规作图教学中常常让学生"照葫芦画瓢"，作图的依据与原理给学生分析得不够，使学生缺乏本质性的认知。

5. 拓展不足。很多教师按照教材内容"就事论事"地进行教学，对作图问题与其他问题的联系揭示不够，对作图问题的深入探究和拓展不足。

自觉数学课堂视域下的"尺规作图课"的教学主张有以下几个方面：

1. 立意要高。尺规作图以其严密的逻辑推理，成为数学教学中独具一格的教学内容，由于其独特的知识结构，要结合几何推理，对目标图形进行作图原理推究、作图方法探索。

2. 定位要准。加深学生对尺规作图的理解，在应用中不断巩固和深化，注重数学知识与生活经验的联系，引导学生进行思考、观察和分析，把多种基本作图构成一个整体，感受数学的整体性，体会数学知识可以从不同角度加以分析，从不同层次加以理解。加强学生的思维训练强度，活化基本作图方法，加强学生的应用意识，培养学生的发散思维。

3. 析理要清。在尺规作图的教学过程中，教师要重视几何原理解释，用几何推理解释每个操作步骤，要让学生理解目标图形的完成是作图操作和几何推理有机结合的结果，从而充分发挥尺规作图对学生几何思维的促进作用，提升学生的综合思维能力。

4. 美育要强。尺规作图是数学文化长廊中的耀眼明珠，在教学过程中，可以向学生介绍尺规作图的历史，激发学生对数学历史文化的兴趣；可以向学生介绍"三等分角""立方倍积""化圆为方"这古典几何"三大难题"，激发学生探究的兴趣和探索的精神；在操作与证明中，介绍正五边形的尺规作图、线段 n 等分、只用圆规四等分圆等方法，学生也能深刻体会到尺规作图的简单美和精确美，从而感受数学独有的文化魅力。另外，还可以增加一些让学生感兴趣的、需用尺规作图法完成的科技产品、生活实用图案等，以激发学生的学习兴趣，增强他们的探索欲望，提高学生的几何思维能力和实践操作能力。

5. 思想要准。数学思想是对数学知识的本质认识，也是对数学规律的理性认识，是建立数学模型和应用数学解决问题的指导思想。数学思想方法是学生形成良好的认知结构的纽带，是由知识转化为能力的桥梁。在几种基本尺规作图的操作过程中，过已知点作已知线段的垂线，要用分类思想方法分成已知点在已知直线上与直线外两种情况；在"过直线外一点作已知线段的垂线"的操作转化为"作已知线段的垂线"的操作中，运用了转化的数学思想方法。在解决一些问题的过程中，也常借助尺规作图来进行分类讨论等。

6. 育品要细。在尺规作图之后，学生在自主探究、教师引导和感受知识的生成过程中，一般步骤是：

(1)要求学生画出草图，假设图形已作出；

(2)根据图形分析画法；

(3)利用尺规严格操作并写出作法；

(4)给出证明。

学生严格按照步骤进行作图的过程，正是一个实验、猜想、操作、验证的过程，有助于学生养成严谨的学习习惯，培养学生的合情推理和逻辑思维能力，培养他们独立思考、勇于探索、合作交流、反思质疑的良好数学品质。

7. 发展要实。尺规作图是建立在几何推理上的一种作图方法，每一种基本作图法都可以用几何论证其正确性。尺规作图有其严密的逻辑性，在应用过程中，除了培养学生合作探究、动手操作的能力外，对学生几何思维的训练也有着非常大的促进作用，因为尺规作图比纯粹的几何证明题具有更高的推理要求，它要求在操作的设计过程中先运用合情推理发现过程与结论，再运用逻辑推理进行证明，构成一个完整的思维程序，从而促进思维功能的发展。

"尺规作图课"的一般结构与流程，如图 10-1 所示。

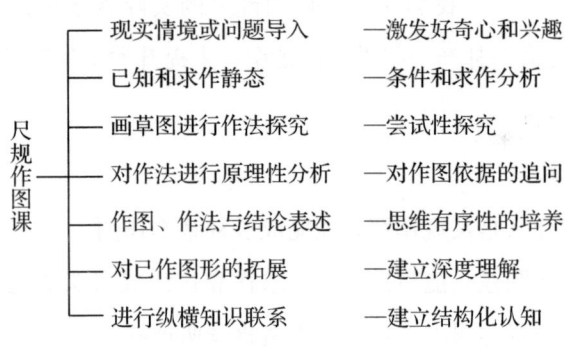

图 10-1

教学设计

尺规作图以其严密的逻辑推理和有序的动手操作，成为数学教学中别具一格的教学内容，由于其独特的知能结构和实践要求，多年来在初中数学教学中未有深入的涉及和研究，对学生的教学要求，只局限于五种基本作图和简单的几个案例作图的理解和操作。随着数学学科核心素养对学生能力培养的要求，对尺规作图的要求也提出了更高的要求：除了要熟练操作五种基本图形作法外，还要在结合几何直观、推理和建模等数学核心素养要求的基础上，对目标图形进行作图原理推究、作图方法探索等。可以看出新课标更注重学生利用图形语言表达数学解题的过程与方法，在尺规作图教学中更应注重利用作图痕迹展示解题的过程与方法，利用数学语言（符号语言、图形语言及文字语言）进行表达和交流，来提高学生数学语言的表达和应用能力。

一、教学分析

尺规作图和其他数学知识点的学习一样，都离不开基本概念的理解、基本技能的掌握和基本活动经验的积累，这些对学生所学的相关知识及新知识结构起着固本强基的作用。苏科版数学教材对五种基本作图的内容处理是非常好的，对学生来说浅显易懂，注重对基本作图法的理解、技能的掌握以及有条件类型题的作图，这类题学生能直接根据条件选择相应作图方法作图，为学生作图方法的深入研究提供了有效的保证。为了适应数学核心素养的教学要求，我们在尺规作图部分的实际教学中还需要补充一些内容，特别是要适当补充一些需要的题型，来提升学生的数学素养和能力。

二、教学目标

1. 双基水平

(1)再认识什么是尺规作图，能完成五种基本作图。

(2)对尺规作图题，能写出已知、求作和作法或口头表述作法，并能正确作出图形。(保留作图痕迹，不要求写出证明过程)

2. 问题解决

(1)能以基本作图为基础作出一些教材要求的基本图形；在尺规作图探究的基础上能解决一些较复杂的问题。

(2)经历基本作图的复习与巩固，感受尺规作图的几何意义，规范学生的作图，积累一些尺规作图的方法与经验，感受数学的严谨性以及数学结论的确定性。

3. 学科思维

(1)通过复习尺规作图，进一步加强学生的作图能力，使学生养成良好的动手操作、实践探索、合作交流的学习习惯。

(2)通过复习尺规作图进一步强化数形结合、分类讨论等数学思想，在此基础上提升数学直观、演绎推理、数学运算和数学建模等核心素养。

三、重点、难点

重点：对五种基本作图的运用和拓展、画图、写出尺规作图的作法。

难点：画图、写出作法，尺规作图的应用和对"作理"的理解。

四、教法选择

苏科版数学教材中的五种基本作图是作图的基础，也是解决更为复杂的尺规作图的基础，在复习教学中要让学生熟练其操作，并明晰背景的原理。在此基础上，要与中考考试说明的要求相结合，让学生多接触典型作图题，主要是思想方法的典型运用、几何知识的典型运用等，以培养学生运用数学思想结合几何推理探究作图原理的能力。因此，我的这节尺规作图（复习）课，主要让学生在熟练掌握基本作图的基础上，回顾典型的作图问题，并正确理解它们的作图原理，然后在实际问题中能灵活应用。本节课的教学结构和流程选择如下：情境导入—经验唤醒—明晰原理—变式应用—感悟回归。

五、活动设计

1. 情境导入

上课伊始，播放微视频《尺规之恋——构造出完美的五角星图案》。

设计意图：借助微视频中的尺与规的流线动作，让学生从内心产生一种愉悦的心情，为本节课的学习在情境上进行导入，同时用"尺规"画出的图案和画图案的过程也对学生产生美的熏陶，使其感受数学文化，欣赏数学美。

2. 经验唤醒

(1)尺规作图的相关要求解述。

(2)教师示范领作与领述：

基本作图1：作一条线段等于已知线段。

基本作图2：作一个角等于已知角。

基本作图3：作角的平分线。

(3)每个学生用直尺和圆规独立操作完成下列作图过程，选学生板演并口述作法：

基本作图4：作线段的垂直平分线。

基本作图5：过一点作已知直线的垂线。

设计意图：①让学生明白尺规作图中尺和规的工具性要求，特别是中考时用的圆规中的铅笔芯要用2B笔芯(和中考答题卡涂写笔一样，要用2B铅笔，否则中考扫描机扫不出作图的痕迹)；②在五种基本作图中，教师示范领作与领述前三种，学生相互检查与纠正；由于教材中基本作图的作法不作书写要求，领述的作用是回顾当初对作图步骤的条理性、规划性表述；③基本作图4和基本作图5，让学生独立操作，选学生板演，便于反馈学情，同时基本作图5要分类讨论，让学生在独立操作中再度强化。

3. 明晰原理

(1)尺规作三角形。

例1. 已知底边及底边上的高，作等腰三角形。

写出已知、求作、分析、作图、作法、证明和结论。

设计意图：尺规作图是培养学生动手操作能力的一个重要载体，也是让学生学习程序性知识的重要抓手，更是造就学生严谨做事态度的基础，因而我们要重视尺规作图的教学。"已知底边及底边上的高，作等腰三角形"，以写出已知，求作，分析，作图，写出作法、证明和结论的全过程，让学生在尺规作图时从条件分析、明确目标、作法分析、作图操作、作法表述、推断证明和结论表达的全过程，看到数学问题的科学性、理性和严密性。另外，以此例题来带动学生利用基本作图，即已知三边作三角形、已知两边及其夹角作三角形、已知两角及其夹边作三角形等对教材中其他作图问题的"自行"回顾与复习。

(2)与圆有关的尺规作图。

如图10-2所示，要把破残的圆片复制完整，已知弧上的三点A、B、C，用尺规作图法找出弧BAC所在圆的圆心。(保留作图痕迹)

设计意图：通过练习的方式复习运用尺规过三点作圆，主要训练学生对尺规作线段垂直平分线的运用能力。另外，通过背景变式，让学生从尺规作图的条件分析、明确目标、作法分析、作图操作、作法表述、推断证明和结论表达的全过程中，再进行一次独立性的强化。

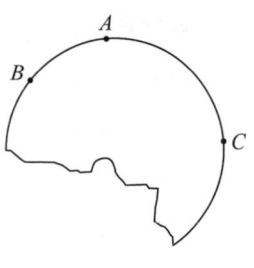

图 10-2

4. 变式应用

（1）（2012·德州）如图 10-3，有公路 l_1 同侧、l_2 异侧的两个城镇 A、B。电信部门要修建一座信号发射塔 C，按照设计要求，发射塔到两个城镇 A、B 的距离必须相等，到两条公路 l_1、l_2 的距离也必须相等，发射塔 C 应修建在什么位置？请用尺规作图找出所有符合条件的点，注明点 C 的位置。（保留作图痕迹，不要求写出画法）

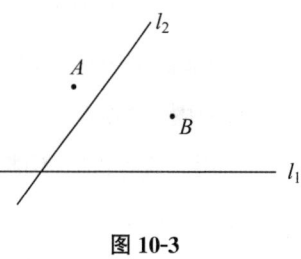

图 10-3

（2）（2012·鞍山）如图 10-4，某社区有一矩形广场 $ABCD$，在边 AB 上的 M 点和边 BC 上的 N 点分别有一棵景观树，为了进一步美化环境，社区欲在 BD 上（点 B 除外）选一点 P 再种一棵景观树，使得 $\angle MPN = 90°$，请在图中利用尺规作图画出点 P 的位置。（要求：不写已知、求证、作法和结论，保留作图痕迹）

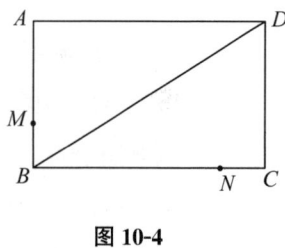

图 10-4

（3）问题：如图 10-5，在平行四边形 $ABCD$ 中，$AB = 3$ 厘米，$BC = 5$ 厘米，$\angle BAC = \angle DCA$，E 为边 AB 上一点，且 $AE = 1$ 厘米，点 P 以 1 厘米/秒的速度从点 B 出发，经 $B \to C \to D \to A$，设 $BP = t$，试求当 t 为何值时，$\triangle BEP$ 为等腰三角形？

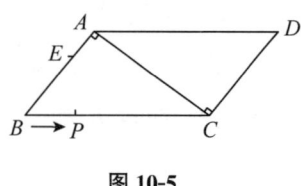

图 10-5

设计意图：在中考数学试题中，尺规作图都会有所体现，它贴近生活、题型新颖、方法多样，说明其在初中数学中的重要性。通过尺规作图的教学和训练，能对学生进行"转化思想""建模思想"等数学思想方法的渗透。在尺规作图应用中，学生平时接触的都是最简单、最熟悉的几何知识，在中考作图题中由于题型发生了变化，接触的形式不一样，让学生有时感到有点不适应，需要学生懂得应用类比思想结合几何推理，探究作图方法，因而需要对学生进行有效的指导。

5. 感悟回归

(1)学后感悟和体会。

(2)知识结构化整理。

(3)达标检测：

①用尺规作图，不能作出唯一三角形的是(　　)。

　　A. 已知两角和夹边　　　　B. 已知两边和其中一边的对角

　　C. 已知两边和夹角　　　　D. 已知两角和其中一角的对边

②用尺规作图，不能作出唯一直角三角形的是(　　)。

　　A. 已知两条直角边　　　　B. 已知两个锐角

　　C. 已知一直角边和一锐角　　D. 已知斜边和一直角边

③下列画图语言，表述正确的是(　　)。

　　A. 延长线段 AB 至点 C，使 $AB=BC$

　　B. 以点 O 为圆心作弧

　　C. 以点 O 为圆心，以 AC 长为半径画弧

　　D. 在射线 OA 上截取 $OB=a$，$BC=b$，则有 $OC=a+b$

④如图 10-6，已知两边及其中一边的对角，例如已知 $\angle\beta$，线段 b 和 c，能作 $\triangle ABC$，使 $\angle B=\angle\beta$，$AB=c$，$AC=b$ 吗？如果能作，可以作出几个满足上述条件的不同的三角形？由此你得到什么结论？（保留作图痕迹，不要求写出画法）

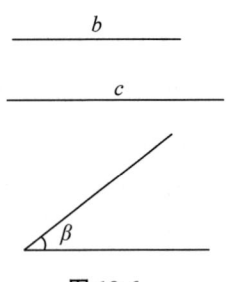

图 10-6

设计意图：尺规作图在初中数学中占比较小，学

生平时接触得不多,学生动手操作和几何推理能力都不强,很容易遗忘,加强学后感悟是为了促进学习经验的提升,归纳方法步骤是便于掌握牢固一点;通过达标检测来了解学生掌握的情况,利于补偿性学习;其中检测④是强化对为什么没有全等三角形的"边边角"判定方法的认知。

课堂实录

在尺规作图的教学中,应重视几何原理解释,用几何推理解释每个操作步骤。要让学生理解目标图形的完成是作法操作和几何推理有机结合的结果,从而充分发挥尺规作图对学生几何思维的促进作用,提升学生的综合思维能力。

一、情境导入

上课伊始,播放微视频《尺规之恋——构造出完美的五角星图案》。

师:刚才看了微视频《尺规之恋——构造出完美的五角星图案》,大家有什么感悟?

生:原来五角星可以这样用尺规作出来,尺规作图很奇妙!

生:用尺规作出来的五角星很美!

生:尺规作图这么神奇!

师:数学处处都充满着美,需要我们去发现,去欣赏!这节课我们就来系统地研究尺规作图!

教学启示:通过这段简短的作为情境导入的微视频,让学生从内心产生一种美感,激发他们探究尺规作图的兴趣。

二、经验唤醒

师:在七年级、八年级上学期的时候,我们根据教材体系零散地学习了一些尺规作图,今天这节课我们将它们进行系统的整理,首先告诉老师,尺规作图中"尺"和"规"的含义是什么?

生:尺规作图是指用没有刻度的直尺和圆规来作图。

师:对!直尺只能用来画直线、射线和线段,不可以用来度量;圆规只能用来截取线段、画圆或画弧。这里老师要特别提醒，在中考时用的圆规中的铅笔芯要用2B笔芯，和中考答题卡涂写笔一样，要用2B铅笔，否则中考扫描机扫不出作图的痕迹。为了学好尺规作图，我们必须掌握几种基本作图，到现在为止我们共学习了几种基本作图？现在小组内相互回忆一下。（学生交流后）共学习了几种？

生：五种。

师：分别是哪五种？

生：①作一条线段等于已知线段；②作一个角等于已知角；③作角的平分线；④作线段的垂直平分线；⑤过一点作已知直线的垂线。

师：现在请大家拿出直尺、圆规和草稿纸，我们一起来回忆前三种基本作图的作图和作法的表述。

（教师进行基本作图1、2、3的示范领作与领述，学生进行作图和作法的跟述。）（过程略）

师：现在请各位同学用直尺和圆规独立操作完成基本作图4，并请两位同学上来进行板演作图。（学生作图、板演，教师巡学指导，小组交流后，对板演有错的一位学生）你来说说你的作法。

生：分别以 A、B 为圆心，同样长为半径画弧，两弧相交于 C、D 两点，连接 CD。

师：他做得对吗？

生：要以大于 $\frac{1}{2}AB$ 的同样长为半径。

生：不是连接 CD，是作直线 CD。

生：基本作图虽然不要求写过程性作法，但要下结论"所以直线 CD 为所求作"。

师（对另一生）：你有什么想法？

生：我学得不踏实。不应该满足"似乎"会了，要"彻底"会了。

师：基本作图4的作法依据是什么？

生："线段垂直平分线上的点到线段两端的距离相等"和"两点确定一条

直线"。

师：现在再请独立操作完成基本作图 5，并请两位同学上来进行板演作图。（学生作图、板演，教师巡学指导，小组交流后，对板演有错的一位学生）你来说说你的作法。

生：现在我知道了这个问题应该有两解，我只做了一解。

师：为什么你只做出一解？

生：没有分类讨论。要分两类：点在直线上和点在直线外。

师：有什么感悟？

生：做尺规作图题，仍然要像做证明题一样先推断再操作。

师：基本作图 5 的作法依据是什么？

生：两种情况的依据都是"SSS"。

教学启示：让学生独立完成操作是因为这五种基本作图是每个学生必须掌握的，人人都要过关；选学生板演，便于反馈学情，通过与个别学生的交流，揭露了学生常犯的错误，让全体学生引以为戒。

三、明晰原理

1. 尺规作三角形

例 1. 已知底边及底边上的高，作等腰三角形。请写出已知、求作，分析，作图，写出作法、证明和结论。

师：原来例 1 的要求是"已知底边及底边上的高，作等腰三角形（保留作图痕迹，不写作法）"，现在对老师要求的"请写出已知、求作，分析，作图，写出作法、证明和结论"有什么想法？

生：原来的要求只是让我们会操作，现在这样要求是让我们学会"有根有据"地解决问题。

生：让我们学会有序地做事，厘清做事的条理。

生：让我们看到解答作图题应该有的"完整过程"。

师：请写出已知和求作。

生：如图 10-7(1)，已知线段 a、线段 h；求作以线段 a 为底，线段 h

为底边的高的等腰三角形 ABC。

师：怎样将它作出来？你有什么策略？

生：老师，可以先用草稿纸打草稿，如图 10-7(2)，先作底边 $BC=a$，再作 BC 边的垂直平分线 MN 交 BC 边于点 D，然后在直线 MN 上截取线段 $AD=h$，再连接 AB 和 AC，这个等腰三角形就作出来了。原来做这类尺规作图题和计算题一样也要打草稿。

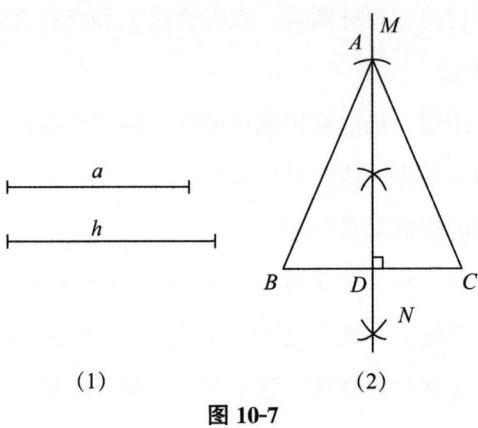

图 10-7

师：刚才的同学在草稿纸上的推断过程，我们就把它叫作分析过程。经过这样的分析，大家会作了吗？下面请大家独立作图，写出作法，并思考怎样证明。

师：（学生作图、小组交流后，对另一生）到前面来将你的学习成果展示一下。

生：（实物投影）作图如图 10-7(2)，①作线段 $BC=a$；②作线段 BC 的垂直平分线 MN，MN 与 BC 交于点 D；③在 MN 上截取 $DA=h$；④连接 AB、AC，就得到了等腰三角形 ABC。

师：她做的对吗？

生：她的作法没问题，我认为她还有两个问题，一是没有下结论"所以 $\triangle ABC$ 即所要求作的等腰三角形"；二是在 MN 上截取 $DA=h$，点 A 有两个，下面还应该有一个点 A，应该作出两个等腰三角形。

生：不对，这两个三角形是全等的，只能算作一个。

(学生意见不统一)

师：到底是作一个还是作两个，现在大家的意见不统一，形成了认知冲突，请大家小组讨论。

生：我们小组的意见是应该要作两个，因为 MN 是线段 BC 的垂直平分线，点 D 为线段 BC 的中点，以 D 为圆心、h 为半径画弧，与 MN 有两个交点 A、A'，就会得到两个等腰三角形 $\triangle ABC$ 和 $\triangle A'BC$，虽然它们是全等的，但它们是线段 BC 和直线 MN 在特定位置关系下的不同状态。

师：还有不同意见的请举手。大家没有不同的意见了？好的，他们小组的意见是对的。这是你们后续学习中还会遇到的所谓"定位作图"和"不定位作图"的问题，在我们目前的苏科版数学教材中只要求你们作出一个正确的图形就可以了，你们真棒，已经超越了教材！现在我们能下结论了吗？

生：不能！还要证明。因为 MN 是线段 BC 的垂直平分线（已作），MN 与 BC 交于点 D，在 MN 上截取 $DA=h$，连接 AB、AC（已作），所以 $AB=AC$（线段垂直平分线上的点到线段两端的距离相等），所以 $\triangle ABC$ 是等腰三角形。另一个也是同理可证。最后再写上结论"$\triangle ABC$ 即所要求作的等腰三角形"。

师：同学们太棒了！做完这道题，大家有什么感悟？

生：要画草图帮助分析，思考问题要全面。

生：在作图题中也要关注多解的讨论。

设计意图：尺规作图是一种由学生实际执行的操作，具有不可代替的直观性和实操性，在强调"猜想—操作—探究—验证—得出结论"的当下教学中，尺规作图理应得到足够的重视，并加强相关教学研究。尺规作图是建立在几何推理上的一种作图方法，每一种基本作图法都可以用几何原理论证其正确性，尺规作图有其严密的逻辑性。在应用中，除了培养学生合作探究、动手操作的能力外，对学生几何思维的训练也有着非常大的促进，因为在几何思维训练上，尺规作图比纯粹的几何证明题具有更高的推理要求。

2. 与圆有关的尺规作图

如图 10-8 所示，要把破残的圆片复制完整，已知弧上的三点 A、B、C，用尺规作图法找出弧 BAC 所在圆的圆心。（保留作图痕迹）

学生自行写出已知、求作、分析、作图，写出作法、证明和结论，独立完成。（教学过程略）

教学启示：通过背景变式，让学生从尺规作图的条件分析、明确目标、作法分析、作图操作、作法表述、推断证明和结论表达的全过程中，再进行一次独立性的强化。

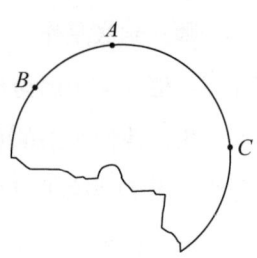

图 10-8

四、变式应用

(1)（2012·德州）如图 10-9，有公路 l_1 同侧、l_2 异侧的两个城镇 A、B。电信部门要修建一座信号发射塔 C，按照设计要求，发射塔到两个城镇 A、B 的距离必须相等，到两条公路 l_1、l_2 的距离也必须相等，发射塔 C 应修建在什么位置？请用尺规作图找出所有符合条件的点，注明点 C 的位置。（保留作图痕迹，不要求写出画法）

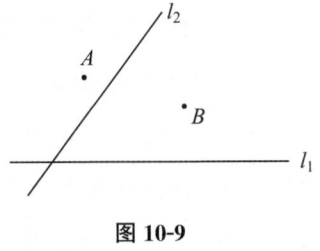

图 10-9

师：对这个问题，你们是怎么思考的？

生：根据题意知道，点 C 应满足两个条件，一是在线段 AB 的垂直平分线上；二是在两条公路夹角的平分线上，所以点 C 应是它们的交点。因此，如图 10-10，①作两条公路夹角的平分线 OD 和 OE；②作线段 AB 的垂直平分线 FG；则射线 OD、OE 与直线 FG 的交点 C_1、C_2 就是所求的位置。所以 C_1、C_2 就是所求的位置。

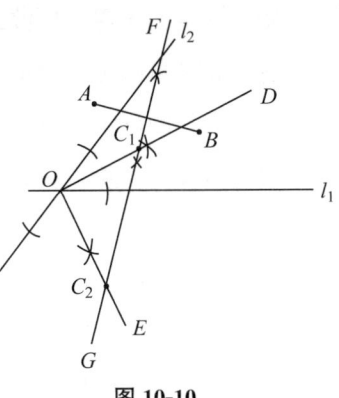

图 10-10

师：做完这道中考题，大家有什么感悟？

生：中考题也都是以基本作图为基础的，我们要打好基础。

生：要认真分析题意，如题中的两条公路夹角的平分线有两条。

师：对！本题主要考查了对角平分线、线段垂直平分线作法的运用和对题意的正确理解。

（2）（2012·鞍山）如图 10-11，某社区有一矩形广场 ABCD，在边 AB 上的 M 点和边 BC 上的 N 点分别有一棵景观树，为了进一步美化环境，社区欲在 BD 上（点 B 除外）选一点 P 再种一棵景观树，使得 $\angle MPN=90°$，请在图中利用尺规作图画出点 P 的位置。（要求：不写已知、求证、作法和结论，保留作图痕迹）

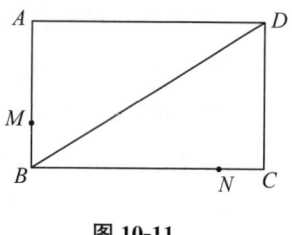

图 10-11

师：对这个问题，你们又是怎么思考的？

生：因为在矩形 ABCD 中，在边 AB 上的 M 点和边 BC 上的 N 点是两个定点，使得 $\angle MPN=90°$，所以点 P 要在以 MN 为直径的圆上，点 P 又在 BD 上（点 B 除外），所以只要以 MN 作圆，这个圆与 BD 的交点就是 P 点。作法如下：如图 10-12，①连接 MN；②作 MN 的垂直平分线交 MN 于 O；③以 O 为圆心、ON 长为半径画圆，交 BD 于点 P，所以点 P 即为所求。

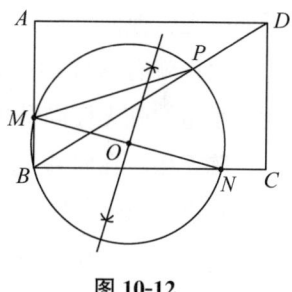

图 10-12

师：做完这道中考题，大家有什么感悟？

生：中考题也没什么可怕的，只要我们认真踏实地学习，中考一定能过关。

生：要注意观察和分析，要将所学到的知识灵活运用。

师：本题主要考查了作图与应用作图，关键是理解题意，弄清问题中对所作图形的要求，结合对应几何图形的性质和基本作图的方法作图即可。

（3）问题：如图 10-13，在平行四边形 ABCD 中，AB = 3 厘米，BC = 5 厘米，$\angle BAC = \angle DCA$，E 为边 AB 上一点，且 AE = 1 厘米，点 P 以 1 厘米/秒的速度从点 B 出发，经 B→C→D→A，设 BP = t，试求当 t 为何值时，△BEP 为等腰三角形？

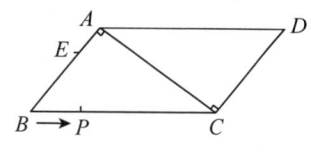

图 10-13

师：这是我市去年的中考模拟题，请大家来挑战一下，先独立探究，再小组交流。

（学生独立探究，小组交流）

师：刚才第三小组讨论得很热烈，请组长来说说。

生：在开始的独立探究过程中，我进行了分类讨论，①$BE=BP$；②$BE=EP$；③$BP=EP$。求出了三个解，我又作了进一步的验算，我以为求得的结果是没有问题的。但在小组交流的过程中，才知道我少了一解，我们这组六个同学三个人做出四解，两个人做出三解，一个人只做出两解；但我百思不得其解，我这一解少在哪里？为什么有的同学一下子就求出了四解呢？他们也是分类讨论来做的，为什么能够做到不重复和不遗漏呢？小组协作就有这样的好处，基础薄弱的人可以即时向基础好的同学请教。我们小组的陈无极同学的思路很独特，还是请他来说说。

陈无极：在解决这个问题的过程中，我的解决策略和你们不一样。首先找点 P 的位置用了画图工具——圆规！其次不是简单地分三类，①$BE=BP$；②$BE=EP$；③$BP=EP$。而是分两类，(1)以 BE 为底边；(2)以 BE 为腰。其中(2)又分两种情况，①以 B 为顶角顶点；②以 E 为顶角顶点。下面就是我找点 P 的思路。(1)以 BE 为底边，如图 10-14(1)，作线段 BE 的垂直平分线交 BC 于 P_1，便可求得 $t_1=\dfrac{5}{3}$；(2)以 BE 为腰，当以 B 为顶角顶点时，如图 10-14(2)，以点 B 为圆心，BE 长为半径画弧交 BC 于 P_2，便得到 $t_2=2$；(3)以 BE 为腰，当以 E 为顶角顶点时，如图 10-14(3)，以点 E 为圆心，BE 长为半径画弧交 BC 于 P_3，交 AD 于 P_4，由于点 P 以 1 厘米/秒的速度从点 B 出发，经 $B\to C\to D\to A$，所以点 P_4 是有效的，求得 $t_3=\dfrac{12}{5}$，$t_4=\dfrac{68-2\sqrt{21}}{5}$。

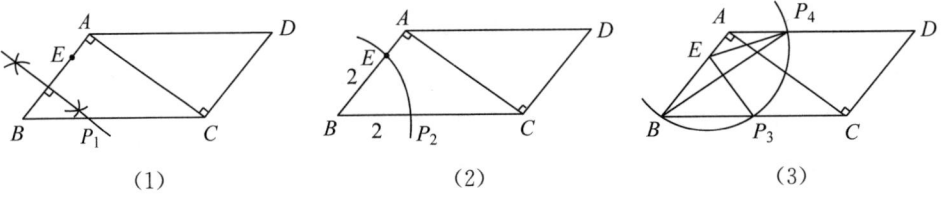

图 10-14

师：听了他的解决问题的过程，有什么想法？

生：我分三类少了一解，他分两类却能做到不重复、不遗漏，其关键并不在于分类的多少，而在于要针对解决问题的需要，特别是他用圆规来找 P 点，让我耳目一新，原来尺规作图的工具可以这样使用。

教学启示：①让学生直面考试真题，可以让学生发现自己的不足，同时提高他们的适应性，通过题目的解决提高他们的自信心；②问题(3)虽然不是尺规作图题，但利用尺规工具来参与探究，让学生发现其便利性，这也是在提升他们的学习能力。

五、感悟回归

(1)学后感悟和体会。（其表述过程略）

(2)知识结构化整理。学生对尺规作图的知识结构整理如图10-15。

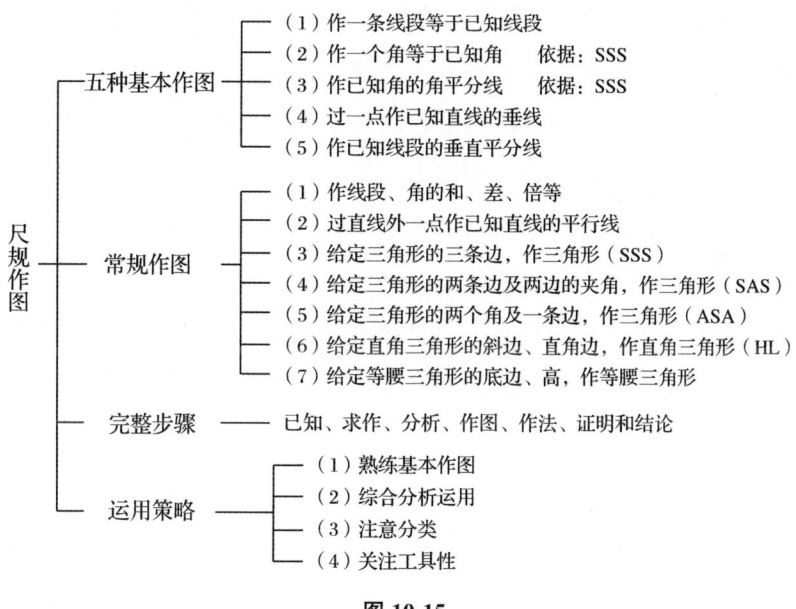

图 10-15

(3)达标检测。（其反馈过程略）

教学启示：学后感悟和体会是为了加强学生对本节课学习经验的积累和提升；对尺规作图知识结构化的整理，可以帮学生理出复习和掌握的线索。从"常规作图"中学生可以看出课堂时间有限,老师只引领回顾了常规作图(7),还有其他六种要自己课后复习和巩固。

教学反思

苏科版初中数学教材对尺规作图的教学内容和要求都做了相应的调整,因此如何把握新课标动向是中学数学教师十分关注的问题。对于这种要利用工具和动手操作来解决问题的教学,如何把握数学学科素养培育的新动向?学生应该掌握到什么程度?教师应该教什么?怎样训练才高效?这些是我们大家共同关注的问题。

一、深度理解

在本节课的经验唤醒环节中,主要是对五种基本作图的回顾与复习,但还有部分学生对"过一点作已知直线的垂线"的两解问题遗忘和忽视了;在明晰原理环节中,是运用五种基本尺规作图中的画线段、画线段的垂直平分线等基本作法来完成目标图形,既是帮助学生复习巩固五种基本作图方法,也是提升他们的综合运用能力。但有相当一部分学生对是否存在两解的问题模糊不清,可见学生对五种基本作图的熟练程度不足,对其功能理解不够深入,基本作图法还停留在一种记忆意识,没深入到理性的应用意识,存在着知识的应用盲点,一旦出现开放的作图题时,就会暴露出基本作图法应用不够熟练的弱点,还需要增加训练量,熟练每种作图方法和作图原理。

二、灵活运用

初中阶段的数学知识体系是由一个个既独立又相互联系的数学模型构建起来的。复杂数学问题可以先转化为多个简单的数学模型,再利用这些数学模型来解题。通常,复杂的尺规作图题都可以分解为五种基本作图来解决。在学生的实际学习中,对五种基本作图法的单一应用是没有问题的,但部分学生由于几何意识薄弱,对稍加组合的基本图形作法的应用,思维发挥尚有一定差距,主要原因在于双基落实过程中深度不够,也就是说几何推理和操作的综合能力都不够到位，需要在教学过程中把握好难度分寸，给学生补充一些能激化思维、提升思维的内容，以达到对基本作图法的灵活运用。

三、注重内化

变式运用环节中的问题(3)不是一道尺规作图题，但陈无极同学用圆规作为工具进行了有效的探索，对"四个解"做到"不重复和不遗漏"，从中说明同一道数学题，学生掌握的知识越多，解决问题的方法和途径就越多。我们要让学生充分联系所学知识，用多种方法解题，使知识得以"内化"，对知识的理解和掌握更全面和更深入，从而提高学生分析和解决问题的能力。由此可见，通过一题多解训练，既能使学生熟练运用各种知识、开拓解题思路，又能通过比较，灵活地选择最合理、简捷的解题方法。实践证明，一题多解比单纯的题海训练要高效。今后在尺规作图教学过程或课后作业中，可以补充条件开放和结论开放类型的作图题，加强训练强度，活化基本作图方法，激化学生的应用意识，让学生对每种基本图形作法有一个思维发散的空间。

四、证据意识

本节课的变式运用中的问题(3)，旨在让学生领略几何推理和尺规作图密切结合的意境，这种意境对学生几何思维形成的促进作用，超过了单纯的几何证明题。然而，学生在探究过程中绞尽脑汁，能探得"四解"的只有少数几个学生，大多数学生心里明白应根据图形特点，分三类进行讨论，结合几何知识去推理和计算，但就是找不到"北"。在陈无极同学所在的小组中，在他的提示下其他学生也尝试以圆规为工具进行探究，但很多学生用圆规画了多条弧，最后自己都搞不清楚了。因此在教学中，应向学生强调要画出符合题意的草图，这有助于数学模型的分解，在"保留作图痕迹"的基础上进行"依次探究"，是判断尺规作图过程是否正确和有序的依据。

随着中考对学生能力要求的逐年提高，题海训练的功效明显下降。对初中尺规作图教学而言，大量重复训练难以提高学生的解题能力。而通过变式训练与一题多解,能有效提高学生的解题能力,达到事半功倍的效果。关键是要改变学生的注重基本作图的具体操作,而忽视作图方法与几何推理的密切关联的习惯,学会通过目标图形的特征,用几何推理方法去探究作图方法,并在此基础上提高数学学科的核心素养。

同行品悟

下面是听课教师对这节课的品悟。

一、建立联系

潘老师的这节"尺规作图"复习课,从回顾五种基本作图出发,以此为切入口,逐步引导学生建立常规作图与基本作图之间的联系,在此铺垫下,给出了做尺规作图题应该具有的完整过程,为学生的后继学习奠定了基础;同时,在五种基本作图的回顾中,不仅关注操作的作法步骤,更关注相关原理的理解和多解的讨论。在变式运用环节中,潘老师的板书给我留下了深刻的印象,左边为基本作图,右边为复杂图形,用红笔将复杂图形进行分解,建立与基本作图的对应关系,这样的解题思路让学生清晰可见。在课堂互动中,潘老师不仅注重教师的引导,还鼓励学生大胆上台作图和讲解,即使学生讲得不好,潘老师仍然给予鼓励和肯定。我想对于这样一堂难度较大的复习课,教师就应该给予学生更多的耐心和鼓励,只有充分的自信才能激起学生对数学的钻研热情。

二、游刃有余

本节课以中考第一轮复习中的一个常规问题"尺规作图"为载体让学生对尺规作图问题进行系列化强化。潘老师通过微视频引入,激发学生的探究欲望和审美情趣,从五种基本作图的回顾,又逐步提升到常规作图的深入探究(完整过程),然后直面中考原题,层层递进。让学生体会基本作图在解决复杂作图问题中的作用,感悟转化思想,提高了学生分析问题、解决问题的能力。在每一教学环节中,以教师为主导、学生为主体的引导方式由浅入深,使得学生在自主探索中,依靠同伴互助、合作交流的方式,达到了较好的学习效果。其重难点的把握准确到位,让学生以五种基本作图为基点,寻找办法,整堂课学生思维活跃,节奏感强。潘老师对课堂的准确把握,使得教学在短短的 45 分钟时间内做到游刃有余,这也反映出潘老师在教学设计时做足了功课,不仅备课、备学生,还备课堂,做到了胸有成竹。在营造学习气氛中,潘老师积极加入各小组,把讲台大胆地让给学生,整堂课没有拘泥死板,显得和谐、自然。

三、讲解透彻

尺规作图问题是九年级中考题中常常会出现的题型,但是由于以往所考的题都比较简单(但今后中考会加大分值),教师和学生普遍都不太重视,所以我在教学的过程中不常研究,可以说面对复杂的尺规作图问题我们教师自己都有云里雾里的感觉(如定位与不定位作图等)。潘老师在开始讲解的过程中,先从五种基本作图入手,再对作图背后的原理和多解展开讨论,打开了学生的视野。在"变式运用"这个环节中,潘老师不着急给出结论,而是引导学生进行分析,引导其他学生发现作法原理,再通过小组讨论的形式,给出结论。整个过程学生发挥了主观能动性,教师在旁边点拨,效果更好!在学生掌握好五种基本作图之后,他就完全放手让学生去探究解决。由于前面讲解得透彻,学生对中考原题的解决就轻车熟路了。聪明在于学习,天才在于积累。我还要继续努力!

四、经验提升

潘老师上课伊始的微视频一下子就引起了学生的兴趣和关注,然后由五种基本作图到常规作图再到直面中考,层次分明,层层递进,并深化了分类讨论、数形结合、分解组合等数学思想。板书设计精巧,重难点在黑板上都有很好的呈现。对于问题的解决则将时间留给学生,充分体现了学生的主体地位,在必要时候,给予学生适当的点拨,这又体现了教师的主导作用。一类问题结束后,教师耐心地引导学生总结做题的经验与方法,不断提升学生学习活动的经验。在本节课的最后又留给学生充分的时间进行达标检测,给了学生足够的消化和理解相关知识点的时间。通过本节课,我了解了作为一名教师，需要善于思考，对难题和易错题要善于总结有效的教学策略，只有这样才能有针对性地进行中考复习。

对初中数学中考的专题复习课的教育价值，要进行深入的分析，应从立足中考考纲和说明、整合各级各类中考资源和研究考情学情三个层面来确定专题复习课的教学内容，在遵循整体性、基础性、主体性和思想性的原则上进行数学专题复习课的教学设计，要用不同角度的教学和研究演绎中考专题复习对学生成长发展的助力，培养学生的数学核心素养。

单元复习课：关注知识体系化，促进深化与提高

——以苏科版数学教材七年级下册"第十章 二元一次方程组"复习课教学现实为例

教学主张

单元复习课作为一种常见的课型，在初中数学新教材中有着十分重要的地位。有效整理和复习课程，可以更好地引导学生梳理知识，进而建构知识网络，帮助学生查找学习中的不足，既具有查漏补缺、温故知新、完善认知结构、提升学科能力的功能，同时还能帮助学生在复习教学中提升主动探索和自主学习的能力，发展学生发现和解决问题的能力，主要表现在单元知识结构化、条理化，学科能力个性化，初步形成关于问题解决的思维图式和程序等方面。由此可见，单元复习课在初中数学教学中占有很重要的地位。

然而，在当前的单元复习课中存在着一些问题，给人一种知识罗列、习题堆砌之感。主要表现有如下几点：

(1)单元复习规划不深入。有的教师对单元复习不是很重视，规划性不强，单元复习的重点不突出，难点没有很好地有效突破，表现出一种"随意性"——学生懂的会的详讲，学生不懂不会的略讲，针对性差。

(2)复习目标达成度低。一些教师在制定单元复习课的教学目标时，仅仅把本单元各课的教学目标进行简单的汇总；还有一些教师在教学中，始终把关注点放在知识的建构而非知识的意义的建构上。导致课堂教学温故而不知新，完善而无提升，复习教学一直在低位目标上徘徊，复习目标达成度低。

(3)重知识轻能力情感。有些教师在单元复习课中不重视数学知识、能力与数学经验间的普遍联系；还有一些教师在教学中只关注识记性知识和程序性知识目标的落实，不重视情感、态度、价值观教育，不重视基本数学活动经验的构建、重现和课程目标的渗透。

(4)知识结构整理不足。有些教师就知识点讲知识点，把本单元所有知识点罗列在一起，重新再讲解一遍；课堂教学讲少练多，或者是就题讲题，根据本单元知识点选择一些习题让学生进行练习。前者巩固了相关知识点，后者巩固了题型解法，对单元的知识进行结构化整理明显不足。

(5)学生的主体地位彰显不够。复习既然是回顾与整理，那么它更多的应该是学生对自己学习过程的一个反思过程，是学生通过对学习过程的反思来将学习过的知识进行归纳、整理，将零散的知识点形成系统的知识结构的过程，但有些教师采用压缩式的讲授来灌输，不但不能起到"查漏补缺"的效果，学生的主体地位彰显不足，对学生单元复习的积极性也是一大打击。

自觉数学课堂视域下的"单元复习课"的教学主张主要有以下几点：

(1)有序规划。对单元内容的课标要求、相关说明都要认真研究，单元复习的重点、难点、节点和易错点等都要整理清楚，课时分配、例题选择、习题设计等都要合理规划。

（2）突出主体。学生是发展性主体，无论是在数学教学的任何时候都不能忽视，在单元复习课开始之前先让学生"动起来"，可以进行自我整理、自我归纳、自我复习等，在此过程中找到自己的"漏"和"缺"，再通过教师的复习引领，补全自己的单元学习"短板"。

（3）知能结构。在单元复习教学中，让学生进一步明白本单元在整体数学学段体系中的地位和作用，对自己终身发展必备品格和关键能力形成的重要意义，并通过思维导图等有效工具将本单元的知识体系进行结构化整理，形成牢固的经验系统。

（4）精选例题。在单元复习教学中，对于例题的选择，要具有典型性和代表性，要能将本单元的大部分知识进行串联，要能反映本单元重要的数学思想和方法，要能突出本单元知识的重点，能够进行变式拓展，提升学生的思维能力和策略运用水平等。

（5）规划习题。在单元复习中的习题规划，不是将教材和教辅上的习题再做一遍；而是要合理地选择和改编，不是机械地重复，要注意将课前预习、课内练习和课后练习进行有机的布局，要关注"精讲巧练"。

（6）补全短板。教师要根据平时课堂教学的反馈和作业批改的记录，在复习前整理出学生在本单元学习中存在的问题，在复习教学中有的放矢地帮学生补齐短板，有效进行"查漏补缺"。

"单元复习课"的一般结构与流程，如图11-1所示。

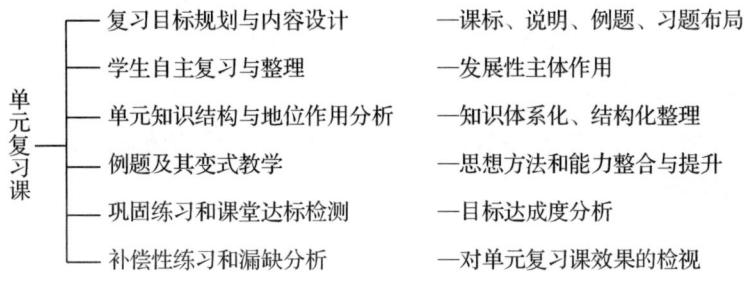

图 11-1

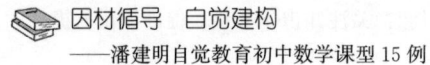

教学设计

学生的"数学学习力"的发展过程是"简单模仿—初步掌握—本质理解—自觉运用",为促进学生的"本质理解"和"自觉运用"就必须在单元复习中打破"定式",解放"复习生产力",充分调动学生主动复习的热情,释放出师生两个主体间的"创造潜能",进一步提高复习效率。

一、教学分析

构建二元一次方程组的数学模型,应用其解决相关问题,是初中数学的一种常用思想方法。在初中数学问题中,常常出现的形式有:二元一次方程组的解法、待定系数法求解析式、方程与函数的相关问题、用方程中的整体思想求值、构建方程组的数学模型解应用题等。灵活运用二元一次方程组的有关知识解题,是学生学数学、用数学的能力体现。本单元复习的意义是使学生准确理解二元一次方程、二元一次方程组及其解的概念,并熟练地运用代入法、加减法解方程组,梳理知识,建立框架结构图;传授数学思想与数学方法;在解决实际问题的过程中,提升分析问题和解决问题的能力。可以看出,本单元内容是为学生后继学习奠基的,它是培养学生的数学核心素养的重要基础,由此可见,本单元的复习意义和价值。

二、教学目标

1. 双基水平

(1)了解二元一次方程、二元一次方程组和它们的解的含义,并会检验二元一次方程组的解。

(2)会解二元一次方程组,并能利用二元一次方程组解决实际问题。

2. 问题解决

(1)理解用二元一次方程组数学模型解决实际问题的基本步骤。

(2)了解解二元一次方程组的"消元"思想,从而理解化"未知"为"已知"和"化复杂问题为简单问题"的化归思想。

3. 学科思维

(1)体会方程的模型思想，理解方程思想对解题的作用，培养良好的数学应用意识，提高分析问题、解决问题的能力。

(2)学会用类比的方法迁移知识，体验二元一次方程组在处理数学问题中的优越性，感受数学的乐趣。

三、重点、难点

重点：会求二元一次方程组的解，体会方程的模型思想，能用二元一次方程组解决实际问题。

难点：理解化"未知"为"已知"和"化复杂问题为简单问题"的化归思想。

四、教法选择

复习课是学生再认知的过程。本单元中有两个重要的数学思想，即消元和方程思想，要学生认知它们并不难，但要将它们掌握到位还是比较困难的。因而，在复习教学过程中，要更好地激发学生的学习兴趣，提高学生学习积极性，享受学习数学的乐趣；在交流和反思的过程中建立知识体系，提高学生的参与度，培养合作与交流的意识，增强学习的效能。根据以上构想，本节课的教学结构与流程按"展示成果—合作探究—经验迁移—回归强化—拓展提升"的模式呈现，这种教学策略符合学生的认知规律和学习规律。

五、活动设计

1. 自觉体悟

课前的自主复习任务有三项，一是自主复习"第十章 二元一次方程组"，并将本单元的知识点和能力要点用框图、表格、导图等方式进行归纳整理；二是选择一道你在自主复习的过程中认为有价值的数学题作为合作学习的"价值问题[①]"资源；三是独立完成下列各题。

[①]我在教学中经常这样让学生改编或创编数学问题，旨在促进学生活化数学问题，达到关系性理解的目的。这次送教到我市薛埠中学(农村山区中学)的所教班(实验班)的数学教师是我工作室成员，他按我的要求进行了预复习的相关布置。

(1)必做题：

①已知 $\begin{cases} x=3 \\ y=-5 \end{cases}$ 是方程 $mx+2y=-2$ 的一个解，那么 m 为（　　）。

A. $\dfrac{8}{3}$　　　　B. $-\dfrac{8}{3}$　　　　C. -4　　　　D. $\dfrac{8}{5}$

②若 $(2x-3y+5)^2+|x+y-2|=0$，则 $x=$ _____，$y=$ _____。

③解方程组 $\begin{cases} 4(x-y-1)=3(1-y)-2 \\ \dfrac{x}{2}+\dfrac{y}{3}=2 \end{cases}$，分别用代入法和加减消元法求出它的解来。

④小明在拼图时，发现 8 个一样大小的长方形，如图 11-2 所示，恰好可以拼成一个大的正方形(如图 11-3)。

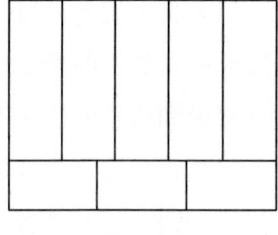
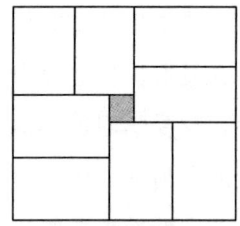

图 11-2　　　　　　图 11-3

小红看见了，说："我来试一试。"结果小红拼成如图 11-3 那样的正方形，嗨！怎么中间还留下了一个洞，恰好是边长为 2 毫米的小正方形！你能帮他们解开其中的奥秘吗？（提示：能求出小长方形的长和宽吗?）

⑤有两个存粮仓库，1 号仓库与 2 号仓库共存粮 450 吨，现从 1 号仓库运出存粮的 60%，从 2 号仓库运出存粮的 40%，结果 2 号仓库所余的粮食比 1 号仓库所余的粮食多 30 吨。1 号仓库与 2 号仓库原来各存粮多少吨？

(2)选做题：

某市菜牛公司利用草场放牧菜牛代替圈养，公司有两处草场，草场甲的面积为 3 公顷，草场乙的面积为 4 公顷，两草场的草长得一样高、一样密，生长速度也相同。如果草场甲可供 90 头牛吃 36 天，草场乙可供 160 头牛吃 24 天(草刚好吃完)，那么两处的草场合起来可供 250 头牛吃多少天？

设计意图：①通过学生的自主复习能唤醒对本单元知能学习的前经验，开展自主整理能对本单元知识结构先建立一个预构想，通过合作与交流能丰富对单元知识结构的完整建构。②价值问题的选择，一是为了让学生活化数学问题，能举一反三；二是丰富在合作交流学习过程中的教与学的资源。③学生的自主复习有一定的效果，但学生的组织能力毕竟有限，提供一些作业能够使学生更好地提升复习的效率，其中选做题是为中上学生服务的，另外也是为了拓宽学生的视野。

2. 变式引领

例1. 解方程组：

(1) $\begin{cases} 4(x-y-1)=3(1-y)-2, \\ \dfrac{x}{2}+\dfrac{y}{3}=2; \end{cases}$ 　(2) $\begin{cases} \dfrac{x+y}{2}+\dfrac{x-y}{3}=7, \\ \dfrac{x+y}{2}-\dfrac{x-y}{3}=3。 \end{cases}$

备注：其中(1)为学生训练的练习题；(2)为合作探究的例题。

追问：已知解为 $\begin{cases} x=8 \\ y=2 \end{cases}$ 的方程组除例1(2)外还有哪些？①能否根据你选择的"价值问题"编一道用二元一次方程组来解的数学问题？②能否根据你选择的"价值问题"编一道用二元一次方程组来解决的应用题？

设计意图：①解常规的二元一次方程组需要学生基本掌握，在复习课中选择一些综合性较强，能够"承上启下"的具有典型性和代表性的例题是很重要的，这里例1(2)就具有这方面的优势；②将例1(2)与"价值问题"进行活化式创编和改编能拓宽教学资源，培养学生的创新能力，同时也能激发他们学习的兴趣和参与的热情。

3. 拓展提升

(1)解决实际问题：某市菜牛公司利用草场放牧菜牛代替圈养，公司有两处草场，草场甲的面积为 3 公顷，草场乙的面积为 4 公顷，两草场的草长得一样高、一样密，生长速度也相同。如果草场甲可供 90 头牛吃 36 天，草场乙可供160头牛吃24天（草刚好吃完），那么两处的草场合起来可供250头牛吃多少天？

(2)解决实际问题：如图11-4，在长方形$ABCD$中，$AB=8$厘米，$BC=6$厘米，E是CD上一点，连接并延长BE，交AD的延长线于F，若△BEC的面积比△DEF的面积大5平方厘米，求DF的长。

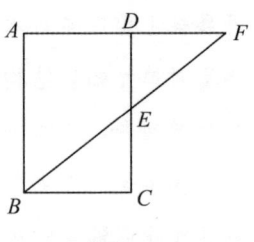

图11-4

设计意图：①"牛吃草问题"已有部分学生探究过，经常来让老师进行解法指导，这道题中的建模思想和整体思想也是很好的。在课前作业中作为选做题是为了让大部分学生先深度思考一下，课堂讲解中可以少花时间，只是作为拓宽视野的载体。②选第二道题的目的是让学生体会建模思想和数形结合思想。

课堂实录

如何构建"高效"的数学单元复习课堂？这是一个非常值得关注的问题！实际调研表明，单元复习课并不被师生们重视，一般都是教师讲学生听，然后就是大量的题海练习，学生常常处于"被复习"的状态。复习课是对所学知识的再现，需学生好奇心强，忌讳教学重复。既然教学内容上的重复是不可避免的，那么我们就应该尽量减少在教学方式上的重复。下面我们以苏科版数学教材七年级下册"第十章 二元一次方程组"的复习课为例来说一点打破"复习定式"、促进学生"自觉运用"的体会。

一、展示成果，深化认知

师：同学们，这节课我们来复习刚刚学过的"第十章 二元一次方程组"。昨天的家庭作业除了选做题外大家都做得很好，另外我请大家把这一单元的知识进行归类整理，刚才各小组进行了相互交流，现在哪一小组把你们认为较好的研究成果给大家展示一下？

教学启示：这里要求学生展示自主整理的成果，而不是要求学生回答教师提出的问题，是把学生作为研究者来看待。这既反映了教师的教学观和学生观，也把学生真正作为学习主体来对待，充分发挥了学生的主体作用。在进行单元复习前让学生先对本单元的知识进行归类和整理，这有助于学生将知识结构转化为认知结构。

生：我是按教材的编写顺序整理的。（实物投影，如图11-5）

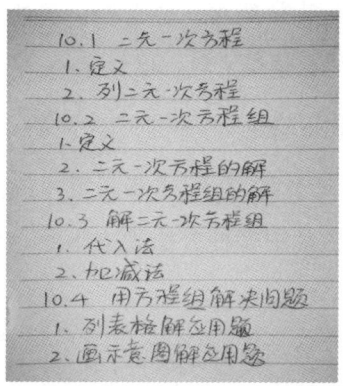

图 11-5

师：同学们对他的归类整理有什么看法？

生：这等于抄一抄章节标题，没有自己的"学习主张"！

师：那么，你是如何归类整理的？

生：我是用一个框图来表示的。（实物投影，如图11-6）

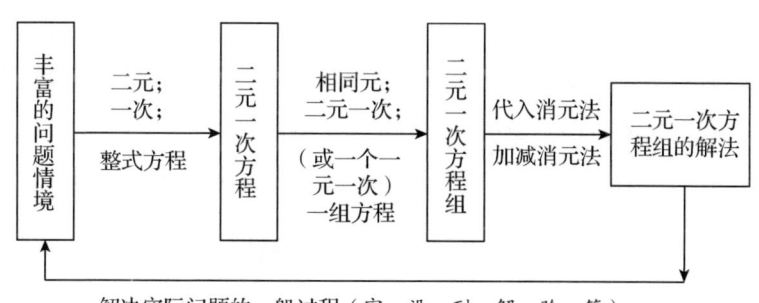

图 11-6

师：第一位同学是按教材的顺序进行整理的，老师刚才看了一下，有近一半的同学都是这样整理的，初学整理时这也是一种常用的方法；而第二位同学的整理把握住了这章知识的整体结构，可以看出他理解得很深刻，全班有三分之一的同学是这样整理的。不知你们欣赏哪一位同学的？

生（众）：第二位同学的！

教学启示：心理安全和自由是学生创造性思维的必要条件。将学生的归纳整理"成果"展示后再通过师生共同评价给予修正，从而帮助学生建立整体性的认知框架，完善认知结构。学生的主动性和积极性得到充分的发挥，这比只有教师"讲解"要学得主动，理解深刻。

二、合作探究，优化策略

师：（部分双基复习过程略）在刚才双基复习的基础上，现在我们来看下面的一个例子，要求尽量用多种方法独立求解，得出解答后先在学习小组内交流。

例1. 解方程组：(2) $\begin{cases} \dfrac{x+y}{2}+\dfrac{x-y}{3}=7 \\ \dfrac{x+y}{2}-\dfrac{x-y}{3}=3 \end{cases}$

（学生解题，小组内交流、讨论，教师巡视、指导）

师：各小组的答案都是 $\begin{cases} x=8 \\ y=2 \end{cases}$，我们要的不仅仅是答案，现在请各组来说一说解题方法。

生：我们是先去分母把方程组化简整理后，用加减消元法求得解答的。

生：我们化简整理后是用代入消元法求得解答的。

生：我们用的是换元法，令 $x+y=m$，$x-y=n$，然后求解。

生：我们把 $\dfrac{x+y}{2}$ 和 $\dfrac{x-y}{3}$ 看成一个整体，通过心算就可得到 $\dfrac{x+y}{2}=5$，$\dfrac{x-y}{3}=2$，由此得 $\begin{cases} x+y=10 \\ x-y=6 \end{cases}$，再通过心算即得方程组的解为 $\begin{cases} x=8 \\ y=2 \end{cases}$。

师：有四个小组代表进行了发言，解题方法也不一样，你们认为哪个组的解法较好？

生：我认为，一组和二组的解法较好，因为这是解二元一次方程组的常用方法。

生：我认为，四组的解法更好。在解该题时，根据该题的特点，把 $\dfrac{x+y}{2}$ 和 $\dfrac{x-y}{3}$ 看成一个整体进行求解。

师：老师很高兴看到同学们都有自己的"学习主张"，三组同学的"换元法"大家会感到"有点麻烦"，但在你们的后继学习中是常常会用到的。

教学启示：学生之间相互交流、讨论，思维相互碰撞，可进一步激发思维的灵感和创造的火花，不断产生"好的想法"。把评价纳入学生的学习过程之中，用评价来激发学生的学习兴趣，从而使评价成为促进学生主动学习的一部分，有利于激发学生的参与热情。同时，通过对几种不同解法优劣的比较和鉴别，可培养学生思维的批判性和优化意识。

三、变式引领，经验迁移

师：刚才我们在给出了方程组的情况下获得方程组的解为 $\begin{cases} x=8 \\ y=2 \end{cases}$。现在我们反过来思考一个问题：已知解为 $\begin{cases} x=8 \\ y=2 \end{cases}$ 的方程组除例1(2)外还有哪些？你们能否自己编一道用二元一次方程组来解的数学问题？看谁编的问题新颖、独特、形式多样。

生：老师，我认为解为 $\begin{cases} x=8 \\ y=2 \end{cases}$ 的方程组除例1(2)外还有：

(1) $\begin{cases} x+y=10 \\ x-y=6 \end{cases}$；(2) $\begin{cases} 2x+y=18 \\ x-3y=2 \end{cases}$。

师：是否只有这两个方程组？

生：不是，还有很多个。

师：你们是怎样编一道用二元一次方程组来解的数学问题的呢？

生：我编的题是：已知 $|x-4y|+\sqrt{x+y-10}=0$，求 $x=$ _____，$y=$ _____。

师：她是利用非负数的性质以填空题的形式编制的习题，很好！

生：我编了一道解答题：已知：$-3a^x b^y$ 与 $7a^{4y} b^{x-6}$ 是同类项，求代数式 $2x^2-3y+1$ 的值。

师：很好！这位同学是把同类项的概念与解二元一次方程组融为一体编制的，很有创意。

生：我编制了一道选择题：下列方程组中，解为 $\begin{cases} x=8 \\ y=2 \end{cases}$ 的方程组是（　　）。

A. $\begin{cases} x+y=10 \\ x-2y=4 \end{cases}$ 　B. $\begin{cases} x+y=1 \\ x-y=2 \end{cases}$ 　C. $\begin{cases} x+2y=11 \\ 3x-2y=18 \end{cases}$ 　D. $\begin{cases} x-2y=5 \\ 3x-2y=8 \end{cases}$

师：很好！与众不同。

生：我还有一道题：是否存在整数 m、n 同时使关于 x、y 的方程组 $\begin{cases} \frac{x+m}{2}+\frac{y+n}{2}=8 \\ (5x-7y)m=36 \end{cases}$ 和 $\begin{cases} mx-2y=4 \\ 2x+ny=26 \end{cases}$ 的解都为 $\begin{cases} x=8 \\ y=2 \end{cases}$。如果有，请求出 m、n 的值，如果没有请说明理由。

师：他出的是一道探索题，很有新意。这是近几年中考试题中经常遇到的一种题型，这道题你们会解吗？

生：我的解题思路是这样的……（解答略）

教学启示：数学"高效课堂"离不开"高效的"数学问题呈现方式。教师是学生学习、探究活动的组织者和引导者，此处教师从培养学生探索创新能力和促进学生发展的角度出发，从反面提出问题，引导学生积极地投入探索、研究之中，调动了学生的探究积极性和创造性。以往的复习课都是教师选题学生做，现在学生自己编题，这样促进了学生对知识的本质理解和自觉运用。

四、活化问题，培养创造

师：在大家编制的解为 $\begin{cases} x=8 \\ y=2 \end{cases}$ 的习题中，有没有利用例1(2)的方程组来解决的应用题呢？

生：（实物投影）有一个两位数，它十位上的数字与个位上的数字和的一半，加上十位上的数字，与个位上的数字差的 $\frac{1}{3}$ 等于 7；它十位上的数字与个位上的数字和的一半，减去十位上的数字，与个位上的数字差的 $\frac{1}{3}$ 等于 3；求这个两位数。如果分别设十位上的数字为 x，个位上的数字为 y，得到的方程组就是例 1(2) 的方程组。所以，这个两位数是 82。

生：一个笼子里有一些鸡和鸭。已知鸡的总数和鸭的总数的和的 $\frac{1}{2}$，与鸡的总数和鸭的总数的差的 $\frac{1}{3}$ 相差 3 只；鸡的总数和鸭的总数的和的 $\frac{1}{2}$，与鸡的总数和鸭的总数的差的 $\frac{1}{3}$，相加后刚好 7 只，问：这个笼子里的鸡和鸭各有多少只？

……

师：你们编制的许多题，老师课前都没有想到，很了不起！我今后还要向同学们学习。现在请同学们把你们收集的"价值问题"拿出来进行小组交流与分享。

（学生进行积极的思考、探究，教师在学生之间巡回指导。学生提出问题时教师给予必要的指导，参与学生的讨论、交流）

教学启示：数学的学习并不是仅仅做几道数学题，而是要通过数学的学习提高学生的各种能力，促进学生的发展。在这个教学过程中，教师的作用是组织、引导和及时纠正偏颇，并根据实际需要审时度势地"导"在关键处。要注重展示学生的思维过程，激励学生把对新知识的感悟及时地表达出来，并引导学生质疑和点评，这不仅利于发挥学生的主体作用，也有利于学生思维批判性和深刻性的形成和发展。

五、拓展提升，丰富经验

师：现在我们来看前几天大家问得比较多的"牛吃草问题"（题目略），昨天大部分同学都做得很好，还有部分同学存在一些问题，这些同学没有解题思路的原因是什么呢？

生：有些同学不能解决这道题的原因是分析不到位和不会假设，若直接假设来求解是比较复杂的,解决此问题关键是要厘清每天牛的吃草量,每公顷草场每天的长草量;同时还要知道每公顷草场的原有草量(此量只参与换算,没有必要求出来,可视为单位"1")等。

师:你是怎么解的?

生:设以原 1 公顷的草场的草量为 1 个单位,每头牛每天吃草为 x 个单位,每公顷草场每天长草为 y 个单位,则根据题意,可得方程:

$$\begin{cases}90\times 36x=3+3\times 36y,\\ 160\times 24x=4+4\times 24y。\end{cases}$$ 解得:$\begin{cases}x=\dfrac{1}{720},\\ y=\dfrac{1}{72}。\end{cases}$

又设两处草场合起来可供 250 头牛吃 m 天,则 $250\times\dfrac{1}{720}\times m=7+7\times\dfrac{1}{72}m$,解得 $m=28$,所以两处草场合起来可供 250 头牛吃 28 天。

师:没有做出来的同学说说你的感悟?

生:我未将"原 1 公顷的草场的草量看作 1 个单位",题目中的数理关系未能理清楚,导致找不到列方程组的等量关系,以后要加强分析题意的学习和训练。

生:我已将前半部分求出来了,后面还要再列一个一元一次方程来解决,我原以为只要列一个二元一次方程组就能解决问题,我的思维比较死板,以后要加强综合运用已学的知识来解决问题的训练。

师:好的。现在我们再来看一个这样的问题:如图 11-7,在长方形 $ABCD$ 中,$AB=8$ 厘米,$BC=6$ 厘米,E 是 CD 上一点,连接并延长 BE,交 AD 的延长线于 F,若△BEC 的面积比△DEF 的面积大 5 平方厘米,求 DF 的长。

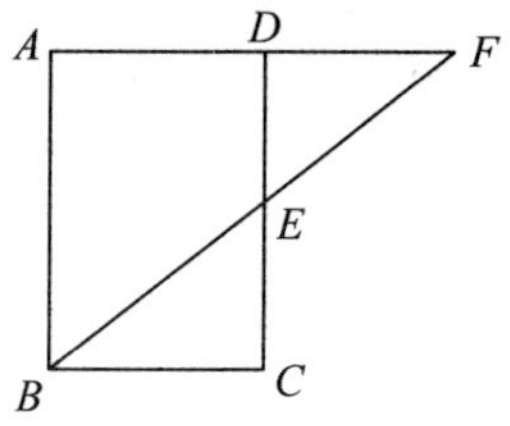

图 11-7

师:(学生独立思考后)谁有自己的解法?

生:老师,可以用数形结合思想来解决,把它转化成构建方程组模型来解决。

师:你的具体做法是什么?

生：设 $\triangle BEC$ 的面积为 x 平方厘米，$\triangle DEF$ 的面积为 y 平方厘米，梯形 $ABED$ 的面积为 z 平方厘米。

可得方程组：$\begin{cases} x-y=5, \\ x+z=6\times 8. \end{cases}$ 两式相减得：$y+z=43$，即 $\triangle ABF$ 的面积为 43 平方厘米。

我们可设 DF 的长为 a 厘米，则有 $\frac{1}{2}\times 8\times(6+a)=43$，解得 $a=\frac{19}{4}$，所以 DF 的长为 $\frac{19}{4}$ 厘米。

师：做完这道题，大家有什么想说的？

生：列二元一次方程组解决问题，不仅在代数问题中有应用，在几何问题中也有应用，可以看出它的工具性价值。

生：从这两道中都可以看出"设而不求"在解决相关复杂问题中经常会用到，我们要掌握这种方法。

……

师：由于时间关系只能交流到这里，还有 6 分钟就要下课了，请同学们当堂完成下面的三道巩固题。

（学生作业，教师巡视、对学困生进行个别指导，下课前当堂批改完毕）

教学启示：这里不是随便用例题来让学生做，而是通过让学生解答和总结来拓宽学生的视野，既注重了学生知识与技能的训练，又注重了学生发散思维能力、创造思维能力和反思总结能力的培养。

教学反思

课堂是课程的生成和发展之地，真正的课程往往诞生在课堂里，所有课改的问题都在课堂里聚集、碰撞，课程理念和要求将在这里凸显和整合。课堂教学是课程改革的攻坚战，没有课堂教学的真正突破，就不可能有课程改革的深入和突破，不可能有教育质量的提高。

一、领悟到位

在本单元的复习中要让学生体会化归思想、方程思想、数形结合思想、整体思想等数学思想。本节课的挑战性比较大,但利用小组合作学习的形式,营造了良好的学习氛围,给每个学生提供多个合作交流的机会,让学生展示自己解答思路的同时也锻炼了学生的表达能力,培养了学生严谨的思维方式,使所有学生都能在数学学习中获得成功感,树立自信心,增强克服困难的勇气和毅力,使面向全体得到了真正的落实。

二、主体自觉

这节课朴实无华、润物无声,从课前对单元内容的归纳整理入手,层层递进,打破常规单元复习模式:教师归纳、整理、举例,学生听讲、做笔记、练习。而是让学生经历独立的探索,主动去发现问题、提出问题、分析问题,在暴露学生的认知差异的基础上,进一步了解学情和学生的数学发展需要。本节课将学生的发展作为数学教育的出发点和归宿,将大部分时间给学生探究合理解法和应用所学知识为背景来编习题,深化学生对所学知识的本质理解和自觉运用,充分体现了"主体自觉"的理念。

三、自觉体悟

有效的数学教学的前提是激发兴趣、诱发好奇心、形成问题意识,培养学生的分析能力,学会挖掘出隐含信息和厘清数理关系,发现数学问题本身所含的意会知识等,产生思维碰撞的火花。这节课让学生经历了总结归纳、合作探究、自编习题、反思评价等学习活动的体验,这对学生思维的敏锐性、深刻性和批判性的培养是很有帮助的。我们整合教学内容的时候,千万不能眼里"只有教材而没有学生",我们应从学生的需要、学生的问题、学生的活动、学生的收获出发,重视教材处理的过程性、生成性和体验性等。

四、教学民主

在本节课的教学过程中教风民主,人格平等,让学生在具有充分安全感的氛围中，学会运用类比、联想、特殊化和一般化的思维方法，探索问题的发展变化，克服思维和心理定式，实现目标创新；通过新旧知识综合运用、学科渗透、数形结合等手段，拓宽学生的视野，达到整体理解，并使创造潜能得到了充分的发挥。经验告诉我们，有一份好教案不一定就能上出一堂好课，学生是课堂的主人，是有待点燃的"火把"，教师是播种阳光的"使者"，应让学生有主动探究新知的好奇心，有主动探究知识的愿望，有积极的学习态度，实现学生的自主发展的前提是教学民主。

五、促进发展

如何改变学生的学习方式，提高复习课的效率，是在新课程改革中需要认真研究的课题。这节课使我们受到了启发：必须在明确复习课的目的任务的前提下，以培养学生能力、促进学生发展为指导思想，遵循复习课教学原则中的系统性原则和主体性原则，以学生的"学"为出发点，将"自主探究、合作交流"的学习方式贯穿于课的始终，并将评价与教师的"教"和学生的"学"有机地融为一体。实践证明，复习课中，只要教师转变观念，设计合理，组织得当，恰当地运用评价的激励与促进作用，"自主探究、合作交流"的学习方式就可充分激发和调动学生学习的积极性和主动性，获得理想的复习效果。

同行品悟

下面是部分教师对这节课的品悟。

一、推陈出新

对于单元复习课我想大部分老师头脑中所想的都是先整理知识点，然后再讲解一些典型例题的模式。而潘老师的"二元一次方程组"的复习这一节课恰恰打破了这种传统复习课的模式，以单元知识整理和创编习题这两个板块为知识的生长点，通过对问题的背景变式和学生的"价值问题"的"推送"，将本章涉及的一些典型问题以一种知识网络的形式展现，步步为营，使学生从简单的问题逐步研究到复杂的问题，打通了知识与知识之间的连接障碍。对于学生而言这种复习课的模式新颖，看似旧的知识以一种全新的面孔展现在面前，在一定程度上提高了学生探究的兴趣，让学生打通知识与知识、方法与方法之间那一墙之隔的障碍，对于七年级学生而言，太需要这种框架式结构的复习课了。潘老师的课似乎让我明白了：复习课也是完全可以上出新意来的，但是它需要老师静下心来潜心研究，只有老师能够以框架结构的形式思考教学设计，才可能帮助学生形成框架性结构。潘老师的复习课的教学模式，值得我们一线教师好好地去斟酌研究。

二、主体地位

潘老师的单元复习课很有新意，贴近学生认知基础和最近发展区，组织的学生活动任务层层递进、形式多样有趣，学生易学愿学；教学过程中注重细节(易错易混点)教学，课堂采用独学、对学、群学等形式，让学生充分探究思考，板书简洁明了，重难点突出；教学设计清晰，主线贯穿课堂，重点突出，难点突破，紧抓基本图形，进行变式生长，条件的强化和弱化训练使题目层次性强，学生的思维也由浅入深，促进学生的高阶逻辑思维能力的发展；精心设计学生学习内容，让学生觉得学有所长、学有所悟、学有所得。整节课以学生先学先思的学情为基础，逐步走向深层次的学习，凸显以学生为主体的课堂观。

三、行云流水

潘老师从学生已有经验出发，每个板块的设计都很有针对性，不断变式，整节课板块清晰，层次分明。潘老师循循善诱，通过变式引领和拓展延伸，丰富了学生的认知，也拓宽了他们的视野，整节课行云流水，充分体现了潘老师深厚的教学功底。这节课给予我很大的启发：优效的课堂要注重内容的选择和设计、教学各环节的把控，板书的设计要体现知能、问题的层次性，目标的达成度要精心设计，学生活动的设计要有高效性和活动的多样性。总之，构建有效教学的行为永远在路上，改进我们的教学方式只有进行时，我要在以后的教学过程中不断实践、不断反思，争取不断进步。

四、学路优先

潘老师非常从容地为我们呈现了一堂精心设计的复习课，从中可感受到他扎实的教学基本功。本节课内容丰富，关注核心内容，将知识点串联，针对性强。潘老师对待学生格外耐心，注重学生对相关知识的理解和对读题审题能力的培养，在学生回答问题时，潘老师能让学生相互点评并让学生自我优化答案，真正做到了将课堂还给学生。令我印象深刻的是潘老师以学路优先的原则展开教学，并不急于赶紧把教学内容教完，而是一点一点地引导学生，让学生自我探索、自我归纳。在课堂上，多次让学生对学、群学，提高课堂教学效率。对于学生练习中出错的环节，没有简单地让同学纠错后就结束，而是在其他同学纠错后，由出错的同学再次改正，当面讲解，真正将教学落到了实处，值得我学习！

五、逻辑性强

潘老师的课结构紧凑，板块清晰，目标明确，逻辑性强。他具有较高的教学素养，在教学中能精准地抓住学生的生长点，及时为学生排忧解难。能遵循学路优先的原则，让学生自我探究、自我发现、自我感悟。在不断的变式拓展中，让学生在静止中看到变化，在变化中发现规律，增强了学生解决问题的能力，加强了学生对建模思想的理解和掌握。潘老师能收放自如，把控到位，层次性强，知能促进到位，既关注了知识的生长过程，也关注了学生的知能生长过程。这节单元复习课给我的启发是：在教学中我们要多关注学生学情，关注知识的必要性，关注新知与旧知的联系，要能引发学生的好奇心，激发学生的学习热情，这才是复习课有效生成的基础。

我们要把数学教学提升到生命层次，使教学过程成为学生的生命被激活、被发现、被欣赏、被丰富、被尊重的过程；教学中要发扬教学民主，在分析问题、讨论问题时积极鼓励学生大胆质疑，提看法，使学生在合作学习中有"解放感""轻松感"，成为学生生命自我发展、自我生成、自我超越、自我升华的过程，这是自觉数学课堂要达到的一种新的境界。

课例 12

专题复习课：加强综合运用，提升策略水平
——以苏科版数学教材九年级数学中考专题复习"一线三等角"教学现实为例

教学主张

专题复习课是以强化知识运用、提高技能、发展思维品质为主要任务的课型。专题复习的目的是把知识条理化、系统化，丰富初中数学知识在某一知识板块中运用的"知能图景"，提高数学运用能力和解决问题的思维方法。从知识层面上看，就是让学生从整体上系统地把握所学知识，进一步强化知识的交叉渗透，构建起完整系统的知识体系；从能力要求上看，就是突出数学思维能力的培养，注重整体意识和综合能力的提高，全面提升学生运用所学知识分析问题、解决问题的综合能力。因此，专题复习课的设计要遵循整体、有序和适度的原则。教师要明确教学目标（包括知识和能力的发展目标），通过一类专题的复习课，要巩固哪些知识、扩展什么知

识、掌握哪种方法、渗透哪些数学思想、提高哪些能力等。这不仅要求教师深入研究和准确把握课程标准、考试说明，明确"考什么""怎么考"，也要求教师讲解时要重点突出，让学生学有所得，学有发展，帮助学生把杂乱无章的知识条理化，把孤立的知识联系起来，查缺补漏，让学生形成系统化、条理化的知识框架，注重基础知识的灵活运用和掌握分析解决问题的思维方法。

专题设计，最好能以教材原型题为素材，这样更能揭示出课标、教材和考试说明要求之间的内在联系，让学生明确"抓标务本"的重要性，这样更有利于学生围绕教材，注重基础，克服脱离教材、一头钻进复习资料里的弊端。专题复习课集重点、难点于一体，解决的都是学科中具有代表性的问题，因此，在解题后要注意总结，要明确该类专题的解题思路、解题规律和方法。

数学专题复习课常存在的问题有以下几点：

1. 重点不够突出。有的教师忽视了学生的认知起点和师生间思维的差异性，在讲课时，以教师理解代替学生理解，往往讲教师认为是重点的知识、题型，而不考虑学生是否掌握；有的教师常常从头到尾泛泛而讲，看似全面，实际上缺乏思维条理性，重点不突出。

2. 包办代替太多。一些数学教师常有这样的困惑：我都讲很多次了，学生怎么还不会？很多学生也很疑惑：老师一讲我就明白，可是自己做时就不会！那是因为在专题复习课中，教师的确关注解决问题的方法和过程，但常常犯"包办代替"的错误，代替学生的思维活动，使学生缺少独立探究和解决问题的机会，无法真正掌握解题的方法。

3. 查缺补漏不及时。有的教师教学随意性大，不能进行系统梳理，例如，对于班上大多数学生的共性问题不能及时剖析问题和研究出错的原因，对教学不到位的地方没能及时采取有效的补救措施，不能定期对重点题型与易错题进行重复训练，查缺补漏不及时。

4. 教学方式不当。在专题复习课中存在两个不可忽视的现象，一是有的教师将复习课上成一轮复习课的"快进"，采取的复习方式是以讲为主，从知识梳理、重点难点讲解到典型例题的剖析，整个课堂教师在"唱独角戏"；二是整个课堂学生"唱独角戏"，教师不给予任何实质性指导，由学生自由复习。

自觉数学课堂视域下的"专题复习课"的教学主张有以下几点：

1. 科学规划。要认真研读课标、教材、考试说明等相关纲领性材料，根据考情、教情和学情合理规划相关专题，首先覆盖面要全（关注中考的考点、热点、重点和难点等），其次要合理确定专题的数量（关注给予专题复习的时间长度），最后是设定每个专题的深度（比中考试题的难度要高一些）。

2. 厘清线索。要确定好每个专题的导入情境（发生发展）、典型例题（方法提炼）、变式拓展（由题到类）、达标检测等教学线索，利于学生将碎片化的知识结构化，并在此基础上提升发现问题、提出问题、分析问题和解决问题的能力。

3. 相关要求。教师选择相关导学例题时，要关注教学目标、考查知识点、学生的学习现状；例题和习题要体现基础性、典型性、灵活性，注意控制难度。

4. 效果明确。要紧扣课程标准，抓住教材双基，突出重点，集中解决有代表性的问题。只有设置好问题，引导学生探究，将问题恰当地拓展、延伸，才能较好地发挥习题的潜在功能，达到触类旁通、举一反三的效果；真正达到一个专题让学生学会一种方法，解决一类问题的目的。

5. 主体地位。专题复习对大部分学生来说要求较高，但教学中不能忽视学生的发展性主体的地位，模型的提炼和总结依然要以学生为中心，关注"学路优先"，如相关规律性模型以师生共同总结为好，有时让学生自己总结、教师适时给予必要的点拨和矫正也是可行的。

6. 教法多样。根据复习知识点的具体特点和目标要求不同，设计出各种各样的专题复习课，以提高课堂复习效率。能否提高课堂复习效率，是专题复习课教法选择的根本标准。教师的重要工作之一就是要探寻适合不同学生、不同知识特点的复习方法与策略，通过变换教法，消除知识复习的枯燥感，引起学生学习的兴趣，夯实学生的基础，提高学生的学科综合能力。

"专题复习课"的一般结构与流程，如图 12-1 所示。

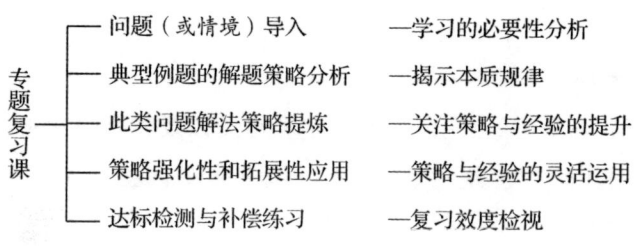

图 12-1

教学设计

相似三角形是初中数学的重要内容，也是中考考查的重要内容，但是统观近几年的中考考题，单纯考查证明两个三角形相似的内容很少，几乎都是考查它与函数、圆等知识的综合运用。而且从近几年各地中考题当中可以发现，"一线三等角"这一模型是最近几年考试的热门题型。在学生的数学学习过程中，让他们学会从复杂图形中分离出基本数学模型，对分析问题、解决问题有化繁为简的效果。

一、教学分析

本节课通过本质性问题的呈现，提供同类三角形相似的模型的强化认知，从问题和模型引入本专题，使学生对产生模型有感性的认识，为下一环节抽象模型做好铺垫，让学生的"直观经验"由"量"变产生"质"变；其抽象模型的目的是让学生的认识从"特殊"上升到"一般"，促进学生对"一线三等角"基本图形的本质理解，这是本节课的"生成"阶段，同时在整节课的设计中起承上启下的作用，为下面的模型运用奠定了新的基础。用顺口溜"一线三等角，两头对应好，互补导等角，相似轻易找"来总结规律模型，旨在使学生兴趣盎然，形象易记，促进学生掌握规律模型。

二、教学目标

1. 双基水平

(1)知道"一线三等角"数学模型的意义，归纳出"一线三等角"图形的基本特征。

(2)通过观察、比较、归纳，能够在不同的背景中分离出"一线三等角"

基本图形。

2. 问题解决

掌握相似(包括全等)三角形的判定和性质以及特殊三角形的判定和性质,并能运用其解决"一线三等角"数学模型的相关问题。

3. 学科思维

通过抽象模型、图形变换、变式类比等方法提高综合解题能力;通过变式训练,帮助学生提出问题、分析问题、解决问题,搞清问题的内涵和外延,提高学生的数学能力。

三、重点、难点

重点:运用"一线三等角"模型解决相关问题。

难点:在不同背景中分离出"一线三等角"数学模型,全等到相似的变式拓展问题的解决技巧和方法。

四、教法选择

本节课是在学生已经熟练掌握了相似三角形的性质、判定的基础上进行的专题复习教学,学生对相似中出现的两种基本图形——"A"型、"X"型——已相当熟悉,并已能意识到掌握基本图形对解决问题的益处,但学生对"一线三等角"数学模型还没有形成基本图形的观念,平时接触的题目中可能出现过,但没有归纳、总结成基本图形"模式"。因此,首先应通过向学生呈现一些简单易见的"一线三等角"数学模型,让学生归纳总结出"一线三等角"数学模型的基础特征,并进行解决问题的相关运用,再对基本图形进行变式、应用与拓展,由浅入深地渐进教学,达到起点低、切入口小、难点分散和强化提高的目的。本节课中,特别要关注通过对题目的有效分解,打破学生对综合题的畏惧心理,并加强题后反思,培养他们解题的能力。

五、活动设计[①]

1. 模型感知

(1)如图12-2,已知$\angle A = \angle BCD = \angle E = 90°$,图中有没有相似三角

[①]在实际教学过程中,"模型感知""模型提炼""结构整理"这三个环节是在学生的课前预习中完成的。

形？并说明理由。

(2) 如图 12-3，已知 $\angle A=\angle BCD=\angle E=60°$，图中有没有相似三角形？并说明理由。

(3) 如图 12-4，已知 $\angle A=\angle BCD=\angle E=120°$，图中有没有相似三角形？并说明理由。

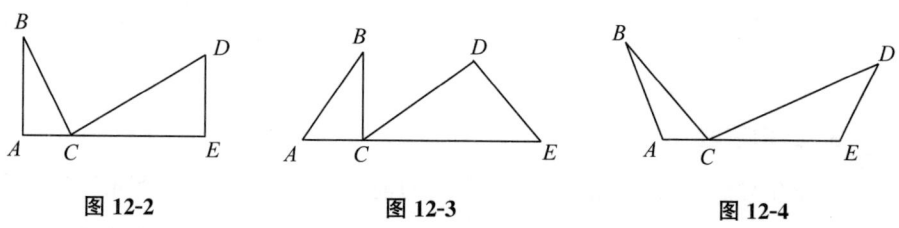

图 12-2　　　　　图 12-3　　　　　图 12-4

设计意图：①通过实际问题引发学生思考。在证明三角形相似的过程中，一是复习相似三角形的判定方法，二是引出本节课所讲的内容"一线三等角"。②三个问题呈现提供了同类相似三角形，让学生说出每一个问题的证明过程是必要的，使学生的"直观经验"由"量"变产生"质"变。从问题和模型引入本专题，使学生对产生模型有个感性的认识，为下一环节抽象模型做好铺垫。

2. 模型提炼

抽象模型的目的是让学生的认识从"特殊"上升到"一般"，这是核心结论的生成阶段，教学过程中要舍得花点时间，要求学生写出证明过程，同时促进学生对"一线三等角"基本图形的本质理解，这在整节课的设计中起着承上启下的作用，对模型的提炼有枢纽的效果。

模型：如图 12-5，已知 $\angle A=\angle BCD=\angle E=\alpha°$，图中有没有相似三角形？并写出证明过程。

结论：图中 $\triangle ABC \backsim \triangle ECD$。

理由：$\because \angle BCE = \angle A + \angle B$
　　　　　　$= \angle BCD + \angle DCE$

又 $\because \angle A = \angle BCD$

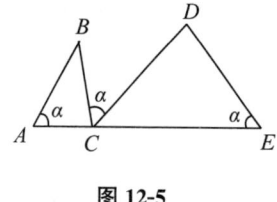

图 12-5

∴∠B=∠DCE

∵∠A=∠E

∴△ABC∽△ECD

总结规律（顺口溜）："一线三等角，两头对应好，互补导等角，相似轻易找。"

设计意图：通过图形的变化让学生进一步归纳出这三个图形具有的共同点，这些共同特征的归纳，体现了由特殊到一般的认识过程。

3. 结构整理

在学生熟悉"一线三等角"基本模型的前提下，将"一线三等角"基本图形由一般再转为特殊，并进行从全等到相似的结构化整理，为学生将"一线三等角"数学模型有效掌握和生成提供了条件。能让他们在不同背景中学习体会"一线三等角"数学模型的作用，找到利用"一线三等角"这个数学模型去解决问题的生长点（如图12-6）。

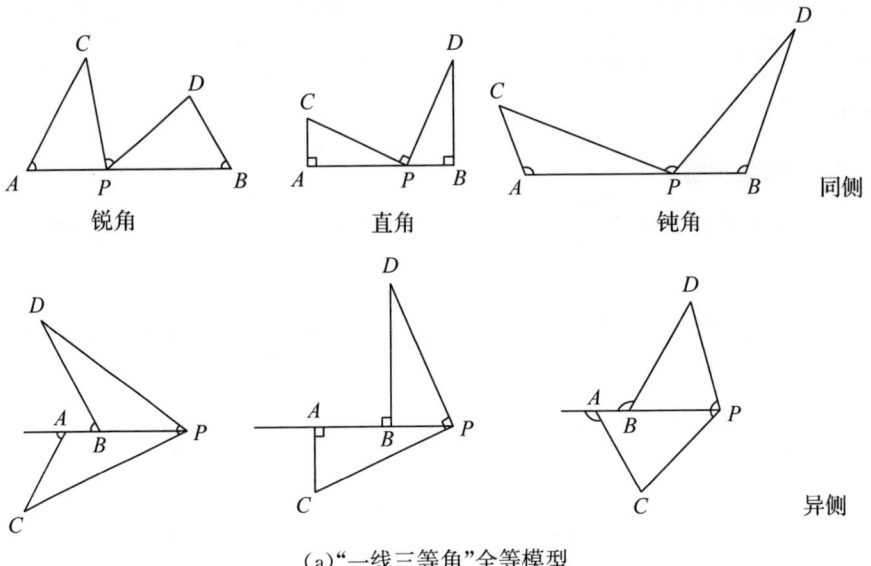

(a)"一线三等角"全等模型

图 12-6

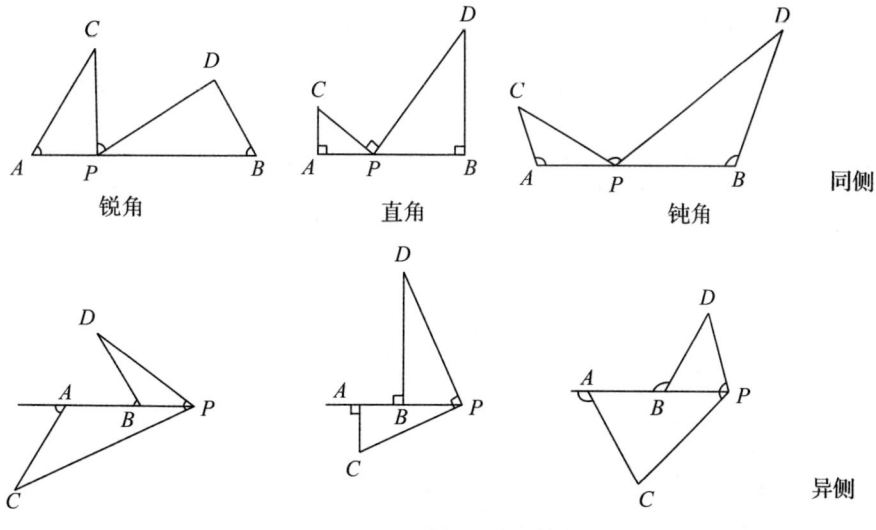

(b)"一线三等角"相似模型

图 12-6

设计意图：在中考专题复习教学中，在让学生全面复习所学内容的基础上，要善于将这个专题中学生的"能力发展"的重点内容进行"盘点"，再将广泛的教学资源进行"优化整合"，通过一个"有效载体"将其"串联"，实现课堂"高效呈现"，加深学生"本质理解"，达到学生的"知能"双赢，这是"高效"专题复习课堂教学所追求的一种"佳境"。将"一线三等角"数学模型分类汇总，能强化学生对其进行结构化认知。

4. 模型分离

通过前面的学习，为了让学生学以致用，设置一组练习题来让学生慧眼识"一线三等角"数学模型，四个图形的设计是从前面三个探究图形向后面例题图形的过渡，别具匠心，浑然一体。要注意的是，这里要求学生提炼"一线三等角"的基本图形，说出两个相似三角形即可，要求对应的顶点写在对应的位置(如图 12-7)。

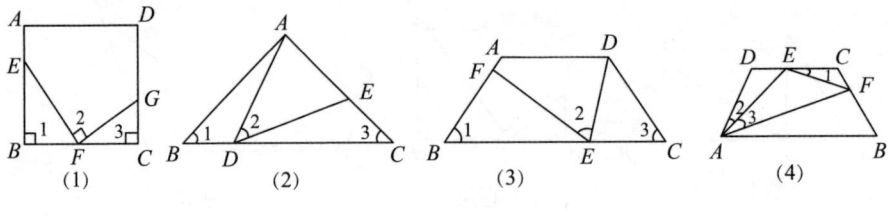

图 12-7

设计意图：①通过这组强化练习，使学生（特别是中下学生）能掌握分离"一线三等角"数学模型的一般思路；②通过这组强化练习也为后续的例题学习奠定基础。

5. 模型运用

这是前面所学知识在具体题目中的实际运用，设计上承接了前面的知识，能结合相关知识运用"一线三等角"数学模型解决问题。利用学生重点分析解题方法和数学思想的渗透，提高学生综合应用的能力。

例 1. 如图 12-8，在矩形 $ABCD$ 中，$AB=4$，$BC=6$，当直角三角板 MPN 的直角顶点 P 在 BC 边上移动时，直角边 MP 始终经过点 A，设直角三角板的另一直角边 PN 与 CD 相交于点 Q。$BP=x$，$CQ=y$，求 y 与 x 之间的函数关系式。

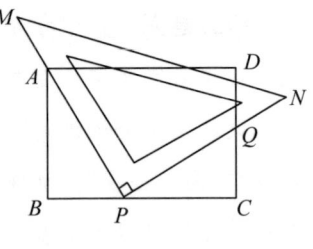

图 12-8

设计意图：引导学生观察图形找出本节课中的"一线三等角"数学模型，学生找出模型中的基本量的关系，感悟运用"一线三等角"模型解决问题的便捷性。

6. 变式拓展

这个环节旨在打破学生对"一线三等角"认识上的封闭性，进一步丰富"一线三等角"数学模型的"外延"，是本节课的亮点，也是难点！教学中应让学生动手操作，合作交流，发散思维，在思考和作图中领会几何图形的动态美，也让学生在交流互动中养成探索创新的求知精神（如图 12-9）。

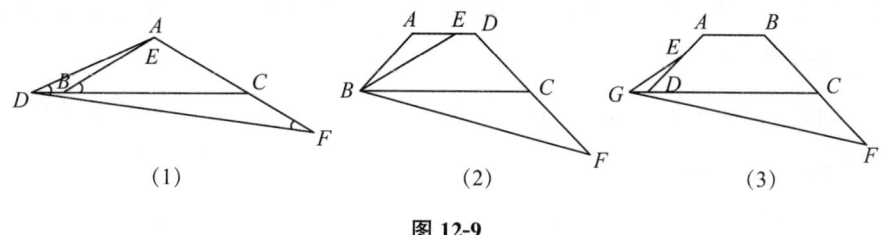

（1） （2） （3）

图 12-9

(1)模型变式。

设计意图：让学生看到"一线三等角"数学模型的变化，让他们明白要用其解决问题必须抓住这个数学模型的本质特征。

(2)模型拓展。

例：如图 12-10，在平面直角坐标系中，O 为坐标原点，$B(5,0)$，梯形 $OBCD$ 中，$CD // OB$，$OD = BC = 2$，$DC = 3$，$\angle DOB = 60°$。

（问题见课堂实录内容）

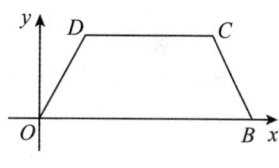

图 12-10

设计意图：在备战中考的专题复习过程中，时间紧，任务重，所以常常要通过这样的一些相关问题的综合运用，把相近的有联系的知识串联起来，从而让专题复习能够更高效。

课堂实录

在相似三角形的判定中，两组对应角分别相等，则两个三角形相似，这种判定方法应用特别多，而"一线三等角"这种特殊图形中，正是因为存在有两组对应角分别相等，才一定会出现一对相似三角形。在不同背景中，特别是"一线三直角"这种情况在矩形、直角梯形以及平面直角坐标系中的应用都比较广泛，所以把握住基本图形对于学生在复杂的图形中迅速准确地解决问题起到了关键的作用。

一、模型感知

师：在前面的相似三角形学习中，我们发现掌握好"A"型、"X"型两种基本图形，对于解决与相似有关的问题有着很大的帮助。那么，在研究相

253

似的问题中,还有没有可以帮助我们解决问题的"基本图形"呢?今天我们一起来研究一下。

问题1:如图12-11(1),已知∠A=∠BCD=∠E=90°,图中有没有相似三角形?并说明理由。

生:有,△ACB∽△EDC,理由可化归为:有两个角相等的两个三角形相似。因为∠A=∠E=∠BCD=90°,又因为∠BCE=∠A+∠ABC,所以∠A+∠ABC=∠BCD+∠DCE,又因为∠A=∠BCD=90°,所以∠ABC=∠DCE,又因为∠A=∠E=90°,所以△ACB∽△EDC。

问题2:如图12-11(2),已知∠A=∠BCD=∠E=60°,图中有没有相似三角形?并说明理由。

生:有,△ACB∽△EDC,理由也可化归为:有两个角相等的两个三角形相似。因为∠A=∠E=∠BCD=60°,又因为∠BCE=∠A+∠ABC,所以∠A+∠ABC=∠BCD+∠DCE,又因为∠A=∠BCD=60°,所以∠ABC=∠DCE,又因为∠A=∠E=60°,所以△ACB∽△EDC。

问题3:如图12-11(3),已知∠A=∠BCD=∠E=120°,图中有没有相似三角形?并说明理由。

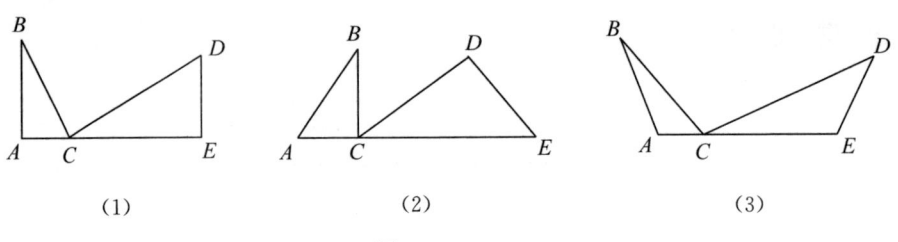

(1)　　　　　　(2)　　　　　　(3)

图 12-11

生:有,△ACB∽△EDC,理由也可化归为:有两个角相等的两个三角形相似。因为∠A=∠E=∠BCD=120°,又因为∠BCE=∠A+∠ABC,所以∠A+∠ABC=∠BCD+∠DCE,又因为∠A=∠BCD=120°,所以∠ABC=∠DCE,又因为∠A=∠E=120°,所以△ACB∽△EDC。

师：通过上述三个问题的解决你有何发现？

生：这些图形中都出现了相似三角形。

师：这些图形中有没有什么共同的特征呢？

生：这些图形中都有三个相等的角，并且这三个角的顶点都分布在同一条直线上。

教学启示：问题呈现环节提供多个同类相似形的目的是引起学生的"注意"，让学生说出三个问题中的证明过程是必要的，在知识的"强化运用"中提升学生"变式类比"的能力，使学生的"直觉经验"由"量"变产生"质"变，初步领悟此种同类相似形中存在的种种内在本质联系，为后面抽象数学模型学习做好铺垫。

二、抽象模型

师：很好，看来"像这样"在同一直线上的三个角相等就存在相似三角形，和"A"型、"X"型一样，我们可不可以把它也作为"基本图形"来帮助我们解决问题呢？

生：可以。

师：我们能否也给它起个恰当的名字呢？

生：我觉得可以叫"一线三等角相似型"，因为这些图形中的三个相等的角都出现在了一条直线上，它可以用图12-12来概括。

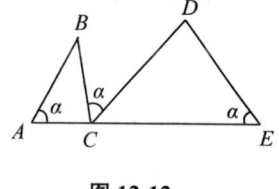

图 12-12

教学启示："抽象模型"要具有典型性和代表性，还要是对学生认识问题、分析问题和解决问题有帮助的相关图形，但对其"冠名"要慎重、要恰如其分；"抽象模型"的目的是让学生的认识从"特殊"上升到"一般"，加深对知识的"本质理解"。

三、变式深化

师：在我们平时所遇到的相似问题中，特别是近几年的中考题中，经常会出现以下一些常见的"一线三等角相似型"，如图12-13。

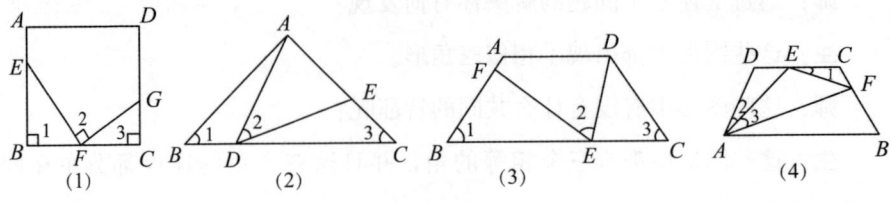

图 12-13

师：除了上述一些常见的"一线三等角相似型"外，我们如果把其中一些常见的图形中的一个等角进行旋转、平移变换，如图 12-14，你觉得还有相似三角形吗？

生：图 12-14(1)中，△BDE∽△CFD。

生：图 12-14(2)中，△BAE∽△BCF。

生：图 12-14(3)中，△GDE∽△FCG。

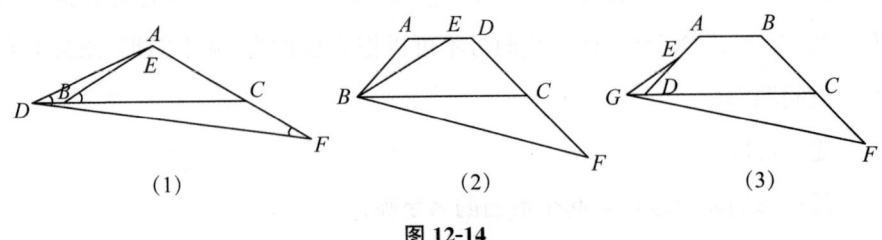

图 12-14

师：从上面 3 个基本图形的变换我们可以发现，如果等角的位置发生了变化，而一线三等角的条件仍存在，那么相似三角形仍有可能存在。因此，我们除了要关注"一线三等角相似型"中的一些基本图形外，还应关注由其变换衍生出的一些图形。

教学启示："变式深化"的设计目的是强化学生对"基本图形"的认识，同时又能打破学生的思维定式和认识上的封闭性，进一步丰富此种"基本图形"的"外延"，使学生更全面、更深刻地去认识"问题"。

四、拓展提升

例：如图 12-15，在平面直角坐标系中，O 为坐标原点，$B(5, 0)$，梯形 $OBCD$ 中，$CD\parallel OB$，$OD=BC=2$，$DC=3$，$\angle DOB=60°$。

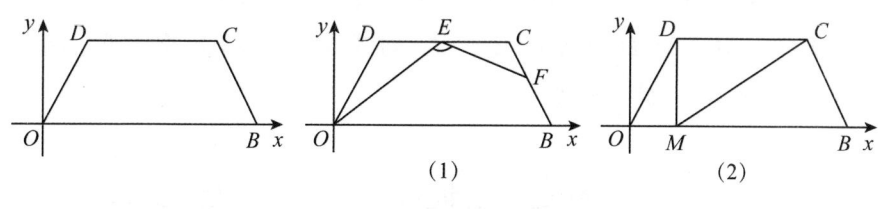

图 12-15

问题 1：如图 12-15(1)，若点 E、F 分别在线段 DC、CB 上(点 E 与点 D、C 不重合)，且 $\angle OEF=120°$，设 $DE=x$，$CF=y$，求 y 与 x 的函数表达式。

师：观察图 12-15(1)，从中你发现了什么？

生：我发现△ODE∽△ECF，因为由 $\angle DOB=60°$，可知 $\angle D=\angle C=120°$，所以 $\angle D=\angle C=\angle OEF=120°$，根据"一线三等角相似型"，显然"找到"△$ODE$∽△$ECF$。

师：y 与 x 的函数表达式怎么建立呢？

生：由△ODE∽△ECF 可得对应线段成比例，将线段用含 x、y 的式子代入即可以得到函数表达式。

师：很好，根据"一线三等角相似型"我们很快就从图 12-15(1)中找到了相似三角形，并求出了 y 与 x 之间的函数表达式，现在老师将问题进行变式，请同学们看问题 2，这样的问题你会解决吗？

问题 2：如图 12-15(2)，点 M 为底边 OB 上一点，且 $\angle DMC=60°$，求点 M 的坐标(只要说出方法就行)。

生：由 $\angle DMC=\angle DOB=\angle OBC=60°$，根据"一线三等角相似型"，可"找到"△$ODM$∽△$BMC$，从而得 $OD:MB=OM:CB$，设 $OM=x$，则 $MB=5-x$，代入比例式，解出 x 的值就可知点 M 的坐标。

师：由问题 2 可解出点 M 的坐标为 $(1, 0)$ 和 $(4, 0)$，现在我们取

257

(1,0)时的情况,并把∠DMC沿x轴正方向进行平移,请同学们看问题3,并解答。

问题3:如图12-16(1),当M为(1,0)时∠DMC=60°,此时DM⊥OB,将∠DMC沿x轴正方向平移m个单位长度(0<m<3),得到∠$D_1M_1C_1$,射线M_1D_1与DC交于E,射线M_1C_1与CB交于F,BF=n,求:m与n的函数关系式。

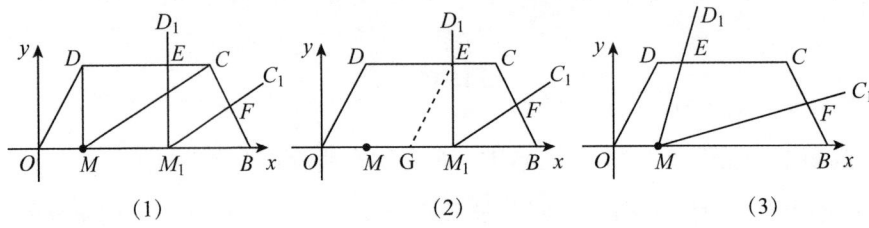

图12-16

生:由M_1C_1∥MC,根据"A"型可得△BM_1F∽△BMC,从而得BM_1:BM=BF:BC,所以4-m:4=n:2,解得m=-2n+4。

师:这位同学抓住了我们前面研究过的"A"型很轻松地解决了问题,还有没有其他的方法呢?

生:如图12-16(2),我想到在线段OB上有三个相等的角,但只有一个三角形,所以想到作辅助线来构造"一线三等角相似型",过点E作EG∥OD交OB于G,则易知OG=DE=m,又因为OM_1=m+1,所以GM_1=1,BM_1=4-m,又因为∠EGB=∠DOB=∠$D_1M_1C_1$=∠CBO=60°,根据"一线三等角相似型",可得△EGM_1∽△M_1BF,所以得EG:M_1B=GM_1:BF,即2:4-m=1:n,同样可解得m=-2n+4。

师:两位同学都抓住了相似中的两种不同的基本图形"A"型和"一线三等角相似型",特别是第二位同学还能想到在没有基本图形的情况下去作辅助线构造"基本图形",从而解决问题,下面如果我们不把∠DMC进行平移,而是将∠DMC绕点M进行顺时针旋转,请同学们看问题4,你会解决吗?

问题 4：如图 12-16(3)，当 M 为 $(1, 0)$ 时，$\angle DMC = 60°$，将 $\angle DMC$ 绕点 M 顺时针旋转 α（$0° < \alpha < 30°$）后，得到 $\angle D_1MC_1$，射线 MD_1 交线段 DC 于 E，射线 MC_1 交线段 CB 于 F，设 $DE = m$，$BF = n$，求 m 与 n 的函数关系式。

生：如图 12-17(1)，过点 E 作 $EG \parallel OD$ 交 OB 于 G，易知 $\angle EGB = \angle DOB = \angle D_1MC_1 = \angle CBO = 60°$，根据"一线三等角相似型"可得 $\triangle EGM \sim \triangle MBF$，所以得 $EG : MB = GM : BF$，又因为 $OG = DE = m$，$OM = 1$，所以 $GM = 1 - m$，所以 $2 : 4 = 1 - m : n$，可解得 $m = -0.5n + 1$。

师：看来，大家都已基本掌握了"一线三等角相似型"，并且在没有"一线三等角相似型"基本图形的情况下，能结合条件去作辅助线构造出"一线三等角相似型"，不过在此老师还想把问题改变一下，请看问题 5，你能解决吗？

问题 5：如图 12-17(2)，在问题 4 的基础上，如果将 α 范围改为 $30° < \alpha < 60°$，且射线 MC_1 与直线 BC 交于 BF，射线 MD_1 与直线 DC 交于 E，设 $DE = m$，$BF = n$，m 与 n 的函数关系式又是什么呢？

生：如图 12-17(3)，过点 E 作 $EG \parallel OD$ 交 OB 于 G，易知 $\angle EGB = \angle DOB = \angle D_1MC_1 = \angle CBO = 60°$，根据"一线三等角相似型"可得 $\triangle EGM \sim \triangle MBF$，所以得 $EG : MB = GM : BF$，从而得出 $m = 0.5n + 1$。

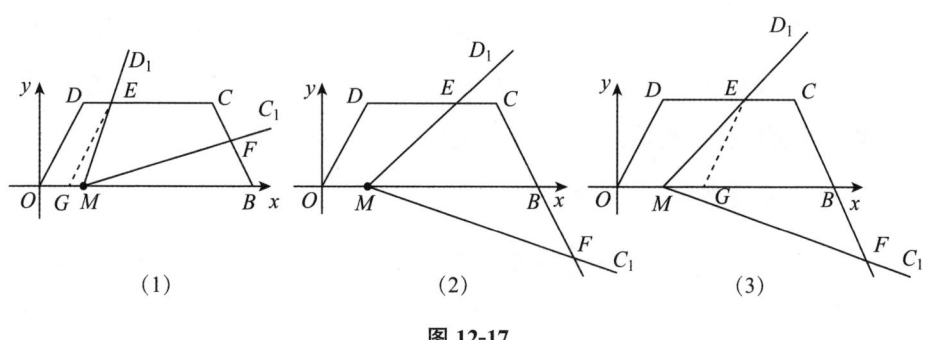

图 12-17

师：通过以上内容的学习，你有什么感悟？

生：在平时的学习中我们要注意善于总结和归类，要注意发现一些简单图形之间的关系，探求其规律，为帮助我们解决繁杂的问题服务。

生：在学习中我们不能总是用孤立的、静止的"眼光"去看待一个"图形"，要注意这个图形的运动和变化，要学会作辅助线来构造"基本图形"解决问题。

……

师：同学们都说得很好，通过本节课的学习，我希望同学们能够领悟到：总结和发现图形之间的内在联系，揭示事物发生发展的规律，并将其作为帮助我们分析和解决问题的一种手段和方法。

教学启示：对例题不断变式和拓宽，目的是使学生能熟练掌握并应用"基本图形"，在应用的过程中，不断升华学生的认识和提升能力，不断使学生学会分析、学会构建、学会创新。最后让学生说一说解后反思和感悟是非常必要的，这是提升学生思维品质的一个重要环节。

教学反思

"一线三等角"数学模型重在让学生学会把握其基本图形特征，利用它在解决相关综合问题时发挥其重要的作用，尤其是在图形复杂以及动态的图形中作用尤为突出。本节课通过感知、类比、提炼、变式、拓展等环节，搭建一个自主探究、交流提升的平台，以"一线三等角"为主线，引导学生在复杂的背景中寻求两个三角形相似的共性，利于学生熟练掌握利用相似三角形来处理解析几何中涉及线段长度类问题，熟练掌握运用"一线三等角"数学模型解决一些较复杂的几何问题及一些动点问题。

一、几何直观

几何直观可以帮助学生直观地理解数学，在整个数学学习过程中都发挥着重要作用。本节课重在体现数学核心素养中的"几何直观"，在"一线三等角"数学模型的探究过程中有意识地强化对数学模型的直观认知和运用，不断地运用"一线三等角"数学模型去发现、描述问题，理解、分析、分离和运用，发展"几何直观"成为这节课的重要目标。

二、深化认知

相似形的知识有很重要的价值，它与人类的生产和生活有着广泛的联系，在解决问题时有很高的实用价值。从研究图形的全等发展到研究图形的相似，用几何变换的观点来看，就是从研究图形的保距变换发展到研究图形的保角变换，本节专题复习课"一线三等角"数学模型的探究从研究线段的相等发展到研究线段的比，这是认识上的一次深化。

三、交流合作

学生在学习本节课之前已经学习了四边形、三角形、相似三角形的一些基础知识，对于相似三角形的判定和性质有了一定的掌握，但对于相似三角形和其他知识之间的联系方面还有待进一步提高，特别是相似三角形在其他背景中的应用还不熟练。这堂"一线三等角"数学模型专题复习课对大部分学生来说有一定的挑战，因而我在教学过程中，充分调动学生的积极性，为学生营造一个良好的学习氛围，积极引导学生自主学习、探究发现、合作交流。

四、整体认知

学生虽然对相似三角形、特殊三角形等知识有一定的掌握，但是更多的是在特定的范围内研究的，对于相似形在解决综合问题中的工具性作用，学生还不能合理运用。特别是相似三角形和其他知识的紧密结合，对学生来讲还是有一定难度的。因此在教学中，采取从特殊到一般，再由一般到特殊的方式。让学生从已有认知入手，通过提出层层递进的关键性问题不断深入地探究，让他们通过交流讨论、质疑、释疑等，逐步使学生思维走向深刻，帮助学生感悟"一线三等角"在相似三角形判定中的重要作用，引导学生逐步感悟，促进他们对"一线三等角"数学模型的整体认知，把握其价值与意义。

五、把握规律

通过这节专题复习课，让学生学会把握专题研究的相关规律：

1. 由"一线三等角"基本图形搭建桥梁,可以得到相似三角形。

2. 学习几何最重要的是学会归纳一些简单的基本图形(或相关数学模型),学会从复杂的图形里提炼基本图形(或相关数学模型),并将其作为解决问题的手段和方法。

3. 在数学学习中,要注重图形的运动和变化,总结和发现图形之间的内在联系,探求其规律,可以帮助我们解决繁杂的问题。

六、高效呈现

数学"高效课堂"离不开数学知识、数学思想和数学智慧的"高效呈现"。在学生的数学学习活动中,教师作为学生数学学习活动的组织者,选择怎样的教学内容和采用怎样的教学方式呈现给学生,来引导学生主动地进行观察、实验、猜测、验证、推理、交流,这是考量我们是否具备优良"教学品质"的"首要问题"。

通过"一线三等角"数学模型的专题复习与探究,我们明白在教学中应"优化整合"教学资源,并充分挖掘其数学"教育价值",让学生在数学学习活动中保持"持续热情",关注他们对学习内容的"本质理解",让学生深入数学学习的"智慧深处",唤醒他们的"创造潜能",释放出他们的"本质力量",为他们的"数学发展需要"奠定坚实的基础。

同 行 品 悟

下面是来自全国的部分同行观课后的品悟。

一、整体认知

潘老师的这节中考数学专题复习课,整堂课思路清晰,重难点突出。他在课前预习中让学生采用了以旧知识点引出新知识点的导入方法,并让学生类比总结出"一线三等角"的数学模型,再让学生通过猜想、操作、验证并归纳总结,夯实基本模型,通过例题、变式探究"一线三等角"的数学模型综合应用问题。这节课的亮点之一是整堂课关注经验唤醒,注重整体认知。

二、自觉生长

潘老师的整节课揭示了有效提问在数学课堂上所起的重要作用,并通过讲解提问的误区及有效提问的相关策略引发了学生对有效提问的思考。通过"一线三等角"数学模型从全等到相似来激发学生的兴趣,并在带领学生探索的过程中总结出了"一线三等角"的数学全等模型(同侧和异侧)和"一线三等角"的数学相似模型(同侧和异侧),让学生体会到了数学学习是一个"自觉生长"的过程。

三、有效设计

有效的教学设计不仅仅要理解数学、理解教学、理解学生,更要理解数学的本质,吃透知识的来龙去脉和延伸点。这节课使我明白在教学中要整体把握一个知识点在整个知识体系中的目的和作用,适当拓展方法和思想,及时渗透数学核心素养;另外,要关注学生数学需求和知能接受程度及学情,学路优先,精心设计课堂教学,有时可以重组教材,调整次序,优化教学效果。潘老师的课堂设计独具匠心,通过整合类比的教学,让人豁然开朗、意犹未尽。

四、厘清结构

潘老师的课在开始时没有着急把知识点灌输给学生,而是一点点地帮学生把知识点厘清。在整理知识的过程中发现学生阻力,以学定教,对知识加以追问,引导学生自主发现与归纳。由于学生厘清了知识网络,后面较复杂的题目也就容易上手了。特别是对"拓展提升"中例题的探究,先让部分学生掉入"陷阱",潘老师引导学生走出迷茫,又让学生跳出了思维惯性,学生一时难以把握,潘老师又以几何画板动态演示,瞬间使学生一目了然,这样的教学又一次将学生的思维推向了高潮。

五、层层递进

潘老师带领学生在对相似三角形有了一定认识和了解的基础上,进行深入分析,得出基本模型。应用环节从直接应用到系列变式层层递进,问题设计以小见大挖掘深入，锻炼了学生的思维能力。潘老师善于追问，亲和力强，充分调动了学生的积极性。这节课充分展示出了潘老师扎实的教学基本功，问题设计有梯度、有层次性，让学生有明确的思考方向。提炼问题的本质——归纳、建立基本模型到灵活运用模型解决问题，思路清晰，重难点突出，能从学生思维断裂之处发力，有效解决学习中的困惑，准确把握知识之间的联系。潘老师的课让我感觉到自己的不足和渺小，但更让我对上好中考数学专题复习课充满了期待和希望。

六、有效追问

潘老师的这节课在关注学生已有知识经验的基础上，用有梯度的板块教学、生动形象的总结和多元的学习方法指导，让学生在老师的引领下自觉体悟、自觉探究、自觉强化。多次的同伴互助学习、类比教学，大气的格局和精心设计的板书给我留下了深刻的印象。给我印象最深的是这节课的"有效追问"，它使我明白了：在学生认识肤浅时要追问，在学生认识受阻时要追问，在学生出现错误认识时要追问，在学生有新发现时要追问，这样可以促进学生思考，拓展学生思维的广阔性和深刻性，从而提高课堂教学的有效性。

袁振国先生说过："知识是启发智慧的手段，过程是结果的动态延伸。教学中能够把结果变成过程，才能把知识变成智慧。""一切为了每一位学生的发展"是新课标背景下数学"高效课堂"的最高宗旨和核心理念，"高效课堂"具体要从学生的价值观状态、情绪状态、参与状态、交往状态、思维状态、生成状态、目标达成状态等方面来评价我们的课堂教学效果。纵观上述教学过程，教师只有合理优化整合和挖掘教学资源，进行课堂"高效呈现"，才能促进学生对知识的本质理解，数学"高效课堂"才有可能实现。

考前"点睛"课：梳理典型问题，关注节点发力
——以苏科版数学教材八年级上册"第六章 一次函数"检测"点睛[①]"教学现实为例

教学主张

考前指导课(考前"点睛"课)，分为中考(或高考)和期中(或期末)考试进考场前的指导课，本课例所提的考前指导课是指期中(或期末)考试进考场前的指导课。期中(或期末)考试作为阶段性的测试，其主要目的是检查学生在前半学期(或一学期)的学习和复习情况，检查学生取得了哪些进步，还存在哪些问题；期中(或期末)复习就是发现阶段性问题并进行及时补救的过程，并且在"温故"的基础上达到"知新"，让学生在原有的基础上得到提高。这些都是取得优秀成绩的重要前提，考前指导课(考前"点睛"课)是

---

① 这里的"点睛"是指考前对学生进行针对性的防错指导，而不是"押题"的技巧。

在此基础上的"临门一脚"。考前指导课不是阶段复习的又一次重复，和阶段复习大不一样，对教师的要求比阶段复习要高得多，这也体现了一个教师在临考前对考情、学情和教情的把握和对考点、要点、难点、得分点等综合能力的考量。

从目前的教学现实来看，很多教师并不重视考前指导课的教学，有以下几种不良的现象：

1. 心里没数。一是对学生心里没数，教师对学情（特别是阶段复习）情况不进行整理、归纳和分类等有效处理，考前指导时对学生差异的针对性不强；二是对考情心里没数，教师平时很少（可能从来不）研究教研室（或相关部门）的考试说明（或要求），对考试的重点、难点和要点停留在"毛估估"的层面；三是对自己心里没数，有些教师对自己教学效果的优劣性从来不做自我评价和分析，在考前指导中不能对自己的教学"查漏补缺"。

2. 很不重视。常有教师考前都不到教室去，说："该讲的都讲了！考前让他们自己看看就行了！"现实是学生在自己看的时候常常不得要领，面对一大堆讲义、教材、教辅不知道该从哪里下手，在看的过程中有问题不能及时处理，若问同学又会耽误别人的时间。

3. 包办代替。有的教师将自认为重点、难点、考点的内容从头讲到底，好一点的学生还有点收获，但中下学生（特别是学困生）收效甚微。

自觉数学课堂视域下的"考前指导课"的教学主张主要有以下几点：

1. 把握方向。无论是大考还是小考，我们教师一定要把握好考试方向，明晰考试的考点、重点、要点和难点等，只有这样才能在考前点睛中做到"有的放矢"。

2. 注意积累。在平时教学中，学生作业中的错误要做记录，在阶段复习中进行强化、巩固和变式练习；在阶段复习中，学生完成的作业和练习中的错误也要做详细的记录，在及时订正的基础上，多次出现的错误再进行分类整理，分离出在考前点睛时再强调的典型核心问题（不在多而在精），在此基础上整理出要点提纲作为学生自主复习的抓手。

3. 把控有度。考前能够用于点睛的时间并不多，要合理分配时间，让学生自我复习（查漏补缺）与点睛讲解相结合，在点睛讲解中以基础题、易错点、细节等为主，在难题的点拨中以解题思路和可能出现的变化为核心展开，"点睛度"的把握很重要。

4. 关注差异。在学生自行复习与查漏补缺时，教师可以进行巡学指导（手中有一张学生与相关问题的小纸片），关注学生在阶段复习中考试和作业中的表现，对学生中的个别问题进行个性化的指导。

5. 考前准备。初中学生的考试经验不是太多，有时还是要做一些指导，如清点一下笔、橡皮、作图工具等，把一些基本数据、常用公式、重要定理"过过电影"，看一眼难记易忘的结论，有机会的话与同学互问互答一些不太复杂的试题，来放松考前紧张的心理。

6. 方法指导。根据试卷（或相关规定）的要求，对考试的策略与方法要进行必要的指导，如心理的调节、答卷的顺序、得分的要领、作图的要求、难题的处理等，要对学生进行有效的指导。

"考前点睛课"的一般结构与流程，如图13-1所示。

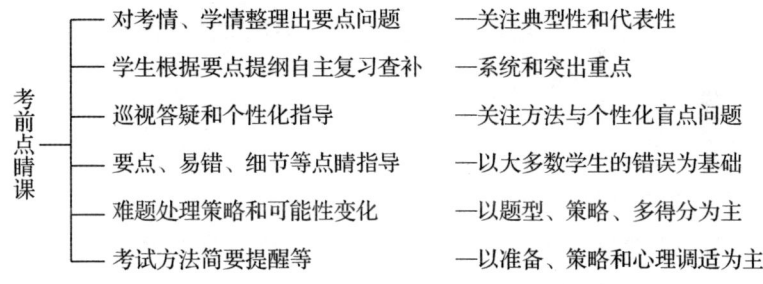

图 13-1

教学设计

一次函数是初中数学的核心内容，是继续复习反比例函数、二次函数的图象和性质的重要基础，也是学习高中代数、解析几何及其他数学分支的重要基础；数形结合思想、建模思想、化归思想及解析法思想是本节内容所包含的主要数学思想，不仅与其他数学知识有着密切的联系，而且还在实际生活中有着极为广泛的应用，是联系数学知识与实际问题间的桥梁与纽带，是中考等数学考试中不可缺少的重要内容。本节课的教学内容是一次函数中的重点、难点、易错点、生发点的"点睛"教学。

一、教学分析

1. 考情分析

根据《义务教育数学课程标准（2011年版）》以及八年级上学期期末考试的要求，主要有五个考点要求：函数的自变量取值范围，正比例函数、一次函数的图象及性质，求一次函数的解析式，一次函数与方程、不等式的关系，用一次函数的相关知识解决实际问题。考试主要考查一次函数关系式的确定、图象和性质的分析以及实际应用等。题型主要有低档的填空题、选择题，也有中档的解答题，还有高档的应用题。其考查方向：函数解析式的求法和在实际生活中的应用等。考查重点：函数解析式；增减性；确定 k、b 的值与函数图象；图象和性质的分析以及实际应用等。本地区历年考试的综合性问题中，一类是"一次函数的图象和性质在实际生活中应用广泛"已成为命题的焦点，因为此类题目设计新颖，贴近实际生活，考查学生构建一次函数模型解决实际问题的能力；另一类是将"一次函数还与一次方程、一元一次不等式联系起来"综合命题。

2. 学情分析

（1）学习状态分析。

我班的学生通过本章的学习已具有了一定的一次函数知识基础，但对一次函数的性质的理解和应用，仍然是部分学生学习的难点，其根本原因是大部分学生正在艰难地由形象思维向抽象思维发展，仍用自己原有的认知结构做认知判断，不会自觉利用从一次函数模型的数形对应关系的角度去思考问题，虽然他们对一次函数知识有一定认知，但由于一次函数的图象性质的抽象性较大，部分学生考虑问题不周，且少数学生会产生畏难情绪。本次单元检测在周一①下午举行，我们提前安排了学生在家的预复习，

---

① 实为月考，周一 14:30—16:30 考数学，13:30—14:15"自觉教育"联盟学校进行考前"点睛"教学观摩。

其复习内容为看教材、带有课堂笔记的导学案、做过的作业和试卷，要求重点看做错的相关问题，并将不能解决的问题整理，在小组合作或全班交流时解决。我班学生态度端正，热情高涨，老师布置的任务都能较好地完成，但有部分学生"依赖老师"较多，自主拓展不够，所以要选择一些题在"点睛"时提醒和激活学生的思维。

（2）易错统计分析[①]。

考前"点睛"要保证具有精准针对性，在于平时就要做"有心人"，至少要做好下列几方面的工作：①收集以往学生在一次函数学习中的易错问题，作为对本班学生教学一次函数内容的"前车之鉴"；②对中考、学区以往考试要点和教材教学建议进行关注，保证教学"不跑偏"；③在教学中关注学情，特别是对班级学生群体学习特征的把握，要找到他们的"学习盲区"；④平时批改作业（或检测）要有批改记录，记录学生的错误及原因（个人不提倡学生用"错题本"，原因是中下学生学业负担很重）；⑤有学生错误问题的相关矫正情况记载（如表13-1）。

表 13-1

序号	知识点	能力要求	首错原因	矫正情况	备注
1	常量与变量	A	不同变化过程	已矫正	
2	函数的定义	B	理解不到位	已矫正	
3	自变量取值范围	C	灵活性不够	已矫正	
4	求函数值	A	无		
5	一次函数定义	C	$k \neq 0$	已矫正	考前提醒
6	一次函数图象	C	图象意义理解、综合	还有错误	考前提醒
7	一次函数性质	C	增、减性	已矫正	
8	求一次函数解析式	D	分类讨论	还有错误	考前提醒
9	正比例函数定义	B	$k \neq 0$	已矫正	考前提醒
10	正比例函数图象	C	无		

[①] 数据来源于平时的作业批阅记录和检测试卷。

续表

序号	知识点	能力要求	首错原因	矫正情况	备注
11	正比例函数性质	C	无		
12	求正比例函数解析式	C	无		
13	用一次函数解决问题	D	建模解决实际问题	还有错误	考前提醒
14	函数与一次方程	B	数形结合问题	还有错误	考前提醒
15	三"一次"之间关系	D	数形结合问题	还有错误	考前提醒
16	一次函数的综合运用	D	质点(图形)运动题	还有错误	考前提醒

说明：从知识点领域和能力要求两个方面做了统计，能力要求采用"了解概念(A)""理解概念(B)""运用知识(C)""解决问题(D)"四个维度评价。

(3)"点睛"线索分析。

从"首错原因"与"矫正情况"可以基本理出点睛的线索，有如下一些。①提醒类：一次函数(正比例函数)定义中的 $k\neq 0$；求解析式的分类讨论问题；图象与象限及 k、b 取值等。②数形结合类：与方程、不等式的关系。③应用类：图象意义理解、建模解决实际问题。④图形运动问题。

二、教学目标

1. 双基水平

(1)通过自主复习，能理解一次函数(正比例函数)的概念，掌握一次函数(正比例函数)的图象和性质。

(2)通过自主复习，能根据具体条件求出一次函数(正比例函数)的关系式。

2. 问题解决

(1)通过自主复习，能正确画出一次函数(正比例函数)的图象，并能根据图象探索函数的性质。

(2)能运用一次函数(正比例函数)的相关知识解决实际问题。

3. 学科思维

理解数形结合的数学思想，强化数学的建模意识，提高利用演绎和归纳探究一次函数相关问题的能力。

三、重点、难点

重点：根据不同条件，求一次函数的解析式和用一次函数的相关知识解决实际问题。

难点：根据函数图象，探索其性质及对函数图象所表示的意义的理解。

四、教法选择

无论采用什么样的课型教学，学生永远是发展的主体，教师是学习的组织者、策划者、授"道"者，教学的一切活动都必须以强调学生的主动性、积极性为出发点。因而，结合本节课的内容特点、点睛线索和学情特点，我采用启发式、讨论式以及讲授相结合的教学方法，以"题带知识"为"点睛"载体，以问题的提出、问题的解决为主线，始终在学生复习后的知能的"发展区"设置问题，倡导学生主动参与教学实践活动，以独立思考和相互交流的形式，加强对于数形结合思想和解析法思想的渗透，让学生去联想、探索，从真正意义上完成对知识的自我建构和举一反三。本节课的结构与流程为：多维促进—变式引领—拓展提升—自觉内化。

五、活动设计

1. 多维促进（7 分钟）

让学生在独立复习的基础上，进行小组合作交流，对自己在独立复习中遇到的问题进行良性差异互动。教师进行巡学指导，回答举手小组的问题（小组合作不能解决的问题，重在思维点拨），并对学困生进行重点关注（提醒重点先看哪些基础性资料）。

设计意图：①先让学生再看一下独立复习的材料，进行适当的回顾，这是点睛教学的基础，也是将要参加考试的基础；②每个学生在独立复习中都会有问题，全班学生的各式各样的问题是非常庞杂的，教师一个人的精力有限(时间有限)，利用小组合作和良性差异互动就能解决绝大部分问题；③对于少数小组不能解决的问题，组长举手，教师进行思维上的点拨，重在方法策略上的提示，提高小组指导的效率。

2. 变式引领(20分钟)

(1)提醒类。

①一次函数(正比例函数)定义中的 $k \neq 0$。

例1. 已知函数 $y=(m-3)x^{|m-2|}-7$ 是一次函数，则 $m=$ _____ 。

②求解析式的分类讨论问题。

例2. 已知一次函数的图象经过点 $A(0,2)$，且与坐标轴围成的直角三角形面积为4，则这个一次函数的解析式为 _____ 。

③图象与象限及 k、b 取值等。

例3. 已知直线 $y=mx+2m-4$ 不经过第二象限，则 m 的取值范围是 _____ 。

例4. 一次函数 $y=kx+b$，当 $-3 \leqslant x \leqslant 1$ 时，对应的函数值为 $1 \leqslant y \leqslant 9$，求 $k+b$ 的值。

例5. 在同一直角坐标系内，直线 $l_1: y=(k-2)x+k$ 和 $l_2: y=kx$ 的位置可能是( )。

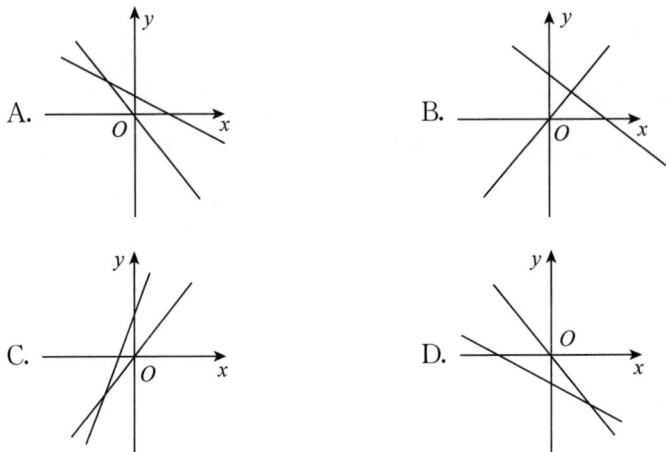

图 13-2

设计意图：①提醒类题目的类型与平时错误类型基本相同，但尽量不用错误的原题，旨在培养学生在新的背景中去进行辨析防错；②提醒类题目的讲解线条比较粗，重在关注解题策略和方法，主要以易错点、注意点的点拨为主,答案不是主要的。

(2)数形结合类:与方程、不等式的关系。

例6. 如图13-3所示,直线l_1:$y=\frac{3}{2}x+6$与直线l_2:$y=-\frac{5}{2}x-2$交于点$P(-2,3)$,不等式$\frac{3}{2}x+6>-\frac{5}{2}x-2$的解集是(　　)。

A. $x>-2$
B. $x\geqslant-2$
C. $x<-2$
D. $x\leqslant-2$

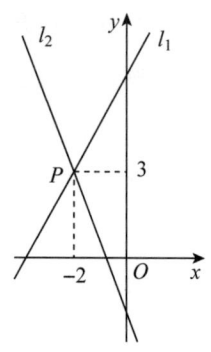

图13-3

设计意图:①学生平时做的题的类型还是比较多的,难度系数还是比较大的,这里主要是将对相关问题的处理策略再给学生点拨一下;②功夫在平时,平时对学生很放任却只靠"点睛"(押题)来取得成绩,这就本末倒置了。

(3)应用类:图象意义理解、建模解决实际问题。

例7. 甲、乙两台机器共同加工一批零件,一共用了6小时,在加工过程中,乙机器因故障停止工作,排除故障后,乙机器提高工作效率且保持不变,继续加工。甲机器在加工过程中工作效率保持不变。甲、乙两台机器加工零件的总数y(个)与甲加工时间x(小时)之间的函数图象为折线OA、AB、BC,如图13-4所示。

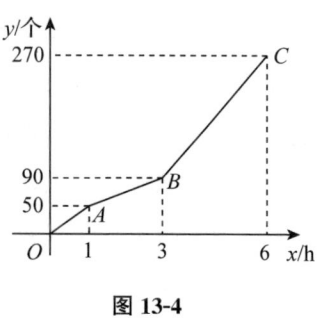

图13-4

①这批零件一共有_____个,甲机器每小时加工_____个零件,乙机器排除故障后每小时加工_____个零件;

②当$3\leqslant x\leqslant 6$时,求y与x之间的函数解析式;

③在整个加工过程中,甲加工多长时间时,甲与乙加工的零件个数相等?

设计意图:在平时的例题和习题中,各种利用一次函数(正比例函数)

建模解决应用问题的类型都有,学生的正确率也比较高,对图象意义的理解是弱点,因此在这里选了此类型的问题。

3. 拓展提升(8分钟)

例8. 如图13-5,直线 $y=4-x$ 与两坐标轴分别相交于 A、B 点,点 M 是线段 AB 上任意一点(A、B 两点除外),过 M 分别作 $MC \perp OA$ 于点 C,$MD \perp OB$ 于点 D。

(1)当点 M 在 AB 上运动时,四边形 $OCMD$ 的周长为_____;

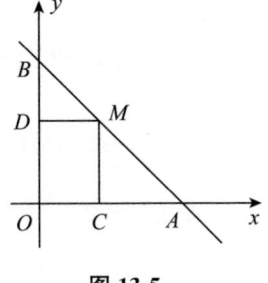

图 13-5

(2)当四边形 $OCMD$ 为正方形时,将正方形 $OCMD$ 沿着 x 轴的正方向移动,设平移的距离为 a($0<a\leqslant 4$),在平移过程中:①当平移距离 $a=1$ 时,正方形 $OCMD$ 与 $\triangle AOB$ 重叠部分的面积为_____;②当平移距离 a 是多少时,正方形 $OCMD$ 的面积被直线 AB 分成 1∶3 两个部分?

设计意图: ①考前点睛课要关注上、中、下三个层次的学生,上课的多维促进环节、提醒类问题、数形结合类问题主要是针对中下水平学生的,拓展提升主要是针对基础好一些的学生的;②图形运动是学生学习的难点,按理说八年级学生的一次函数新授课的单元检测中出现这类问题对学生的挑战是比较大的,但我校出月考试卷的老师一般会将中考题放进来,另外为了降低中考前"遭遇到难题"的压力和提升学生对中考的自信,我们在平时教学中也都会将中考题进行有机渗透。

4. 自觉内化(10分钟)

(1)个性问题提问。小组交流过程中和老师的点睛问题,若有不懂之处或有其他看法则进行进一步交流。

(2)核心要点强化。将本单元的概念、图象、性质及重要的题型再复习。

(3)考前注意提醒。对学具、文具、草稿纸和审题、分析、运算、作图等进行必要的提醒,在考试心理方面进行简要的考前激励等。

设计意图: ①教师的点睛问题是对整体学生而言的,点睛题讲完并不是解决了所有的问题，每个学生一定还有自己个性化的问题，应对这些问题视情况进行全班或小组处理，但所花时间不要太长；②核心要点强化是这个环节的重头戏，教师的点睛问题有多少精准性很难说，只是大致方向性的点拨，需要让学生再熟悉一遍本单元的知识要点，万万不可一讲到底；③考前的注意提醒主要是为了调节考前心理和做好考试准备。

课堂实录

数学教育教学的基本出发点和归宿点都是促进学生全面、持续、和谐的发展。关于如何有效提升学生的考试效能，我们不仅要遵循学生学习数学的心智规律，更要遵从学生对知能的积聚、整合、提取和运用的规律，强调从学生已有的知识储备出发，让学生从概念性理解进而建立关系性理解，并走向运用性理解，学会借助构建一次函数（正比例函数）模型去解决问题，在思维能力、情感态度与价值观、数学核心素养等多方面取得进步和发展。

一、多维促进

师：各位同学，下节课就要进行数学单元检测，这节课将就本单元的相关知识要点和易错点等问题再给大家扫一扫障碍。前面各位同学进行了在家的独立复习，现在我们在此基础上，进行小组合作交流，小组合作不能解决的问题请组长举手。

（学生进行小组良性差异互动。教师进行巡学指导，对学困生进行重点关注，提醒重点先看哪些基础性资料等）

（巡学指导过程略）

教学启示：①教师考前调动的语言组织要合理有度，不要导致学生过度紧张或抱以无所谓的态度，适度紧张才是合理的；②对小组合作学习的组织要有序，要合理安排对学、群学与展学；③对学困生的关注很重要，不能将他们变为"边缘人"，要让所有的学生都感觉老师是关心我、关注我的。

二、变式引领

1. 提醒类

(1) 一次函数(正比例函数)定义中的 $k \neq 0$。

例1. 已知函数 $y=(m-3)x^{|m-2|}-7$ 是一次函数，则 $m=$ _____。

师：现在我们就本单元的要点和易错点给同学们再举一些例子。(对生1：学困生)你来说说这道题的解决策略。

生：因为这个函数是一次函数，所以 $|m-2|=1$，解得：$m=1$ 或 3，又因为 $m-3 \neq 0$，即 $m \neq 3$，所以 $m=1$。

师：解决这类问题要注意什么？

生：一次函数(正比例函数)定义中的 $k \neq 0$。

(2) 求解析式的分类讨论问题。

例2. 已知一次函数的图象经过点 $A(0,2)$，且与坐标轴围成的直角三角形面积为 4，则这个一次函数的解析式为_____。

师：现在我们来看例2，(对生2：中下生)你来说说这道题的解题思路。

生：已知一次函数的图象经过点 $A(0,2)$，且与坐标轴围成的直角三角形面积为 4，点 $A(0,2)$ 在 y 轴的正半轴上，且 $OA=2$，与坐标轴围成的直角三角形面积有两种情况，可能在第一象限也可能在第二象限，这个问题有两解，由直角三角形面积为 4，可得另一条边长为 4，这个一次函数与 x 轴的交点是 $B(-4,0)$ 或 $B(4,0)$，可以求出有两个解析式。

师：解决这类问题要注意什么？

生：求一次函数(正比例函数)解析式时，要注意分类讨论。

(3) 图象与象限及 k、b 取值等。

例3. 已知直线 $y=mx+2m-4$ 不经过第二象限，则 m 的取值范围是_____。

师：我们再来看例3，直线 $y=mx+2m-4$ 不经过第二象限是什么意思？

生：说明直线 $y=mx+2m-4$ 经过第一、三象限或经过第一、四、三象限，可以分类求解也可以联合求解。联合求解就是 $m>0$，$2m-4 \leqslant 0$，所以 $0<m \leqslant 2$。

师：解决这类问题要注意什么？

生：要根据题目中的条件注意图象与象限及 k、b 取值等问题。

例4. 一次函数 $y=kx+b$，当 $-3 \leqslant x \leqslant 1$ 时，对应的函数值为 $1 \leqslant y \leqslant 9$，求 $k+b$ 的值。

师：谁来理出这道题的解题思路？

生：可以用倒推的方法：求 $k+b$ 的值要先分别求出 k、b 的值，求 $y=kx+b$，由 $(-3，1)$ 和 $(1，9)$ 确定解析式。

生：老师，他说的不对。应由 $(-3，1)$ 和 $(1，9)$，或 $(-3，9)$ 和 $(1，1)$ 确定，有两个解析式，要考虑这个一次函数的增、减性的。

师（对另一生）：你有什么感悟？

生：我考虑不周，要仔细审题。

师：这给我们所有的同学提了个醒，一定要认真细心地审题。

例5. 在同一直角坐标系内，直线 l_1：$y=(k-2)x+k$ 和 l_2：$y=kx$ 的位置可能是（　　）。

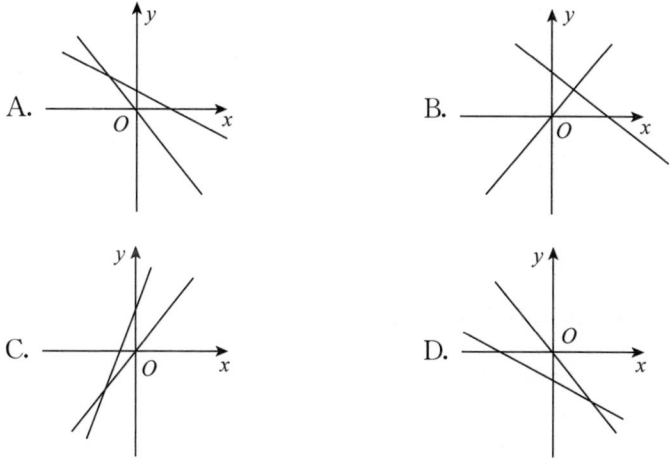

图 13-6

师：这类题做过吗？

生：做过了。

师：谁来说说解题思路？

生：我是用分类讨论思想来思考的，先看 $y=kx$ 中的 k，当 $k>0$ 时，

B 和 C 满足，再看 $y=(k-2)x+k$，此时它与 y 轴的交点要在 x 轴的上方，$k-2<k$，C 就不符合，B 符合；当 $k<0$ 时，A 和 D 满足，再看 $y=(k-2)x+k$，此时它与 y 轴的交点要在 x 轴的下方，A 就不符合；又 $k-2<k$，D 符合；另可求出这两条直线的交点坐标为 $(\frac{k}{2}, \frac{k^2}{2})$，要在 x 轴上方，通过验证只有 B 符合。

生：我们可以先求交点坐标，直接排除 C 和 D，再分类讨论可快速排除答案 A。

教学启示：①在点睛教学中，要充分调动学困生和中下学生的积极性和参与意识，仍然要以学生为主体，把课堂留给学生，只有这样才会有效果；②提醒类题目讲解的线条是比较粗的，以题带知识和以题讲类型，重点在关注解题思路和方法，关注易错点、注意点的点拨。

2. 数形结合类：与方程、不等式的关系

例 6. 如图 13-7 所示，直线 $l_1: y=\frac{3}{2}x+6$ 与直线 $l_2: y=-\frac{5}{2}x-2$ 交于点 $P(-2, 3)$，不等式 $\frac{3}{2}x+6>-\frac{5}{2}x-2$ 的解集是（　　）。

A. $x>-2$　　　　　　　B. $x\geqslant -2$

C. $x<-2$　　　　　　　D. $x\leqslant -2$

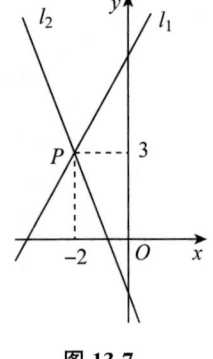

图 13-7

师：我们再来看例 6，你们的答案是什么？

生：由图象可知，不等式 $\frac{3}{2}x+6>-\frac{5}{2}x-2$ 的解集是直线 l_1 大于直线 l_2 的部分，即交点的右侧 $x>-2$，所以选 A。

师：解这类问题要注意什么？

生：要仔细观察图象，关注交点的横坐标，再由不等号方向来决定取交点横坐标的左侧还是右侧。

师：还要注意什么？

生：不等式中的不等号含不含等于。

教学启示：学生平时对一次函数与一元一次方程问题的解决还是有策略的，我这里就选了一次函数与一元一次不等式的问题，事实上最后一位学生提出的问题就已经包含了一元一次方程的问题；另外，学生在讲解过程中很可能不能一次到位，我们要"导"在"关键处"。

3. 应用类：图象意义理解、建模解决实际问题

例7. 甲、乙两台机器共同加工一批零件，一共用了 6 小时，在加工过程中，乙机器因故障停止工作，排除故障后，乙机器提高工作效率且保持不变，继续加工。甲机器在加工过程中工作效率保持不变。甲、乙两台机器加工零件的总数 y（个）与甲加工时间 x（小时）之间的函数图象为折线 OA、AB、BC，如图 13-8 所示。(1)这批零件一共有_____个，甲机器每小时加工_____个零件，乙机器排除故障后每小时加工_____个零件；(2)当 $3 \leqslant x \leqslant 6$ 时，求 y 与 x 之间的函数解析式；(3)在整个加工过程中，甲加工多长时间时，甲与乙加工的零件个数相等？

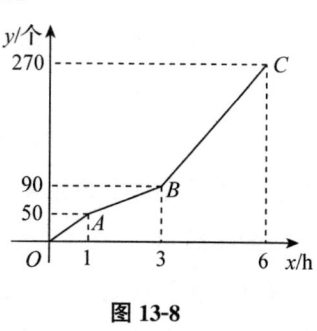

图 13-8

师：大家都仔细看过这道题了，打开这道题的钥匙是什么？

生：一是要看懂图象，对图象意义的理解；二是其图象是折线，要用一次函数建模。

师：第(1)题从图象上是怎么看出来的？

生：这批零件一共有多少个，从 y 轴上的个数可以看出总数为 270 个；甲机器每小时加工的零件个数从线段 AB 上看，2 小时加工 40 个，每小时加工 20 个；乙机器排除故障后每小时加工零件的个数从线段 BC 上看，3 小时共加工 180 个，除去甲机器 3 小时加工的 60 个，乙机器 3 小时加工 120 个，所以每小时加工 40 个。

师：第(2)题(对另一生：学困生)你来说。

生：设当 $3 \leqslant x \leqslant 6$ 时，解析式为 $y = kx + b$，把 $B(3, 90)$，$C(6, 270)$ 代入解析式，得 $\begin{cases} 3k + b = 90 \\ 6k + b = 270 \end{cases}$，解得 $\begin{cases} k = 60 \\ b = -90 \end{cases}$，所以 $y = 60x - 90$。

师：其他同学有补充的吗？

生：最后求得的解析式要加自变量取值范围：$y=60x-90(3\leqslant x\leqslant 6)$。

师：你有什么感悟？

生：思考要严密。

师：第(3)题哪位同学来说一说？

生：设甲加工 x 小时时两台机器加工零件个数相等。要分两个时间段：①乙机器发生故障前：$50-20=30$，$20x=30$，$x=1.5$；②乙机器排除故障后 $20x=30+40(x-3)$，$x=4.5$；所以甲加工 1.5 小时或 4.5 小时时，甲与乙加工的零件个数相等。

教学启示："点睛"教学首先要点出解题的宏观策略："图象意义理解、建模解决实际问题。"可以将其中不太难的问题给学困生来回答，一是给他们机会，二是提升他们解决较难问题的信心，这对学困生是有激励作用的。第(3)题有两解，启迪学生思维要严谨。

三、拓展提升

例8. 如图 13-9，直线 $y=4-x$ 与两坐标轴分别相交于 A、B 点，点 M 是线段 AB 上任意一点（A、B 两点除外），过 M 分别作 $MC\perp OA$ 于点 C，$MD\perp OB$ 于点 D。

(1)当点 M 在 AB 上运动时，四边形 $OCMD$ 的周长为_____；

(2)当四边形 $OCMD$ 为正方形时，将正方形 $OCMD$ 沿着 x 轴的正方向移动，设平移的距离为 a（$0<a\leqslant 4$），在平移过程中：①当平移距离 $a=1$ 时，正方形 $OCMD$ 与△AOB 重叠部分的面积为_____；②当平移距离 a 是多少时，正方形 $OCMD$ 的面积被直线 AB 分成 1∶3 两个部分？

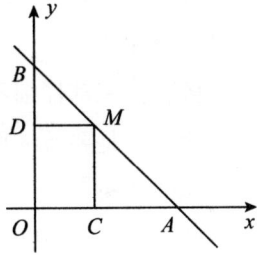

图 13-9

师：看到"直线 $y=4-x$ 与两坐标轴分别相交于 A、B 点"，你能得到什么？

生：$A(4,0)$、$B(0,4)$，Rt△OAB 是等腰直角三角形。

师：当点 M 在 AB 上运动时，四边形 $OCMD$ 的周长变化吗？

生：不变化。可以转化成 $OA+OB=8$。

师：当四边形 $OCMD$ 为正方形时，将正方形 $OCMD$ 沿着 x 轴的正方向移动，设平移的距离为 a $(0<a\leqslant 4)$，在平移过程中：①当平移距离 $a=1$ 时，正方形 $OCMD$ 与 $\triangle AOB$ 重叠部分的面积怎么求？

生：当四边形 $OCMD$ 为正方形时，其边长为 2，$M(2,2)$，当平移距离 $a=1$ 时，如图 13-10，用原正方形的面积减去一个边长为 1 的等腰三角形的面积为 $4-\dfrac{1}{2}=\dfrac{7}{2}$。

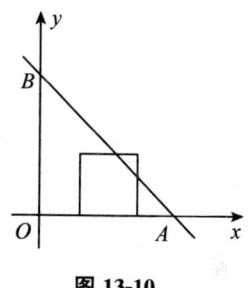

图 13-10

师：当平移距离 a 是多少时，正方形 $OCMD$ 的面积被直线 AB 分成 1∶3 两个部分？对这个问题，你们又怎么看？

生：对于"正方形 $OCMD$ 的面积被直线 AB 分成 1∶3 两个部分"要分两种情况，如图 13-11，不管哪一种情况都只要其中的等腰三角形的面积为正方形面积的 $\dfrac{1}{4}$，其面积为 1，所以边长为 $\sqrt{2}$。那么平移距离 a 是多少呢？从图中可以看出为 $\sqrt{2}$ 和 $(4-\sqrt{2})$。

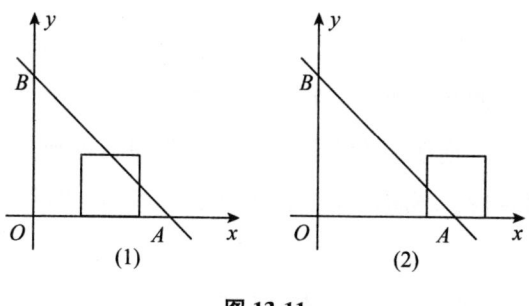

图 13-11

教学启示：①点睛的关键是将学生的思维激活和激情点燃，因而选择例题时要注重活而不在难与繁，若选择一些难与繁的题目，花力气讲了半天，大部分学生不一定都能掌握，时间浪费了，还不一定有针对性；②以学生为主体来说思路,通常不要集中在一个学生身上,要唤醒所有学生思考,不要养成"有同学回答后就与我没关系了"的不良教学习惯。

四、自觉内化

师:根据小组交流情况和老师刚才的"点睛"问题,若有什么问题请提出来进一步交流。

生:老师,遇到直线平移的问题怎么办?如将直线 $y=2x+1$ 经过怎样平移使它经过点(3,1)?

师:这个问题问得很好,很有代表性!现在若给大家讲平移法则已经来不及了,大家看,如图13-12,过点(3,1)作 x 轴、y 轴的平行线分别交直线 $y=2x+1$ 于点(0,1)和(3,7),看到这个图你有什么想法?

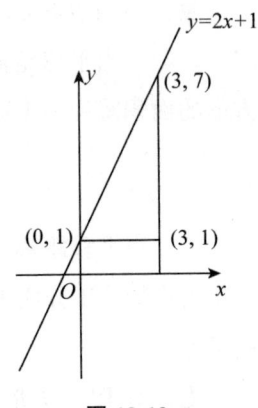

图 13-12

生:可以有两种平移方法,向右平移3个单位或向下平移6个单位。

师:解决这类问题的要点是什么?

生:确定平移的方向和平移的距离。

师:还有其他问题吗?

生:没有了。

师:好的。刚才的"点睛"题只是帮助同学们复习和思辨的线索载体,你们在考试中遇到的问题能有与它们类型相同的就很幸运了,还有很多新的问题在等着你们。现在请大家抓紧时间将本单元的概念、图象、性质及重要的题型再看一看。还有问题的同学在我巡学的过程中请举手,不要影响其他同学。

(学生复习,有问题的举手,教师巡学指导)

师:还有两分钟下课,老师再强调几点:

(1)这次单元检测主要是考查同学们这一阶段的学习效果,不要紧张,但要认真对待;

(2)审题、分析、运算、作图等要细心,书写要规范;

(3)学具、文具、草稿纸要准备好。

教学启示："点睛"教学结束，对学生提出的问题要谨慎处理，先分清是共性问题还是个性问题，是集体答复还是个别答复，这里的平移是共性问题，进行了集体答复；"点睛"教学一定要合理紧凑，最好在课堂两头都要留给学生消化的时间；对学生的考前动员要言简意赅，这只是一个善意的提醒，帮助他们稳定情绪，调整状态。

教学反思

考前"点睛"课应是注重学生的心理活动规律、集聚知识、强化能力的过程，注重教学过程的有序性。在教学中不要"直接告诉"，要坚持启发式教学，充分发挥学生学习的主观能动性，面向全体、因材循导，加强解题策略和方法的指导，使学生学会正确审题、有效分析、严密思考、有序推断和规范表达，从而掌握分析和解决问题的步骤和方法，以实现"理答方式"最优化，从而提高学习的质量。

一、教学站位要高

一次函数是中学数学中的一种最简单、最基本的函数，是反映现实世界的数量关系和变化规律的常见数学模型之一，也是学生今后进一步学习初、高中其他函数和高中解析几何中的曲线方程的基础。一次函数在中考中占有重要的地位，主要考查一次函数关系式的确定、图象和性质的分析以及实际应用等。一次函数的图象和性质在实际生活中应用广泛，已成为中考命题的焦点，题目设计新颖，贴近实际生活，考查学生构建一次函数模型解决实际问题的能力，而且一次函数还经常与一次方程、一元一次不等式联系起来综合命题。虽然现在是八年级新学的内容，但我们要功在平时，只要学生的认知水平允许，教学站位就要高一些。

二、凸显认知难点

函数是研究现实世界变化规律的一个重要模型，只有准确地建立数学模型，才能把数学知识和实际问题接轨，才会更准确地应用数学知识去解决实际问题。一次函数的知识怎样才能学习得更深刻、更全面，只能通过函数知识的应用体现出来。因而在考前"点睛"教学中，要关注培养学生的识图能力和探究能力，调动学生学习的自主探究的意识；通过精心设计的题串，强化学生建立模型的意识，利用函数图象的特征解决这类问题，在此过程中要渗透数形结合、分类讨论等思想方法，发展学生的数学应用能力。利用构建数学模型，把实际问题转化为数学问题，在初中阶段的数学教学中是一个薄弱环节，对学生来说是有一定难度的，这要很好地凸显出来。

三、点燃复习激情

"点睛"教学中依然要坚持学生的主体地位，积极引导学生独立思考、交流互动，给学生提供适当的时间和空间复习回顾、提出疑问、相互交流、厘清思路等。教学中由浅入深的问题设置和自然过渡，要点燃学生的复习激情，体现数学的应用价值，为提高复习效率奠定基础。使学生主动、活泼、有个性地动手动脑，进而发展思维能力。要充分信任学生，尽力做到学生能讲的教师不讲，学生讲对的不再重复。使学生学会知识提取、巩固强化、合理思辨和综合应用，实现预期教学目标的达成。

四、关注全体发展

课前必须对每一个环节、每一个题型、每一个学生都要做细致的研究。在处理典型例题的过程中，例题的选择要具有典型性、代表性，要突出难点、易错点和易混点，要补齐部分学生思维不灵活、应变能力弱等短板，要面向全体，特别要照顾中下学生，要让不同水平的学生在同一节"点睛"课中都得到应有的发展。在例题的教学中，引导学生分析题意，建立函数模型，理解函数图象的意义，学会从"形"的角度来解决问题，同时也会从"数"的角度来分析思考问题。

五、增强考试信心

一次函数的知识是后继期末考试的热点，也是这学期数学教学内容的难点，所以我在这一节点睛教学中精选了一些典型的中考题作为例题，一方面通过例题规范学生的解题过程，另一方面也让学生对中考试题有个初步的了解，让学生知道中考题并不像他们想象的那样困难，激发学生的学习积极性，也为期末考试打基础。通过这一节考前"点睛"课的学习，学生的恐惧心理基本消除，为下面的单元考试顺利进行做了铺垫，并通过学生自己解决点睛的所有例题而增加他们对下一节课进行的考试的信心。

真正的知识不全是从教材和教师讲授的途径获取的，其实学生也是课程资源的开发者，我们要科学设置问题情境或问题素材，使探究的问题具有层次性、探究性和思辨性，适时、适势、适度地用教学机智调控课堂效度，与学生一起去协作探究"良序的"教学资源，这才是一个成功的教学组织者。

同行品悟

下面是"自觉教育"联盟学校的教师对这节课的品悟。

一、把握动态脉搏

我和潘老师在同一备课组，潘老师在日常工作中有一个非常好的习惯，就是做好学生作业"病历案"的工作，他每次批作业都要进行批阅记录，还和我们大家一起建立了学生各知识点的"错题库"，以至于现在我们大家在教授某知识点时学生大致会犯哪些错误心中已"有点数"了。这次潘老师给我市联盟学校的老师开设的考前"点睛"课，针对性非常强，获得了很好的评价，这与潘老师平时的工作积累是分不开的。正如潘老师所说："从来就没有教学的天才，只有不断勤奋的积淀者。"只有写好平时学生作业的犯错启示，才能把握学生学习的动态脉搏，才会有"点睛"教学的精准针对性。

二、进行"教学创造"

潘老师的这节考前"点睛"课使我受益匪浅，明白了原来考前"点睛"的教学内容不是简单机械地重复，而是要精心设计适合学生探究的体例，其中不乏要进行创造与改造的内容。苏科版数学教材强调所呈现内容的逻辑性、严密性与科学性是合理的，但教材中对一次函数的性质是从增减来描述的，这种对性质的表述是教条化的，对这种学术、文本状态的知识，学生是不容易理解和接受的。这节课潘老师根据学生平时作业和练习中的错误,对教学内容进行了巧妙的整合,课堂上放手让学生体验、思辨、强化、内化以至提升的做法是非常成功的。特别是最后潘老师对"平移"的点拨真是"巧夺天工",看来看似简单的考前"点睛"课也离不开教师的"教学创造"。

三、合理有效引导

潘老师的这节考前"点睛"课是在学生已经掌握了"一次函数"单元知识的基础上,根据学生平时作业中的错误记录,对有关知识进行提醒、思辨、强化、应用和拓展。在讲解前后都进行师生互动、生生互动的复习强化活动,复习活动组织到位,促进性很强。在这节课的教学中例题选择很有代表性和典型性,并注意精心设计有层次的问题串。如何从函数图象中读取有用的信息是本节课的难点和关键,潘老师给了学生合理有效的引导,引导学生进行自主探究活动,提高学生解决实际问题的能力。这节高效的课堂告诉我们,数学教学是数学活动的教学,是师生之间、生生之间的交流互动与共同发展的过程。

四、促进思维提升

潘老师的这节考前"点睛"课中并没有让学生进行"重复性"的"记忆",而是通过充分的"再探究"过程,让学生对一次函数的相关知识有关系性和运用性的理解,原来学生的"真正知识"的形成是来源于"真实的"自主探究。这节课使我明白:无论什么时候、什么课型都要放手让学生去探究,这样学生的潜力与智慧才会充分发挥,学生也才会实现"真实的"思维提升,达到"真实的"自我实现。在新课程理念的指导下,我们的一切教学都要围绕学生的成长与发展做文章,真正让学生理解、掌握"真实的"知识和"真正的"知识。

五、以"真学"定"真教"

潘老师的这节考前"点睛"课定位非常准确,从课前自主复习到课内小组交流再到老师点睛过渡非常自然,体现了他深厚扎实的教学功底。潘老师站在自觉教育理论的高度,梳理了"一次函数"单元中的易错点和易混点,通过这样的"点睛"教学让学生有"通经活络、活血化瘀"之感。在"理解数学""理解教学""理解教材""理解学生"的基础上,很好地示范了考前"点睛"课的处理策略,诠释了"学什么""怎么学""为什么学""怎样学得更好",真正体现了以"真学"定"真教"的"自觉教育"思想。我们应该像潘老师这样在平时的教学之余静下心来钻研,只有谦虚谨慎、脚踏实地、不断学习才能获得成功。

这节课的教学现实告诉我们:教师在学生探究真知之旅上应是一个促进者、协作者、组织者,要做善于点燃学生探究欲望和智慧火把的人。课堂的主体是学生,要使学生能更加主动地参与到学习中来,让他们提出问题、表述观点、展示成果无疑是促进学习的重要抓手,让学生不断地体验、感悟、领悟等使新知得以内化,只有这样才能发展学生的应变能力、创新能力。

课例 14

考后讲评课：分类汇总，突出要点，提炼升华

——以苏科版数学教材九年级上学期期中数学试卷讲评教学现实为例

教学主张

考后(试卷)讲评课是在学生考试(或练习)之后，让学生从做过的题中获取反馈信息，从而对其存在的知识缺陷和技能短板进行矫正教学的一种课型，它是一种重要且常见的课型，尤其是到了单元检测、期中、期末复习阶段会变成主要的课型。其主要作用在于：通过试卷讲评帮助学生分析前一阶段的学习情况，查漏补缺、纠正错误、巩固双基、提升综合能力，并在此基础上寻找产生错误的原因，从中吸取失误的教训(包括听课、审题和做题的方法与习惯等)，总结成功的经验，从而完善学生的知识系统和思维系统，进一步提高学生分析问题和解决问题的能力。同时，通过试卷讲评还可以帮助教师发现自己教学方面的问题和不足，进行自我总结、自我

反思，改进教学方法，最终达到提高教学质量的目的。考后高效率的试题讲评是提高教学质量的关键，也是减轻学生负担，把学生从"题海"中解脱出来的有效途径之一。

目前的考后讲评课存在的问题比较严重，主要有以下几点：

1. 讲评不及时。有的教师往往不能在"考后有效期"内进行反馈，等到讲评时，学生早已把试题忘得差不多了，而且情绪懈怠，对试题的分析都要从头开始，讲评课的效果也就可想而知。

2. 备课不充分。有的教师过于急躁，卷子一批完便马上讲评，这样的后果是对学生情况不能全面了解，讲评缺少针对性，不能做到有的放矢。

3. 按顺序讲评。有的教师习惯于从第一题一讲到底，整堂课上老师讲、学生听，形式单一，效率不高，学生下次还会错。

4. 重点不突出。一份试卷中各道题的难度是不一致的，学生出错的数量和程度肯定也是不一致的，讲评中没有重点，面面俱到，试卷讲评完了学生还是不得要领。

5. 不重视方法。试题的讲评要给学生正确的答案，更要重视对解题思路、方法、步骤和技巧的讲解，这样才有利于今后教学的深化和扩展。有的老师只让学生关注答案，不重视方法，学生下次做类似的题还是不会。

6. 不注意联系。教师讲评试题时只是孤立地说这个题如何，那个题怎样，好像它们跟别的题和知识毫无联系。试题是根据课标的要求来设计的，与教材知识有着密切的系统的联系，单讲独评往往不利于学生全面理解和掌握。

7. 方式很单一。有些教师讲评课喜欢自己唱"独角戏"，读题、分析、解答自己全包了。试题是一样的，但学生是不一样的，如果从头至尾都是一种讲评方法，能有较好的讲评效果就是一个小概率事件。

8. 缺学生参与。试卷讲评课一般是以教师的分析讲解为主，但教师包打天下、一讲到底的"一言之堂"，学生的发展性主体地位也就被忽略了。

9. 缺激励表扬。有的教师把试卷讲评课变成对学生的"批评课"，一味地责怪学生，甚至冷嘲热讽，导致学生情绪紧张，思维迟缓，注意力涣散，进而厌恶试卷讲评课。

10. 缺后续措施。有的老师讲评试卷讲完就算完事,缺乏后续的"补学"措施,只关注"查漏"没有"补缺",没有发挥好"考试"的真正作用。

自觉数学课堂视域下的"考后讲评课"的教学主张有以下几点:

1. 及时反馈。每次考试后,教师一定要抓紧时间批阅试卷,迅速统计好数据,做好试题分析,摸准学生的学习心理、知识漏洞和技能短板,趁着学生的"思维还未冷",及时讲评,越快越好。

2. 要充分备课。试卷讲评课的准备在批阅时就应开始,要将学生答题情况做好记录,记清哪些习题答得好,哪些习题失分多;哪些是知识性失分,哪些是技能性失分;哪些是普遍现象,哪些是个别现象等。通过统计和分析,写好试卷讲评课教案,讲评时才能做到有备无患,切中要害。

3. 厘清讲评次序。试卷讲评课应该分类进行,一般来说可分三类:第一类,没有或很少有差错的习题,通常不讲评或点到为止;第二类,部分学生有差错的习题,视具体情况适当讲评;第三类,绝大多数学生有差错的习题,这类习题往往属于迷惑性、综合性较强的考题,应重点讲评。

4. 方法的指导。一般来说可以从以下三个方面入手:第一,指导学生学会读题、审题、理解题意,正确把握答题方向;第二,指导学生厘清答题步骤,注意答题的条理性和规范性;第三,指导学生提高答题速度,并能在习题难度较大的情况下,机动灵活地予以解答。

5. 剖析要精准。教师批阅习题时,就应留意学生能否正确运用教材上的基本概念和基本规律答题;讲评习题时,应把每个试题都纳入知识体系中,紧扣教材分析讲解。要让学生根据教材的知识和原理,对号入座。同时,找出自己习题中的错误,并当堂纠正。这样的讲评,能给学生留下深刻的印象,促使他们系统牢固地掌握和灵活地应用教材知识。

6. 要面向全体。针对不同的学生应该有不同的讲评方法,应仔细分析和研究试题,并征求不同学习程度学生的意见,以便对症下药;试题讲评结束后,应对自己的教学方法和教学内容进行反思,特别是对学生错误相对集中的题,要反思自己是否漏讲,是否讲透,并主动了解学生们对讲评的反应，以便课外个别辅导和实施补偿性教学。

7. 要全员参与。讲评中要积极创造条件，为学生搭建交流的舞台，以发挥学生的主体作用。要倡导自主、合作和探究的学习方式，多让学生自己讲，要给学生表述思维过程的机会，增加教师与学生、学生与学生讨论问题的时间，允许学生对试题的"评价"做出"反评价"。

8. 显主体地位。对跨度大、综合性强、学生完成普遍感到困难的习题，也可以先让学生讨论，在讨论的基础上由教师综合、点评，形成一个参考答案，这样有利于充分调动学生的积极性和敏捷性，提高其分析问题和解决问题的能力。要充分发挥学生的发展性主体地位，促进学生走向深度学习和发展才是根本。

9. 以激励为主。学生答错了题目，既反映了学生学习的问题，也反映了教师教学的问题，教师既要从学的角度分析，也要从教的角度分析。教师要有一个平和的心态，认真分析，是自己的责任要主动承担，对稍有进步的后进同学，要在讲评时给予适当的表扬。这样可以鼓舞士气，提高其学习的积极性和主动性，并能激发其潜力的挖掘和能力的发挥。

10. 讲规律变化。对某一类题目的解题方法进行高度概括和总结，总结出相对固定的解题规律，规范解题格式，真正使学生分析一道题，明白一个道理；纠正一道错题，会解一类题。另外，讲评中不能就题论题，要借题发挥，善于将原题进行变形，对某些知识点从不同角度、不同侧面、不同层次和不同的起点进行变式引申（注意度的把握），从而达到举一反三的效果，调动学生的积极性，使学生的思维活跃起来。

11. 要补偿教学。对全班出错率较高、得分率较低的题目及相对应的知识点；具有典型性、针对性和综合性的题目；在以往教学中已多次接触、多次矫正，但学生仍未掌握的难点；关系到后继学习的重点知识、重点技能；平时教学中疏忽的"教学盲区"等关键问题，要进行补偿性教学，真正做到查漏补缺。

"考后讲评课"的一般结构与流程，如图 14-1 所示。

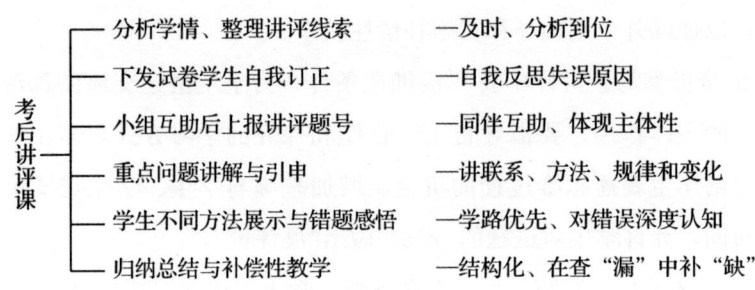

图 14-1

教学设计

《义务教育数学课程标准(2011年版)》指出:"评价的主要目的是全面了解学生数学学习的过程和结果,激励学生学习和改进教师教学。"考试是定量评价的一种方式,考试结束后要将评价结果及时反馈给学生,而数学试卷讲评课是将考试结果及时反馈给学生的最好的手段和良好的载体。本节课主要内容是苏科版数学教材九年级上学期期中试卷讲评教学现实(其考试内容是苏科版数学教材九年级上册"第一章 一元二次方程"全章和"第二章 中心对称图形——圆"全章),供同行参考。

一、教学分析

1. 考情分析

对学生试卷数据的整理是保证讲评针对性的前提条件,更是教师确定讲评内容的重要依据。一般情况下,应统计以下几方面的内容。

(1)总体情况(如表 14-1)。

表 14-1

考试人数	110~120分	100~110分	90~100分	80~90分	70~80分	70分以下	优分率	及格率
45	8	17	11	5	3	1	68.6%	97.8%

本次考试最高分118分(年级最高分119分),最低分67分(年级最低分32分),平均分103.1分(年级平均分100.3分),不及格人数1人(全年级总人数367人,不及格共12人)。

(2)逐题分析。

其中：①容易题、中档题、较难题的分值比为 76∶30∶14，分别占 63.3%、25.0%、11.7%(近似于 6.5∶2.5∶1，比 7∶2∶1 略难一些)。②从知识点领域和能力要求两个方面做了统计，能力要求采用"了解概念(A)""理解概念(B)""运用知识(C)""解决问题(D)"四个维度评价。具体见表 14-2：

表 14-2

题型	题号	分值	知识点	能力要求	得分率	失分原因
选择题	1	3	一元二次方程配方	A	100.0%	
	2	3	增长率问题	B	100.0%	
	3	3	根的判别式	C	80.0%	概念理解不到位
	4	3	等腰三角形与方程根	B	97.3%	三角形三边关系未考虑
	5	3	垂径定理	B	100.0%	
	6	3	圆的有关概念	B	93.6%	少数学生概念不清
	7	3	坐标系与圆周角	C	77.7%	迁移、转化能力欠缺
	8	3	坐标系中的切线长最值	D	68.8%	分析不到位，解题方法
填空题	9	2	一元二次方程概念	A	100.0%	
	10	4	一元二次方程根	A	97.3%	粗心、审题不清
	11	2	一元二次方程两根关系	B	100.0%	
	12	2	根的判别式	C	68.8%	审题不清、计算能力弱
	13	2	点与圆的位置关系	A	100.0%	
	14	2	直线与圆的位置关系	B	100.0%	
	15	2	圆的内切三角形	B	98.3%	粗心，审题不清
	16	2	切线与圆周角	C	94.4%	审题不清
	17	2	一元二次方程与圆综合	C	87.7%	审题与计算有误
	18	2	求展开线的长	D	62.2%	分析与综合能力不强
解答题	19	16	求一元二次方程的根四小题	B	92.3%	计算有误、格式不当
	20	6	根的判别式计算	B	94.2%	审题不清、计算有误
	21	6	一元二次方程简单应用	B	98.3%	审题不清、规范化不够
	22	6	切线的证明与计算	B	94.3%	粗心、计算有误
	23	9	网格中三角形旋转问题	B	96.8%	作图题未按要求下结论
	24	6	双质点运动与一元二次方程	B	86.4%	计算有误
	25	8	列方程解应用题	C	67.3%	分析理解不到位
	26	8	弧长、扇形面积计算	C	98.2%	个别学生计算有误
	27	9	一次函数、方程与圆综合题	D	56.7%	分析、迁移、综合力欠缺

学生存在的主要问题：

①少数学生粗心大意，审题不清，不能正确把握题中的关键词语。

②个别学生基础知识掌握不牢，计算题的解题格式不够规范，计算能力要加强。

③部分学生不会分析问题或没有基本的解题思路；知识迁移能力不强，缺乏分析和解决问题的能力。

其中：

①知识型错误：表现为学生对概念根的判别式中有实数根、增长率理解不清，对求根、弧长公式、切线的判定和性质定理等知识应用不当。

②方法型错误：表现为对从坐标系中的数形结合问题的一些解题思路的偏差及求最值的解题能力没有充分发挥，综合运用知识进行解题的能力欠缺等。

③计算型错误：表现为用配方法求一元二次方程的根变形不合理，另外由于心理紧张引起的笔误及答题不规范等。

④审题型错误：主要表现为不仔细审题，例如，一到三月共增长中的"共"字，一些学生未看到，导致错误；再如，含参一元二次方程的两个根的问题中没有讨论根的判别式条件，应用题中没有分类讨论等。

2. 讲评分析

我在进行数据统计和错因归类的基础上，对学生在知识和思维方法上的薄弱环节进行准确诊断分析，旨在为讲评的准确性提供可靠保证，为此我整理出如下的讲评线索：

(1)学生自评：提前下发试卷，让学生自己找出出错的原因，一方面找出在理解概念、定理上存在的问题和在思维方式、方法上存在的缺陷；另一方面找出答题出现失误的"关节"点，狠挖"根源"点，直击要害(如态度不端正、审题不清、表达不规范、思路不清晰、计算错误等)。

(2)小组互评：对小组内共同存在的、普遍的、典型的错误和问题进行分析，找出原因，解决困难的和不能解决的问题提交给老师。小组互评解决的有第3题、第6题、第17题、第19题、第20题、第24题。

(3)集中讲评：集中讲评的意向题有第8题、第18题、第25题和第27题(以便做到对课堂的有效调控等，教师都要做到心中有数)；个别讲评的有第7题、第12题、第22题和第26题(这样讲评才会击中要害，防止类似错误的再次发生)。

(4)重点强化：一元二次方程根的判别式、列方程解应用题、切线的判定和性质、圆和一次函数的综合运用题。

(5)处理策略：①对第8题进行"改造"，提升学生解题策略；②第18题进行变式处理，活化思路；③第25题进行一题多解处理，开拓学生思维与视野；④第27题进行多角度、多方位的分析，增强知识的综合运用能力；⑤给出相应的强化练习。

二、教学目标

1. 双基水平

(1)通过试卷讲评，进一步掌握一元二次方程、圆的相关概念、相关定理和计算公式。

(2)通过对典型试题的分析及拓展，加深对一元二次方程和圆这两章内容的理解。

2. 问题解决

(1)查缺补漏，进一步培养运用数学知识规范解题的能力。

(2)加深对一元二次方程和圆的内容的认识，构建和发展相互联系的知识体系。

3. 学科思维

(1)通过典型例题分析及拓展训练，提高审题能力。

(2)通过独立自纠、小组互评、强化练习等活动，增强分析、对比、归纳和语言表达能力。

三、重点、难点

重点：第8题、第18题、第25题和第27题的错因剖析与矫正。

难点：综合运用相关知识，提升分析问题和解决问题的能力。

四、教法选择

这节试卷讲评课的内容来源于期中考试试卷，各种问题都印下了学生的思维痕迹。因此，我们应注意从学生的思维角度去剖析问题，采用评、议结合，共同探讨的方式，激发学生去积极思维，给学生参与表达自己思维过程的机会，允许并提倡学生对自己做出"评价"，小组互动中做出"反评价"，即使学生的评价和反评价不准确，也应鼓励他们尽量用自己的语言完整地表达出来，由被动地接受变为自觉地参与。通过自查自纠总结得失，了解其学习中的困难究竟发生在何处，存在错误的原因是什么；通过问题剖析提高解题能力，增加教师与学生、学生与学生讨论问题的时间，在思维碰撞中，学生才会有所"觉悟"，才能有所收获。以学生自主交流、纠错为主，教师进行点拨、提示性指导。通过评、议结合，及时帮助学生矫正错误，深化认知，更能调动学生思维的积极性，提高试卷讲评课的效率。本节课的教学结构与流程为：自主纠错（课前）—小组互评—变式引领—自主强化。

五、活动设计

1. 自主纠错（课前）

课前下发试卷，让学生自主订正纠错。由学生独立完成改错、错因分析，完成自我诊断表（典型错误题或失分较多的）（如表14-3）。

表 14-3

题目	知识点	应得分	实得分	典型错例	错误原因	改进措施

在此基础上，让学生对自己进行评价，自主梳理有疑惑的问题并进行小组交流。

设计意图：通过试卷讲评纠正学生答题中的各种错误，掌握正确的解题方法，从而夯实基础，巩固、完善、深化所学知识和方法；通过课外学生自评，课内由教师组织学生进行讨论，澄清一些模糊认识，起到自我更新知识结构的调节作用；只有让学生知道自己的问题所在，特别是除了知识上的缺陷外，还要清楚自己在方法上、学习习惯上、思维品质上的缺陷，以便在后续学习过程中有意识地去弥补；学生对错误原因进行分析，填写好自我诊断表，明白自己的薄弱环节，以便在讲评课中带着问题，有重点地讨论和听讲。

2. 小组互评（课内）

(1)简要介绍这次期中测试的基本情况，即最高分、优秀率、及格率，与年级相关数据比较，错误率较高的题目是哪些，以及各分数段的人数，试卷中存在的主要问题。但不公布每个学生的具体分数和在班上的排名。

(2)在学生自主纠错的基础上，同桌互批自主订正，反思粗心、审题不清、计算错误等问题，在同桌之间进行自我评议和反评议。

(3)在巡学指导时进行个别讲评：第7题、第12题、第22题和第26题（对六个学生进行审题、计算、规范要求点拨，击中要害，防止类似错误的再次发生）。

(4)小组交流解决解题不规范、表达不到位、思路不清晰等共性问题，小组长收集在本份试卷中需要集中讲解的问题和典型错误等，上报给老师。

设计意图：要通过试卷讲评，使学生看到自身与他人的差距，认识到自身的学习实际与学习能力的差距，明确努力的方向；根据学生的讨论，由教师引导学生加以归纳总结，厘清解题思路，进一步提高学生分析问题、解决问题的能力；让学生把自己的错题或是有疑问的题目放在组内进行交流讨论，让学生与学生之间相互解答和质疑。这样既能解决学生有困难或不会做的题目，又能激发学生的学习积极性，从而对典型错误有更深刻的认识。在这一过程中，还可以培养学生的探究能力和合作精神。

3. 变式引领

(1)解决学生上报的且在我备课预设之外的问题。

(2)解决备课预设中拟重点讲解的问题。

第8题：如图14-2，在平面直角坐标系 xOy 中，直线 AB 经过点 $A(6,0)$、$B(0,6)$，$\odot O$ 的半径为2（O 为坐标原点），点 P 是直线 AB 上的动点，过点 P 作 $\odot O$ 的一条切线 PQ，Q 为切点，则切线长 PQ 的最小值为（   ）。

A. $\sqrt{7}$　　　　B. 3　　　　C. $3\sqrt{2}$　　　　D. $\sqrt{14}$

改造题：如图14-3，在 Rt△ABC 中，∠C＝90°，BC＝3，AC＝4，D、E 分别是 AC、BC 上的动点，且 DE＝3。若以 DE 为直径的圆与斜边 AB 相交于 M、N，则 MN 的最大值为（　　）。

A. $\dfrac{8}{5}$　　　　B. 2　　　　C. $\dfrac{12}{5}$　　　　D. $\dfrac{14}{5}$

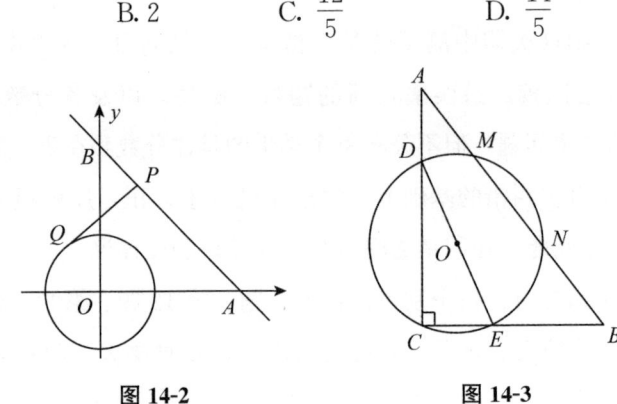

图 14-2　　　　　　　图 14-3

设计意图：强化学生构建直角三角形，利用勾股定理来求最值的策略，在改造题中已将原题中的求最小值改为求最大值，主要是通过解决问题方法与策略的类比达到提升解决问题的能力的目标。

第18题：如图14-4，正六边形 ABCDEF 是边长为2厘米的螺母，点 P 是 FA 延长线上的点，在 A、P 之间拉一条长为12厘米的无伸缩性细线，一端固定在点 A，握住另一端点 P 拉直细线，把它全部紧紧缠绕在螺母上（缠绕时螺母不动），则点 P 运动的路径长为_____。

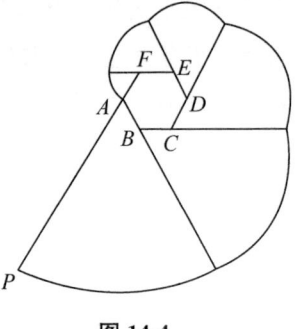

图 14-4

变式一：如图14-5，等边三角形 ABC 边长为4厘米，点 P 是 CA 延长线上的点，在 A、P 之间拉一条长为12厘米的无伸缩性细线，一端固定在点 A，握住另一端点 P 拉直细线，把它全部紧紧缠绕在等边三角形 ABC 上（缠绕时等边三角形 ABC 不动），则点 P 运动的路径长为_____。

变式二：如图14-6，正方形 ABCD 边长为3厘米，点 P 是 DA 延长线上的点，在 A、P 之间拉一条长为 12 厘米的无伸缩性细线，一端固定在点 A，握住另一端点 P 拉直细线，把它全部紧紧缠绕在正方形 $ABCD$ 上（缠绕时正方形 $ABCD$ 不动），则点 P 运动的路径长为_____。

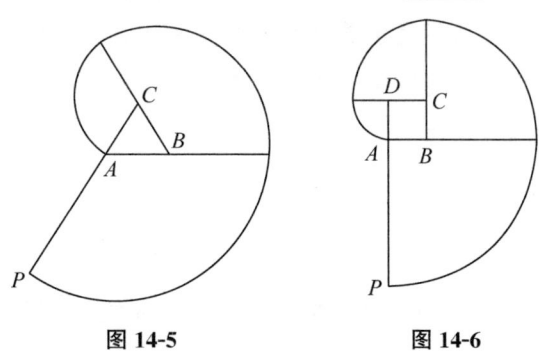

图 14-5　　　　　图 14-6

设计意图：通过两次变式进行解决问题策略的归类，让学生看到问题的本质，达到举一反三、融会贯通，实现"会一题，通一类"的目标。

第 25 题：春秋旅行社为吸引市民组团去天水湾风景区旅游，推出的收费标准如下：

(1) 如果人数不超过 25 人，人均旅游费用为 1000 元；

(2) 如果人数超过 25 人，每增加 1 人，人均旅游费用降低 20 元，但人均旅游费用不得低于 700 元。某单位组织员工去天水湾风景区旅游，共支付给春秋旅行社旅游费用 27000 元。请问，该单位这次共有多少员工去天水湾风景区旅游？

设计意图：通过本题的讲评，使学生明白求解本题要时刻注意收费标准中的数量关系，求得的解还要注意分类讨论，从中找出符合题意的结论；本题的一题多解体现在对所得方程的求解上。

第 27 题：如图 14-7 所示，菱形 $ABCD$ 的顶点 A、B 在 x 轴上，点 A 在点 B 的左侧，点 D 在 y 轴的正半轴上，$\angle BAD=60°$，点 A 的坐标为 $(-2,0)$。(1) 求 C 点的坐标；(2) 求直线 AC 的函数关系式；(3) 动点 P 从点 A 出发，以每秒钟 1 个单位长度的速度，

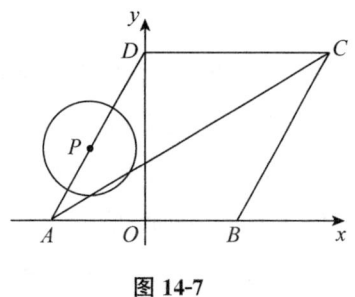

图 14-7

按照 $A \to D \to C \to B \to A$ 的顺序在菱形的边上匀速运动一周，设运动时间为 t 秒钟。求 t 为何值时，以点 P 为圆心、以 1 为半径的圆与对角线 AC 相切？

设计意图：通过本题的讲评，让学生学会对知识、解题方法做进一步的梳理、归纳，能够站到数学思想方法的高度认识所学内容，并寻找适合自己的最佳学习途径。达到学会思考，拓展解题思路，从而提高分析问题和解决问题的能力的目的。

4. 自主强化

必做题：

(1)已知关于 x 的一元二次方程 $mx^2 - 3x - \dfrac{1}{2} = 0$ 有实数根，则 m 的取值范围为_____。

(2)为落实素质教育要求，促进学生全面发展，我市某中学 2013 年投资 12 万元新增一批电脑，计划以后每年以相同的增长率进行投资，2015 年投资 14.52 万元。设该校为新增电脑投资的年平均增长率为 x，根据题意得方程为：_____。

(3)下列命题：

①长度相等的弧是等弧；

②任意三点可以确定一个圆；

③相等的圆心角所对的弦相等；

④三角形的外心到三角形的三边距离相等；

⑤三角形的内心是三条内角平分线的交点。

其中正确的有（　　）。

A. 1 个　　　　　　　　B. 2 个

C. 3 个　　　　　　　　D. 4 个

(4)如图 14-8，已知直线 $y = 0.75x - 3$ 与 x 轴、y 轴分别交于 A、B 两点，P 是以 $C(0, 1)$ 为圆心、1 为半径的圆上的动点，连接 PA、PB。则 $\triangle PAB$ 面积的最大值是_____。

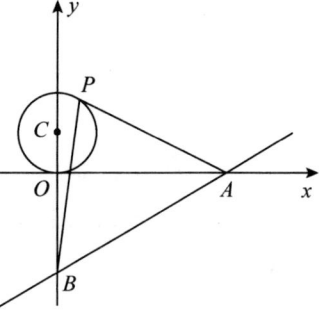

图 14-8

选做题：（只要求做其中一道题）

(1)如图 14-9，△ABC 内接于⊙O，AB 是⊙O 的直径，C 是弧 AD 的中点，弦 CE⊥AB 于点 H，连接 AD，分别交 CE、BC 于点 P、Q，连接 BD。

①求证：∠ACH＝∠CBD；

②求证：P 是线段 AQ 的中点；

③若⊙O 的半径为 5，BH＝8，求 CE 的长。

(2)如图 14-10，以点 P(－1, 0)为圆心的圆，交 x 轴于 B、C 两点（B 在 C 的左侧），交 y 轴于 A、D 两点（A 在 D 的下方），AD＝2，将△ABC 绕点 P 旋转 180°，得到△MCB。

①求 B、C 两点的坐标；

②请在图中画出线段 MB、MC，并判断四边形 ACMB 的形状（不必证明），求出点 M 的坐标；

③动直线 l 从与 BM 重合的位置开始绕点 B 顺时针旋转，到与 BC 重合时停止，设直线 l 与 CM 交点为 E，点 Q 为 BE 的中点，过点 E 作 EG⊥BC 于 G，连接 MQ、QG。请问在旋转过程中∠MQG 的大小是否变化？若不变，求出∠MQG 的度数；若变化，请说明理由。

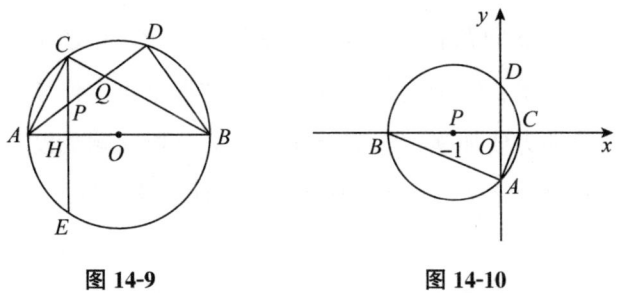

图 14-9　　　　图 14-10

设计意图：试卷讲评后，不仅要求学生改错，还要有相应的反馈练习，促进学生能真正理解、弄明白，防止在以后的考试中同样的错误反复出现。否则讲评课的目的就没有完全达到，效果自然不够理想，"一讲再讲，一错再错"，"会的还会，不会的还是不会"是必然的。

课堂实录

波利亚在《怎样解题》一书中指出"一个好的教师应当懂得并且传授学生下述看法，没有任何问题是可以解决得十全十美的，总剩下一些工作要做，经过充分的探讨和钻研，我们总能提高自己对这个解答的理解水平"。试卷讲评本身是一种反思性的教学活动，若没有学生的积极参与，就收不到好的讲评效果。因此，讲评课要以学生为主体，应将学生的自行发现问题、自行讨论分析、自行纠错、自行归纳总结、自行解决问题这条主线贯穿于讲评课的始终，把学习的主动权真正还给学生。

一、简要通报

师：同学们，数学期中试卷已经发下去让你们先进行自主订正了，各位同学的成绩大家也都知道了，大体情况如下：我班最高分118分（年级并列第三名，年级最高分119分），我班平均分103.1分（为年级第一，年级平均分100.3分），优分率68.6%为年级第二，及格率97.8%为年级第一。总体来说，大家考得还是不错的，希望继续努力，争取不断进步。少数几位同学要找到失误的原因和这两章中知识能力欠缺的地方，补齐短板。在这次考试中存在的主要问题有：①少数同学粗心大意，审题不清，不能正确把握题中的关键词语；②个别同学基础知识掌握不牢，计算题的解题格式不够规范，计算能力要加强；③部分同学不会分析问题或没有基本的解题思路，知识迁移能力不强，缺乏分析和解决问题的能力等。

教学启示：对学生的评价，不仅要关注学生知识与技能的理解和掌握，更要关注他们情感与态度的形成和发展；不仅要关注其学习结果，更要关注他们在学习过程中的变化和发展，要将过程评价与结果评价相结合，定性与定量相结合，充分关注学生的个性差异，发挥评价的激励作用，保护学生的自尊心和自信心。

二、小组互评

师：现在请在个人自主纠错的基础上，同桌互批、自主订正，反思粗心、审题不清、计算错误等问题,在同桌之间进行自我评议和反评议。

(教师在巡学指导时进行个别讲评:第 7 题、第 12 题、第 22 题和第 26 题。对六个学生进行审题、计算、规范要求点拨,防止类似错误的再次发生)

师:现在请进行小组交流解决解题不规范、表达不到位、思路不清晰等共性问题,小组长收集在本份试卷中需要集中讲解的问题和典型错误等,上报给老师。

(教师巡学,进行个别指导,即指导四个在 80 分以下的学生,特别是 67 分的学生)

师:现在请各组长上报需要集中讲解的题号,各小组依次上报,第一组先来。

生:第 6 题、第 25 题、第 27 题。

生:第 8 题、第 25 题、第 27 题。

生:第 27 题。

生:第 18 题、第 25 题、第 27 题。

生:第 8 题、第 27 题。

生:第 25 题、第 27 题。

生:第 18 题、第 27 题。

师:好!根据各组上报的情况,下面就第 8 题、第 18 题、第 25 题、第 27 题进行重点讲评。

教学启示:在试卷讲评时,不分主次,逐题讲解,结果会导致重点不突出,该讲的地方没讲到位,不需要讲的地方却反复讲了,使得关键问题没有解决,这样做收益甚微,事倍功半。在以上的教学过程中,学生自己能解决的让他们自己解决,有疑问和有困难的汇报上来,进行集中解决,这样才能做到真正意义上的以学定教,保证重点突出。

三、变式引领

(1)解决学生上报的且在我备课预设之外的问题第6题。

第6题：下列命题：

①直径是弦；

②经过三个点一定可以作圆；

③三角形的内心到三角形各顶点的距离都相等；

④半径相等的两个半圆是等弧；

⑤菱形的四个顶点在同一个圆上。

其中正确结论的个数有(　　)。

A. 1　　　　B. 2　　　　C. 3　　　　D. 4

师(对第一组)：这里有五个命题，你们具体对哪一个命题的正确性不能确定？

生：其他四个没问题，就是对"半径相等的两个半圆是等弧"不能确定。教材中的定义是"能够重合的弧叫等弧"，这里用的不是"叫"，但半径相等的两个半圆又是重合的，从文字上让我们很纠结，所以我们将第6题给报上来了。

师：其他小组来说说，你们是怎么判断的？

生："半径相等的两个半圆是等弧"中用的是"是"，不是"叫"，说明这里是进行事实判断，关键是看这两条弧能否完成重合，半径相等的两个半圆弧是重合的，所以这个命题是正确的。

师(对第一组)：你们明白了吗？

生：明白了。

教学启示：在试卷讲评过程中，不要只关注自己预设的内容，还要根据学生的具体实际情况进行调整，对有引导价值的问题要进行有效的关注；对于某些重点的选择题，不能满足于学生选的对，只有让学生说出选择的依据，分析各个错误选项，才能更好地了解学生对有关概念理解的程度。只有让学生自己说一说，才能发现问题的症结所在。

(2)解决备课预设中拟重点讲解的问题。

第8题：如图14-11，在平面直角坐标系 xOy 中，直线 AB 经过点 A(6,0)、B(0,6)，⊙O 的半径为2(O 为坐标原点)，点 P 是直线 AB 上的动点，过点 P 作⊙O 的一条切线 PQ，Q 为切点，则切线长 PQ 的最小值为(　　)。

A. $\sqrt{7}$　　　B. 3　　　C. $3\sqrt{2}$　　　D. $\sqrt{14}$

师（对一生）：这道题你做对了吗？

生：没有！当时我知道过切点连半径 OQ，但是没有想到再连接 OP，用勾股定理来探求。

师：现在你会了吗？

生：通过和同学们的交流我会了。如图14-12，连接 OQ、OP，因为 PQ 为切线，Q 为切点，所以 $OQ \perp PQ$，在 Rt△OPQ 中，由勾股定理得 $OQ^2 + PQ^2 = OP^2$，又因为，$OQ = 2$，所以 PQ 的长度是随 OP 的变化而变化的，要 PQ 有最小值，只要 OP 有最小值。又因为在平面直角坐标系 xOy 中，直线 AB 经过点 A(6,0)、B(0,6)，所以 Rt△OAB 是边长为6的等腰直角三角形，点 O 到直线 AB 的最短距离是当 $OP \perp AB$ 时，即为 Rt△OAB 中斜边上的高时，所以 OP 的最小值为 $3\sqrt{2}$，所以 PQ 的最小值为 $\sqrt{14}$，选 D。

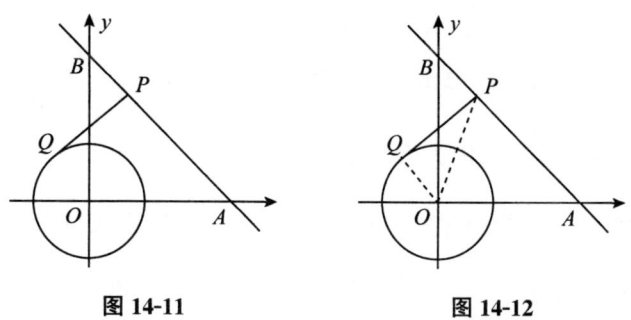

图14-11　　　　图14-12

师：他讲得很清晰。说明你们的小组合作还是非常有效的。现在，老师再用几何画板演示一下，如图14-13。

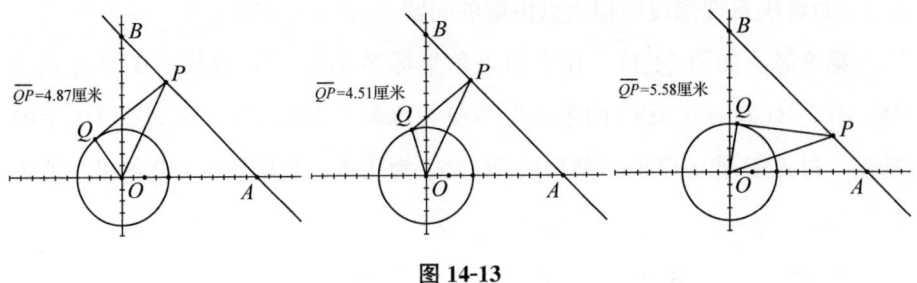

图 14-13

师：(演示后)你们看明白了吗？(学生肯定后)我们再看下面的改造题。

改造题：如图 14-14，在 Rt△ABC 中，∠C＝90°，BC＝3，AC＝4，D、E 分别是 AC、BC 上的动点，且 DE＝3。若以 DE 为直径的圆与斜边 AB 相交于 M、N，则 MN 的最大值为（　　）。

A. $\dfrac{8}{5}$　　　B. 2　　　C. $\dfrac{12}{5}$　　　D. $\dfrac{14}{5}$

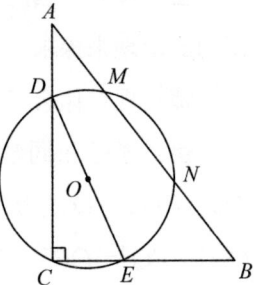

图 14-14

师：有思路吗？

生：如图 14-15，OH⊥MN，连接 OM，在 Rt△OMH 中，由勾股定理得 $OH^2+MH^2=OM^2$，又因为 DE＝3，OM＝$\dfrac{3}{2}$，所以 MN 的长度是随 OH 的变化而变化的，要 MN 有最大值，只要 OH 有最小值。又因为在 Rt△ABC 中，∠C＝90°，BC＝3，AC＝4，所以 Rt△CAB 斜边 AB 的长为 5，易求得 AB 边上的高 $h=\dfrac{12}{5}$，又因为 D、E 分别是 AC、BC

图 14-15

上的动点，根据以前我们探究过的结论可知，DE 的中点 O 的运动路径是以点 C 为圆心，$\dfrac{1}{2}DE=\dfrac{3}{2}$ 为半径的圆上，所以 OH 的最小值为 $\dfrac{9}{10}$，所以 MN 的最大值为 $\dfrac{12}{5}$。故选 C。

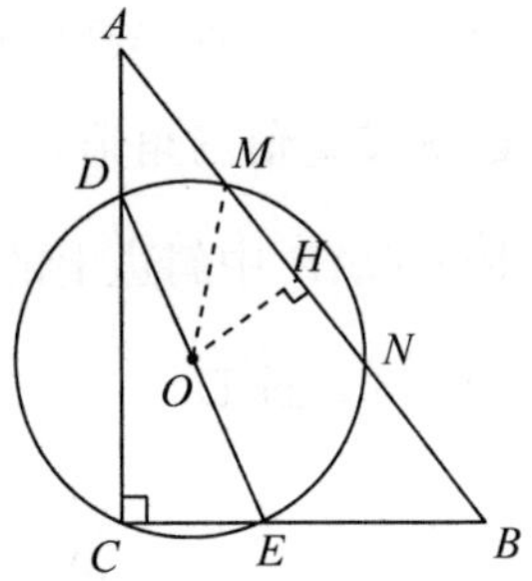

教学启示：通过学生的回答，已经看到了小组合作的有效性；通过几

何画板进行动态演示，能够使学生对这个问题进行深度的感知；通过改造题，强化学生构建直角三角形，利用勾股定理来求最值的策略。

第18题：如图14-16，正六边形 $ABCDEF$ 是边长为2厘米的螺母，点 P 是 FA 延长线上的点，在 A、P 之间拉一条长为12厘米的无伸缩性细线，一端固定在点 A，握住另一端点 P 拉直细线，把它全部紧紧缠绕在螺母上（缠绕时螺母不动），则点 P 运动的路径长为_____。

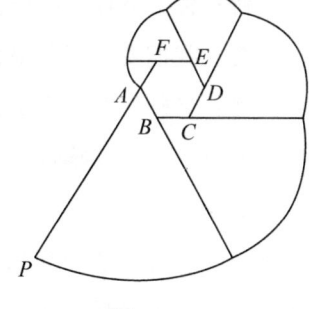

图 14-16

变式一：如图14-17，等边三角形 ABC 边长为4厘米，点 P 是 CA 延长线上的点，在 A、P 之间拉一条长为12厘米的无伸缩性细线，一端固定在点 A，握住另一端点 P 拉直细线，把它全部紧紧缠绕在等边三角形 ABC 上（缠绕时等边三角形 ABC 不动），则点 P 运动的路径长为_____。

变式二：如图14-18，正方形 $ABCD$ 边长为3厘米，点 P 是 DA 延长线上的点，在 A、P 之间拉一条长为12厘米的无伸缩性细线，一端固定在点 A，握住另一端点 P 拉直细线，把它全部紧紧缠绕在正方形 $ABCD$ 上（缠绕时正方形 $ABCD$ 不动），则点 P 运动的路径长为_____。

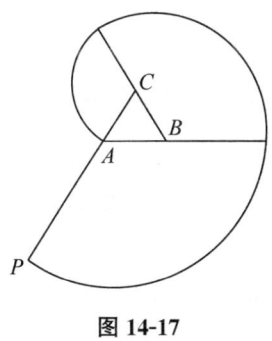

图 14-17

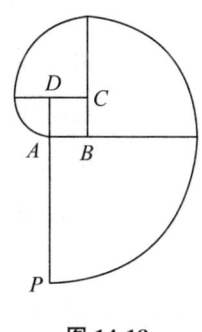

图 14-18

师：下面看第18题，这道题大部分同学都做得不错，进行小组交流后所有的同学都会做了。为什么老师还要讲这道题呢？主要是加强同学们对这类问题的系统性认知。我们将这道题进行两个变式（变式一、变式二），你会吗?

生:老师,依然是分段求弧长,再相加。

师:你们有什么感悟?

生:我们要从试题中看到相关规律,不要独立地看待问题。

生:老师,通过您的这两道变式题的启发,这一类题我都会了,有点"会一题通一类"的感觉。

教学启示:试卷中有的问题通过自主纠正、小组交流学生都已经会了,但这类有教育价值的问题,我们还是要重视它,通过将它进行变式,让学生看到问题的本质,达到举一反三、融会贯通的目标。填空题由于卷面无法看出解题过程与解答思路,在讲评中教师要多问几个"为什么",通过追问、讨论、解疑,弄懂知识,加深理解,开拓思路,强化落实。

第25题:春秋旅行社为吸引市民组团去天水湾风景区旅游,推出的收费标准如下:

(1)如果人数不超过25人,人均旅游费用为1000元;

(2)如果人数超过25人,每增加1人,人均旅游费用降低20元,但人均旅游费用不得低于700元。某单位组织员工去天水湾风景区旅游,共支付给春秋旅行社旅游费用27000元。请问,该单位这次共有多少员工去天水湾风景区旅游?

师(对另一生):第25题,你得满分了吗?

生:没有。主要是没有讨论扣分了。今后做题要严谨。

师(对又一生):第25题,你得满分了吗?

生:没有。主要是没有求方程的解,求错了。我要自己再去做做解方程的题。

师(对一生):那就请你来给大家讲一讲第25题。

生:设该单位这次共有 x 名员工去天水湾风景区旅游。

因为 $1000 \times 25 = 25000 < 27000$,所以员工人数一定超过25人,

则根据题意,得 $[1000 - 20(x - 25)]x = 27000$。

整理,得:$x^2 - 75x + 1350 = 0$,解这个方程,得 $x_1 = 45$,$x_2 = 30$。

当 $x_1=45$ 时，$1000-20(x-25)=600<700$，故舍去 x_1；

当 $x_2=30$ 时，$1000-20(x-25)=900>700$，符合题意。

答：该单位这次共有 30 名员工去天水湾风景区旅游。我当时就是把方程解错了，这道题只拿到一半分，这道题使我明白，在考试中不仅要会做，还要做对才行。

师：由于教材中用因式分解的方法解一元二次方程被弱化了，在课时学习中老师强调得也不够，这次遇到系数较大的方程 $x^2-75x+1350=0$，大部分同学都用的是公式法，计算出现了错误。

生：老师，用公式法也不是太复杂，不要死算，我这样做的，先算

$$\Delta = \sqrt{75^2-4\times 1\times 1350}$$
$$=\sqrt{75\times 75-4\times 1350}$$
$$=\sqrt{25\times 25\times 9-4\times 25\times 9\times 6}$$
$$=5\times 3\sqrt{25-24}$$
$$=15$$

这样就容易求得结果，而且还不会错。

师：很好！同学们今后遇到系数较大的一元二次方程，可以像他一样在求根的判别式的值的时候用分解质因数解决。本题要用因式分解法算就比较简单了，$1350=30\times 45$，$(-30)+(-45)=-75$，答案显而易见。可见因式分解法是很好的方法，同学们要掌握，这个方法到高中时也是很有用的。另外，本题在求得解后还要注意分类讨论，从中找出符合题意的结论，这也是要注意的。

教学启示：通过大部分学生用的配方法、公式法与少数学生用的因式分解法类比，特别是通过分解质因数求判别式的值的方法，进行比较算法的优化，并且又给学生时间分类讨论才能得解的问题强化，促进了学生思维品质和运算能力的提升。

第 27 题：如图 14-19 所示，菱形 $ABCD$ 的顶点 A、B 在 x 轴上，点 A 在点 B 的左侧，点 D 在 y 轴的正半轴上，$\angle BAD=60°$，点 A 的坐标为

$(-2,0)$。

(1)求 C 点的坐标；

(2)求直线 AD 的函数关系式；

(3)动点 P 从点 A 出发，以每秒钟 1 个单位长度的速度，按照 $A \to D \to C \to B \to A$ 的顺序在菱形的边上匀速运动一周，设运动时间为 t 秒钟。求 t 为何值时，以点 P 为圆心、以 1 为半径的圆与对角线 AC 相切？

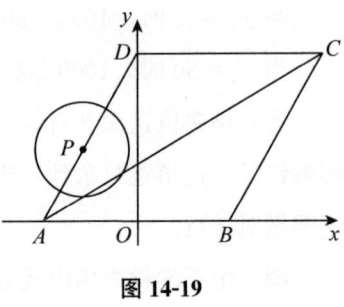

图 14-19

师：本题(1)和(2)小题的得分率还是不错的。我们先看这两个小题。(对一中下学生)你来说一下你的解法。

生：(1)∵点 A 的坐标为 $(-2,0)$，$\angle BAD=60°$，$\angle AOD=90°$，

∴$AD=4$，∴$C(4,2\sqrt{3})$，

(2)∵$OD=2\sqrt{3}$，∴点 D 的坐标为 $(0,2\sqrt{3})$，设直线 AD 的函数表达式为 $y=kx+b$

则 $\begin{cases}-2k+b=0\\b=2\sqrt{3}\end{cases}$，解得 $\begin{cases}k=\sqrt{3}\\b=2\sqrt{3}\end{cases}$。

∴直线 AD 的函数表达式为 $y=\sqrt{3}x+2\sqrt{3}$。

师：第(3)小题是质点运动问题，怎样进行分析呢？

生：要先分析条件，再分析结论，然后寻找条件与结论之间的桥梁。

师：就请你来给大家示范一个。

生：条件分析：∵四边形 $ABCD$ 是菱形，

且 $\angle DCB=\angle BAD=60°$，$BD=4$，

∴$\angle 1=\angle 2=\angle 3=\angle 4=30°$，$AD=DC=CB=BA=4$，

结论分析：当 t 为何值时，以点 P 为圆心、以 1 为半径的圆与对角线 AC 相切，采用极端思想，当点 P 在点 A 或在点 C 时，圆与四条边都是相交的；当点 P 在点 D 或在点 B 时，圆与四条边都是相离的；由此可见，点 P 在四边上运动，在每个边上都会有一个相切的位置，故这个问题有四解。

建立桥梁，如图 14-20 所示：①点 P 在 AD 上与 AC 相切时，$AP_1=2r=2$，$\therefore t_1=2$；

②点 P 在 DC 上与 AC 相切时，$CP_2=2r=2$，$\therefore AD+DP_2=6$，$\therefore t_2=6$；

③点 P 在 BC 上与 AC 相切时，$CP_3=2r=2$，$\therefore AD+DC+CP_3=10$，$\therefore t_3=10$；

④点 P 在 AB 上与 AC 相切时，$AP_4=2r=2$，$\therefore AD+DC+CB+BP_4=14$，$\therefore t_4=14$；

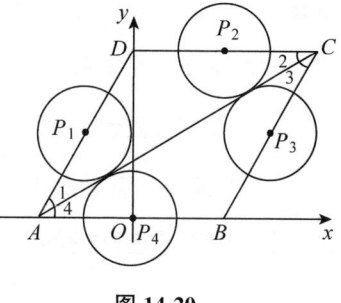

图 14-20

$\therefore$ 当 $t=2、6、10、14$ 时，以点 P 为圆心、以 1 为半径的圆与对角线 AC 相切。

教学启示：让拥有新颖解法的同学介绍他们的解法及解题思路产生的过程，从而培养学生的表达能力，也让他们体会成功的喜悦，使学生掌握正确的解题方法。最后一位学生的分析过程，对学生的知识起着巩固、矫正、充实、完善、深化的作用，并让学生学会思考，拓展解题思路，从而提高分析问题和解决问题的能力。

教学反思

德国的一位教育学家曾说过，"教学的艺术不在于传授本领，而在于激励、唤醒、鼓舞"。因此，激励应贯穿于试卷讲评课的始终。我们应尽量让学生进行自我反思，展示个人的思维过程，充分暴露其错误，然后由其他学生指出错误原因及解决办法，使学生掌握正确的解题方法。

一、加强针对性

奥苏贝尔说过："影响学生的唯一重要因素，就是学习者已知道了什么，要探明这一点，并应据此进行教学。"综合考试是学生掌握知识和解题能力的真实反映，试卷讲评的效率依赖于反馈信息的准确性。我通常在阅卷时，专门用一张空白卷收集素材，把学生的错例和典型解法集中记录下来，这样可以在讲评中更有针对性地突出重点，防止面面俱到和就题论题等弊病。另外，在讲评前充分统计好各类主要的数据，是对典型错误找出错误的性质类型及根源，并研究这些问题的有效解决方法。

二、突出有效性

"突出重点，突破难点，加强弱点，对症下药"，这是讲评的要旨。在讲评前要针对普遍性的问题与个体错误进行认真备课，这是试卷讲评的关键。通过对错误及出错原因的分析，明确哪些题目应该讲，哪些内容应该重点讲，哪些内容应该展开讲，必要时需要重组题目，设计方案，可以以题组的形式，每个题组解决一类问题，这样可基本保障讲评课的有效性。

三、节点处发力

试卷讲评不是单纯的错题订正。我们要分析学生在知识和思维方面的薄弱环节，找出带有普遍性的典型问题，比如审题不清、概念模糊、计算错误、解题思路不明等，根据试卷反馈的第一手材料，有针对性、有侧重地引导学生解疑纠错、查缺补漏、归纳总结、深化认识。针对学生的多错点、常错点、易错点进行讲评，要在节点处发力。

四、促能力提升

试卷讲评课内容的选择应坚持以"课程标准"和"考试说明"为依据，结合学生在试卷中存在的问题，把立足点放在"双基"的落实上，侧重解决试卷中存在的几个主要问题，不可面面俱到。对一些综合性、技巧性较强的问题，应引导学生仔细分析题意，挖掘题目包含的知识内涵，厘清解题思路，使之弄懂吃透，举一反三。克服盲目性，多一点思考，就会洞察繁难表象后的简单思路，提升分析问题和解决问题的能力。

五、增强自信心

讲评课要评出学生的信心，评出学生的"闪光点"，帮助他们分析成功之处、失败之因，学会正确地自我肯定与否定，从而使学生重获自信，恢复进取心。对进步大的学生要激励他们再上一层楼，对学困生更要给予更多的关注，从解题思路、运算过程、书写格式上寻找他们的闪光点，及时给予表扬和鼓励，从而激发他们的上进心，再根据每个学生的情况给予细心、耐心的引导和帮助。

在试卷讲评中，我们应站得更高一些，看得更远一些，想得更深一些，思得更全一些，用得更活一些。要抓通病与典型错误，抓通法与典型思路，不断要求学生追求"一会、二对、三通、四完美"，只有这样，考后讲评课才能有良好的效果。

同行品悟

以下是江苏省初中数学乡村骨干教师培育站的教师们对这节课的品悟。

一、准备充分

潘老师的这节试卷讲评课，语言优美、精练，教学严谨。立足试卷中的第6、8、18、25和27题，设计了很好的问题串，突出重点，化解难点；同时，对相关题目进行了有效的变式和引申，吸引了学生的注意力，在各题的讲评中重在关注学生的悟，在每一个环节处，都会让学生去总结归纳。整节课学生思维活跃，积极思考，激励学生主动学习，较好地体现了学生的主体性，充分体现了潘老师深厚的教学功底，也可看出他课前对各类数据收集和处理的充足准备。

二、促进理解

潘老师的这节试卷讲评课在学生自主订正的基础上，通过小组合作交流让学生独立解决问题，充分发挥学生的主体作用，然后进行重点疑难问题的讲解，整节课气氛融洽，教学组织有序，板书清晰工整，例题内容丰富，讲解、思考、总结相结合。本节课问题设计层层递进，引导学生思考，不仅有助于学生对本次期中考试试题知识的理解和运用，还渗透着函数的思想方法，让学生在问题解决的过程中提高能力；通过几何画板，动态展示了第8题切线长的值的变化，让学生直观感受到当 $OP \perp AB$ 时，切线 PQ 的长有最小值。第27题由学生来讲解分析过程，很有创意。本节课重点突出，便于学生理解。

三、拓展思维

潘老师的这节试卷讲评课,注重学生分析问题和解决问题能力的培养,尤其是课堂上潘老师舍得花时间让学生自己多纠正和感悟。特别是对第 8 题的改造、第 18 题的变式、第 27 题的引导分析,都很好地激发了学生深层次的思维。这节课使我认识到:在试卷讲评中,我们不能就题论题地讲评,只是单方面地教学生如何把题目解对,而更多的是要拓展学生的思维,让他们找到适合自己的学习模式,讲评试题的选取和强化练习的布置等方面都要面向全体学生。同时,在讲评中要引导一题多解、一题多变,培养学生思维的广阔性和创新性,充分发挥试题的教育功效。

四、从"通"到"透"

潘老师的这节试卷讲评课让我收获良多,感悟很深。在多年的数学教学实践当中我清醒地认识到,学生的层次差别特别明显,在接受能力上也大不一样,尤其是九年级学生,不同的学生针对同一个问题思考的角度是不一样的。实际上,试卷讲评课是比较具有挑战性的,因为它不仅需要把试卷中的知识讲"通",还要学生悟"透",更要有新的"提高",潘老师的这节课都做到了,因此上好试卷讲评课的意义是非常深远的。

五、以学定教

从潘老师的这节试卷讲评课中我们看出,讲评试题的选择是至关重要的教学环节,选好试题并进行有效整合,不仅可以加深和巩固概念、法则、定理等基本知识的理解和掌握,更重要的是可以促进学生的本质理解,还能培养和提高学生分析问题和解决问题的能力。在我今后的试卷讲评教学中,要像潘老师这样深入研究试卷讲评的内容,结合学生的实际情况,有针对性地选择典型试题,要以学定教,层层递进,提高试题教学的针对性;还要进行变式性整合,体现其变通性,争取"讲一题,会一类",以适应学生学法的多样性。

教的真正目的是帮助学生学会科学地思考和学会有效地学习。在试卷讲评教学中我们依然要关注从如何教走向如何更好地学，我们要研判讲评材料、学情特征、学习规律、学习组织、学习起点、学习过程、课堂形态、学教关系、学习评价等，要让试卷讲评教学从学教规划、空间结构、时间秩序及活动流程都发生根本的变化，这样才有可能取得满意的效果。

课例 15

综合实践课：自觉体悟，促进智慧生成
——以苏科版数学教材九年级下册"相似三角形(2) ——中心投影"教学现实为例[①]

教 学 主 张

"综合与实践"是《义务教育数学课程标准(2011 年版)》中的四大教学板块之一，"综合与实践"课程设置的目的为学生提供一种通过综合、实践的过程去学数学、做数学、理解数学的机会；为发展学生的动手、动口能力，培养学生学习数学的兴趣，增强学生学习数学的信心搭建一个平台；也为学生自主参与、全程参与，了解数学与社会生活的密切联系，积累活动经验创设有利条件，利于培养学生综合运用有关的知识与方法解决实际问题；培养学生的问题意识、应用意识和创新意识，积累学生的活动经验，提高

---

① 此文发表在《江苏教育》2014 年第 8 期。

学生解决现实问题的能力。"综合与实践"是以问题为载体、以学生自主参与为主的学习活动。综合实践课是面向学生生活而设计的一门课程，就是为了给学生一个开放的空间，通过创设一种全新的、具有一定吸引力的学习情境，使学生通过自身的实践、观察、体验与思考，让他们从中学会发现问题、提出问题、分析问题，然后积极主动地去尝试解决问题的方法和途径。数学学科的"综合与实践"以"数学探究"和"数学建模或数学实际应用"为主要内容，以"课题学习"和"数学活动"为主要形式。

"综合与实践"是义务教育阶段数学课程中的一个教学内容，由于综合实践活动课程本身的特点和要求，多年来它对传统的课程理念、管理制度、教学过程、教学评价、师生关系、学校和家庭、社会关系等方面冲击的力度、广度和深度皆超过了学科课程改革，但当前"综合与实践"的数学教学中普遍存在着"虚化""弱化""外化"等现象，具体表现在以下几个方面：

1. 重视程度不够。很多教师对"综合与实践"的重视程度不足，没有意识到综合实践活动课程的意义及价值，只有加强其对"综合与实践"重要性的认识，才能够在课堂中受到应有的重视。

2. 教学定位不准。要想让数学综合实践活动课发挥效用，首先要对其合理定位。定位不明是当下很多教师展开综合实践活动课教学的一个通病，很多教师容易将知识讲授课和综合实践活动课弄混，在活动课中会花很多时间进行知识的阐述与讲授，学生真正能够对知识进行实践以及展开活动的时间被大大压缩。这既没有体现出综合实践活动课的意义，也容易让学生觉得课堂教学枯燥乏味。

3. 活动主体缺位。在很多数学综合实践活动课中，经常看到的场景是教师在课堂上一直占绝对的主导地位，学生处于完全的从属地位，学生作为教学主体的地位完全得不到彰显，活动主体的缺位是当下综合实践活动课在展开时的另一个问题所在。

4. 形式大于实质。从各地各种各样的数学综合实践展示课中，可以发现这样一种现象，很多活动组织得热热闹闹，形式丰富多样，但实际效果并不理想。综合实践课应体现数学活动课的活动性、综合性、探究性，给学生以数学来源于生活而高于生活的体验，在实际中常常是只有活动过程而没有多少思维过程。

5. 重结果轻过程。一些学校、教师将综合实践课的相当一部分时间用在成果的规划和总结上，甚至有的在活动还未开展时就让学生准备研究报告册、作品集等。这种过于重视成果，忽视对过程中丰富教育资源的开发的做法是极不可取的。

自觉数学课堂视域下的"综合实践课"的教学主张主要有以下几个方面：

1. 认识要到位。我们应当留出充裕的时间，让学生对知识展开实践性探究。给予学生更多的活动空间，才能让他们的学习经验得到丰富、思维得到锻炼、能力得到培养，这样才能让综合实践活动课真正地起到应有的作用。

2. 形式多样。综合实践课的展开可以在形式上更为多样，因为综合实践课不是"上出来"的，也不是"教出来"的，而是"做出来的"。教师应当善于捕捉课堂中好的教学情境，在适当的时候可以积极展开综合实践活动，这不仅能活跃课堂气氛、激发学生对综合实践活动的兴趣，也能增强学生发现问题、提出问题、分析问题、解决问题的能力，特别是增强对数学知识的实际应用能力。

3. 主体地位。综合实践课应充分体现学生学习的主体性、主动性和探究性，让学生带着问题来研究，带着准备来探索。这样不仅有利于提高学生解决问题的综合能力，也有利于提升数学知能结构和数学核心素养。同时，在活动课中也要教会学生做人的道理。

4. 分段实施。综合实践课通常分为三个阶段，即准备阶段、实施阶段、总结交流阶段。对于一些较大或较难的主题，只用一节课完成是不现实的，可围绕一个主题展开，让学生有足够的时间、空间，深度参与实践过程，获得丰富体验。在准备阶段，让学生在初步观察的基础上，提出问题，确定主题，做出活动方案，突出学生的主体性，引导学生将模糊的问题有效合理地表述出来，并帮助与指导学生准备工具与材料。在实施阶段，让学生自己动手去做，去经历与体验。考虑到能力、安全等问题，活动经常以小组的方式进行。总结交流阶段，让学生对学习活动及学习过程进行分析、整理、归纳、推断和评价。综合实践课堂主要反映的是实施和总结交流阶段。

5. 收放有序。综合实践课不能"教"，但综合实践课却离不开必要的"指导"，从制订计划到如何合作，均需要教师的点拨，甚至是训练。要"放"就必须先"扶"，否则学生会无所适从。但老是"扶"而不敢"放"，学生永远学不会自己走路。我们要根据学生的能力，做到收放有序。

6. 合作能力。在综合实践活动中，由于主题内容、学生能力差异、安全因素等，依靠学生个体去完成难度较大，因而需要基于现代学习方式和能力的培养，唤醒学生的合作意识和培养学生的合作能力。

7. 评价合理。综合实践活动如何进行有效评价，涉及方方面面。我们要始终坚持评价主体多元化、评价内容全面化、评价手段多样化和评价方法科学化的原则，通过合理的评价激发出学生参与综合实践的积极性、主动性和创造性。

8. 关注综合。"综合与实践"的活动重在综合，一方面表现为数学知识、数学与其他学科、数学与日常生活实际的综合，另一方面表现为解决问题的过程要求学生各种能力、方法、工具的综合，综合的程度也随着年级的升高而逐步提高。

9. 强调实践。"综合与实践"应当突出实践性。为了能够让学生全程参与实践过程，经历相对完整的学习活动，"综合与实践"的活动有时需要课程内外结合进行，我们要以问题为中心，以活动为平台，综合应用知识和方法解决问题，培养学生的各种能力，帮助学生积累活动经验。

10. 高位引领。综合实践课中的学习活动有别于一般课堂上的"动手操作"摆一摆学具、画一画图，应当根据教材的问题性、综合性和实践性的特征，运用情境、合作、反思、评价等策略组织教学。在不同学段，"综合与实践"的内容、形式、综合程度、问题的呈现方式以及教师的引领、指导、示范的力度等方面均有所差别，要关注对数学素养、关键能力、必备品格的高位引领。

"综合实践课"的一般结构与流程,如图15-1所示:

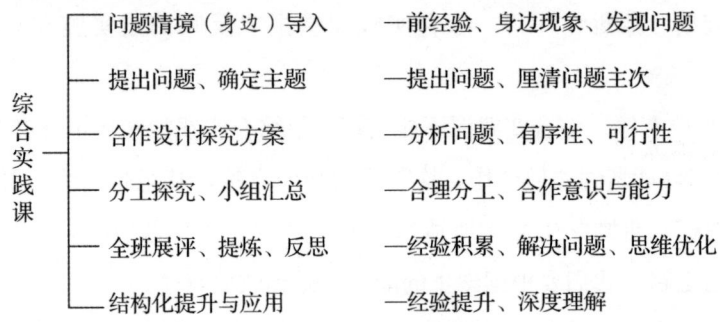

图 15-1

教学设计

初中数学综合实践课的本质是数学探究和数学应用,不仅要关注结果,更要关注过程,强调观察、操作、实践、探究、经历和思考,它有利于激发学生学习数学的兴趣和学好数学的信心,有利于增强学生的数学模型思想和应用能力,有利于学生全视角理解数学的本质,乃至有利于增强学生的问题意识和创新意识。

一、教学分析

相似三角形的应用是在学生学习了相似三角形的基本知识的基础上学习的,是相似三角形知识的应用、延伸和拓展,是将相似三角形与实际生活相结合的问题。通过这些内容的教学,让学生明白相似三角形在生活中有着广泛的应用,要灵活地应用相似三角形的知识,根据具体情况选用不同的方法,利用相似三角形还能测量其他物体的高,如树木、电线杆、楼房的高度等。苏科版数学教材中的相似三角形的应用主要介绍了两个投影:平行投影和中心投影。平行投影对学生来说相对好理解一些(小学已探究过),中心投影的内容对学生来说挑战比较大,若没有学生的亲身体验和经验积累,仅靠教师的讲解,学生未必能理解到位。因此,我决定在讲"相似三角形应用(2):利用中心投影解决问题"前开展一节综合实践课,旨在让学生对中心投影的本质和相关规律有深度的了解，为利用其解决实际问题扫清障碍。

二、教学目标

1. 双基水平

(1)了解中心投影的意义。

(2)通过操作、观察等数学活动，探究中心投影与平行投影的区别。

2. 问题解决

(1)运用中心投影的相关知识，解决一些实际问题。

(2)通过测量活动，加深对判定三角形相似的条件和三角形相似的性质的理解。

3. 学科思维

(1)综合运用判定三角形相似的条件和三角形相似的性质解决问题，增强用数学的意识，发展实践能力。

(2)通过把实际问题转化成有关相似三角形的数学模型，进一步了解数学建模的思想，培养分析问题、解决问题的能力。

三、重点、难点

重点：中心投影的概念及其相关规律的探究。

难点：运用中心投影的相关知识，解决一些实际问题。

四、教法选择

本节综合实践课的教学思路是通过对课前预学习中的"问题串"进行层层推进式引学，有效地调动学生的学习兴趣，唤起学生的求知欲。在课堂教学中，通过深度的引导能够激发学生深层思考，再通过进一步的实践探究活动，鼓励学生大胆质疑，独立思考，引导学生自行组织语言阐述自己的观点和想法，提炼中心投影的相关规律。教学线索是让学生细心地观察生活、分析问题所处的环境，多尝试不同的数学操作活动，探索中心投影的相关规律，即观察生活—分析条件—操作实践—提炼归纳。

五、活动设计

1. 问题引学

(1)什么叫平行投影？平行投影有何性质？

(2)在太阳光的照射下，两个同等身高的人在同一时刻的影长是否相等？

(3)常见的光源有哪些？它们所形成的光线都平行吗？

概念介绍：由路灯、台灯、手电筒等发出的光线，都可以看成由一点发出的光线，这样的光源称为点光源。在点光源的照射下，物体所产生的影称为中心投影。

(4)在灯光的照射下，两个同等身高的人在同一时刻的影长是否还相等？为什么？

设计意图：①通过对平行投影相关内容的回顾，促进对平行投影的理解，也是类比学习中心投影的类比源；②让学生初步感知中心投影与平行投影的异同之处；③类比平行投影顺势给出中心投影的概念；④激发学生进一步探究的欲望。

2. 课前实践

操作：(1)路灯下体验：①当你在路灯下行走时，会留下影子吗？②当你站在不同的位置上，你的影子会一样长吗？③当你从远处向着路灯方向行走时，其影长是怎样变化的？

(2)台灯(点光源)下实验：①在"平行投影"中我们将太阳光线看成平行光线，台灯(点光源)照在桌面上的光线是平行光线吗？

②当垂直于桌面的笔在桌面上移动的时候，它的影长有变化吗？其变化规律与你在路灯下的体验有什么异同？

③当两支长短不同的笔垂直于桌面上不同位置的时候，测量它们的笔长和影长，通过计算来验证是否还符合"平行投影"下的"杆长之比等于影长之比"。固定一支笔，移动另一支笔，再进行计算和验证。

④固定一支笔垂直于桌面上，量出台灯光源正下方的桌面上的位置到笔底端的距离、笔的长度和笔的影长，根据这些数据你能否计算出台灯光

源中心到桌面的距离?

设计意图:通过学生的亲身体验,让他们对点光源下的投影有初步的感知;通过动手实践,能对点光源下投影的规律建立起初步的认知。

3. 课内交流

根据课前预学实践活动,思考下列问题:

(1)取两根长度相等的小木棒,将它们直立摆放在不同位置,固定手电筒光源(或点光源台灯),测量木棒的影长,它们的影长相等吗?

(2)改变手电筒光源(或点光源台灯)的位置,木棒的影长发生了什么变化?

(3)在点光源的照射下,不同物体的物高与影长成比例吗?

由此我们可以得到:在_____的照射下,物体所产生的_____叫作中心投影。

(4)通过课前实践体验和操作,你有什么思考、感悟和问题?请写下来,以便交流。

设计意图:①通过对以上问题的思考,促进学生对课前实践的有效回顾,以唤醒初步实践经验;②通过相互交流,促进对初步经验的纠正,也为课堂里进一步的实践探究奠定基础。

4. 课内实践

拉上教室窗帘,各小组实验完成:

(1)固定点光源柱,取一根小木棒,将它直立摆放在不同位置,观察、测量并记录其影长的变化。思考问题:点光源柱、小木棒、小木棒的影子,它们构成怎样的基本图形?

(2)改变点光源柱的位置,观察两根长度不等的小木棒的影长的变化。思考问题:根据这两根小木棒和它们的影子能否确定光源的位置?

(3)探究当固定点光源柱时,两根长度都是10厘米的小木棒,满足怎样的位置关系能使它们的影长相等?

(4)观察一根小木棒在两个光源柱之间运动时,两个影子的变化情况,请你提出一个问题。

设计意图：①开展学生的课前独立实践，是为了增强学生对中心投影概念和规律的初步感知；②有关中心投影规律的深度认知，对中下学生来说有一定的难度，因此采用课内小组合作探究为宜。

5．规律应用

例1：如图15-2，在同一直线上的三根旗杆直立在地面上，旗杆A、D在同一灯光下分别投影CB、FE，请你在图中画出光源的位置，并画出旗杆G在该灯光下的影子。

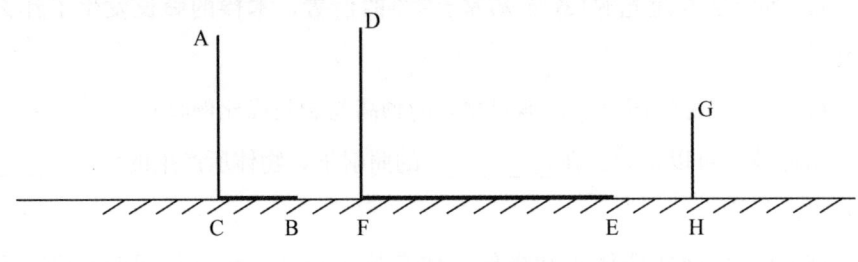

图 15-2

例2：如图15-3，请在图中画出路灯光线下木桩的影子。

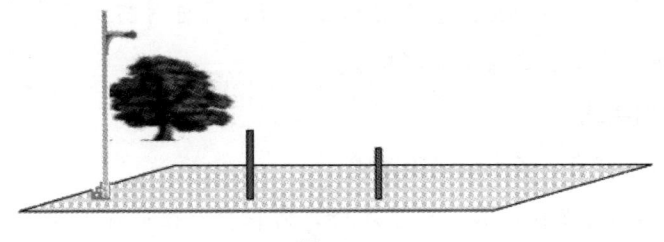

图 15-3

例3：如图15-4，我侦察员在距敌方200米的地方发现敌人的一座建筑物，但不知其高度又不能靠近测量建筑物，机灵的侦察员将食指竖直举在右眼前，闭上左眼，并将食指前后移动，使食指恰好将该建筑物遮住。若此时眼睛到食指的距离约为40厘米，食指的长约为8厘米，你能根据上述条件计算

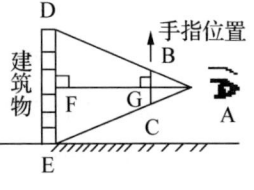

图 15-4

出敌方建筑物的高度吗？请说出你的思路。

设计意图： 加强练习对中心投影规律的应用，促进学生实践经验的进一步提升，为其综合应用奠定基础。

课堂实录

综合实践课强调以问题为纽带，引领学生经历探究的全过程，要以问题情境引领学生以数学的眼光看待和分析周边的世界，以即时追问引起学生深思，引导学生发现问题、提出问题，以有效问题串引导学生运用所学的数学知识、技能、思想、方法去分析问题、解决问题，循环往复、不断推向纵深。这个过程一方面是学生暴露各种疑问、困难和矛盾的过程，另一方面也是展示学生聪明才智、独特个性和创新成果的过程，有利于学生积累经验、提炼方法、增强能力、锤炼思维、磨砺心智、丰富情感。这节综合实践课的中心内容是让学生观察中心投影的现象，归纳概念"中心投影"，弄清与上一节课"平行投影"的区别和联系，找到中心投影中的相关规律，建构相似三角形的相关模型，为利用这些模型解决实际问题奠定基础。

一、"课前独立实践"的启发

学生在学习新知时，需要他们以原有的知识和心智发展水平去适应新知。准备性学习是在学习新知前，通过提供体现出新旧知识间内在联系、激发学生探求新知积极性的准备性材料或活动，让学生先行独立探究与尝试的"帮扶式导引"学习。准备性学习是以探究的方式展开对新知的感知，并不是传统意义上的预习，是以研究的方式思考问题和实践体验，而不是把教材内容进行简单的前移。准备性学习的要点是简单、集约、本质和开放。在这节综合实践课的准备性学习中，我通过操作性实践活动来引发学生的思维性活动，从而让学生为理解新知积累一些初步的经验。只有通过引发学生"真学"的、有效的准备性学习，让学生积累了初步经验和基本的思考，才会对新知产生疑问，才会有自己的想法，才会有思维碰撞的火花，才会有高层次对话的基础，才会有智慧生成的基础。

根据课前预学实践活动，思考下列问题：

(1)取两根长度相等的小木棒，将它们直立摆放在不同位置，固定手电筒光源(或点光源台灯)，测量木棒的影长，它们的影长相等吗？

(2)改变手电筒光源(或点光源台灯)的位置，木棒的影长发生了什么变化？

(3)在点光源的照射下，不同物体的物高与影长成比例吗？

由此我们可以得到：在_____的照射下，物体所产生的_____叫作中心投影。

(4)通过课前实践体验和操作，你有什么思考、感悟和问题？请写下来，以便交流。

教学启示：准备性学习是让学生从精神上、心理上、智力上做好学习新知的准备。准备性学习活动的设计起点要低、切入口要小，但立意要高远，给学生提供自主探究的问题要引人入胜、现实、有意义，而且要富有挑战性，通过他们的感知、分析、判断、想象和归纳等心智活动，丰富基本活动经验，培养其自主学习、独立思考和动手的能力，激发对新知的兴趣和好奇心。准备性学习是学习新知的前奏，只有对新知进行独立的探究和深入的思考，积累了一些初步的经验，获得了实际的感观，才有探究和接受新知的"思维新基点"。

二、"多维互动促进"的领悟

数学课堂教学是离不开师生、生生和生本间语言的交流和思维的碰撞的。学生的数学学习心理，大致要经历"朦胧、混沌、积聚、清晰"这一过程，在老师和同伴的帮扶下，学生数学学习状态应该是从模糊的、不自觉的和被动的状态，逐步走向清晰的、自觉的和主动的发展状态。这个转变过程的长短，关键取决于数学学习活动中多维互动和有效促进的效度。同时，每个学生又都以自己的方式理解数学知识，特别是用自己的前经验去顺应和同化新知。若在学习过程中，学生在已获得感知新知的一些初步经验的基础上，并有同伴之间的良性差异互动，使他们看到了同伴与自己不一样的思考、听到了同伴与自己不同的观点，便能多角度和多途径地完善对数学新知的理解，也丰富了自己所积累的学习活动经验。因此，我们要构建民主开放的课堂生态环境，激发学生多向度、本质性地认识问题，激活师生的创新意识和创造能力，扩大学生的"认知半径"和提升思维品质，提高学习策略运用水平，促进智慧生成。

师：在这节课的准备性学习活动中你们有什么收获？

生：路灯和台灯射出的光线不再是平行光线；路灯下人离路灯越远，影子越长，反之离路灯越近，影子越短；在点光源下，不同物体的物高与其影长不一定成正比例。

师：点光源下的光线不再是平行光线，这样，在点光源的照射下，物体所产生的影称为中心投影。现在，老师问大家一个问题：在晚上的路灯下，当一个人站在不同的位置，他的影子会一样长吗？

生：当人站在关于路灯对称的位置上时，他的影子是一样长的。

师：有没有不同的意见？

生：没有！

师：他仅仅站在关于路灯对称的位置上时，他的影子是一样长吗？（学生们陷入了沉思）通过准备性学习，同学们对"中心投影"的有关问题虽然有了一定的感知，但还没有走到这一学习内容的核心！下面请同学们带着准备性学习活动中的思考、感悟和问题，按既定的学习小组和用准备好的器材进行分组实验，完成"协作学习活动单"中的问题，各位同学要特别注意自己在小组中的分工和职责。

拉上教室窗帘，各小组实验完成：

（1）固定点光源柱，取一根小木棒，将它直立摆放在不同位置，观察、测量并记录其影长的变化。思考问题：点光源柱、小木棒、小木棒的影子，它们构成怎样的基本图形？

（2）改变点光源柱的位置，观察两根长度不等的小木棒的影长的变化。思考问题：根据这两根小木棒和它们的影子能否确定光源的位置？

（3）探究当固定点光源柱时，两根长度都是 10 厘米的小木棒，满足怎样的位置关系能使它们的影长相等?

(4)观察一根小木棒在两个光源柱之间运动时,两个影子的变化情况,请你提出一个问题。

(学生分组实验,教师巡视指导;实验结束,全班多维互动交流)

师:通过以上的学习活动,你们有什么领悟?

生:在点光源下,光源柱、小木棒和它的影子构成"A"字形的相似基本图形。

生:由光源和物高可确定影子;在同一光源下,由两个物高和它们的影子,可以确定光源。

生:高度相等的物体,站在以点光源为圆心的同一个圆周上时,它们的影长相等。

生:一根小木棒在两个光源柱之间运动时,分别构成两个"A"字形的相似基本图形。

教学启示:通过"小组实验""做中学""协作学习",让学生深度感知中心投影中的"核心内容",在准备性学习的基础上将学生的思维活动引向深入,并把核心学习过程还给学生。通过学生的良性差异互动和师生交流对话,促进学生的领悟和理解,使学生深刻理解"中心投影"的本质内涵,丰富了数学活动经验,提升了思维品质。

三、"变式深化引领"的感悟

我们知道,数学教学并不能只关注活动经验的简单积累,而应更加重视如何能够帮助学生在经验的积累中实现相应的思维发展,要促进学生的思维品质不断地向更高层次提升。教育心理学的研究表明,重复、单调的刺激难以引起学生的注意,容易引起思维的疲劳,但是绝对新的刺激由于变异的成分较多也难以引起学生的注意。只有相对新鲜的刺激,即既有一定相同点或相似性,又有一定的变异成分,才容易激发起学生的探究热情,并能培养学生的创新思维和能力。因此,我们要进行有机、灵活的变式教学,使学生在数学活动中学会探索、分析、类比、综合和经验迁移,发展学生的应变能力、创新能力，提高学生的数学素养，促进学生的学习品质向能力型、智力型、开放型转化。

例2. 如图15-5，请在图中画出路灯光线下木桩的影子。

（学生利用实物投影，如图15-6，讲解略）

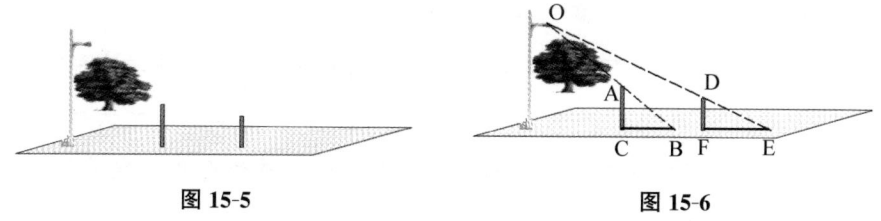

图15-5　　　　　　　　　图15-6

变式1：如图15-7，请在图中找出光源O的位置。

（学生利用实物投影，如图15-8，讲解略）

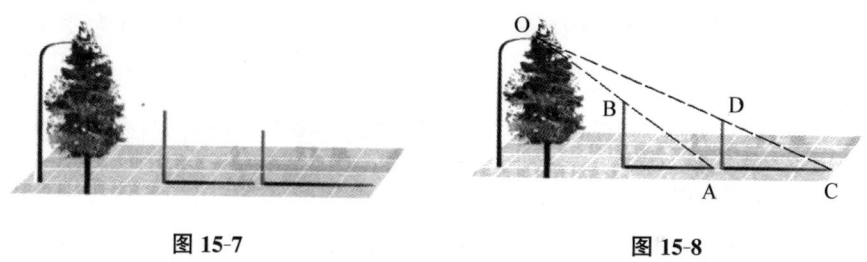

图15-7　　　　　　　　　图15-8

变式2：一天晚饭后，姐姐小丽带着弟弟小刚出去散步。经过一盏路灯时，小刚突然高兴地对姐姐说："我踩到你的'脑袋'了。"你能确定小刚此时所站的位置吗？如果此时小刚的影子与姐姐小丽的影子一样长，你能在图15-9中画出表示小刚身高的线段吗？若能，在图中画出来；若不能，请说明理由。

（学生利用实物投影，如图15-10，讲解略）

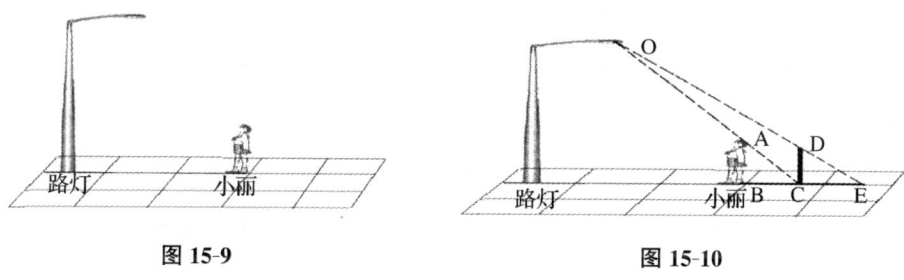

图15-9　　　　　　　　　图15-10

师：同学们的讲解都很精彩。通过以上的变式学习和探究，你有什么感悟？

生：光源、物高、影子三者之中，已知任意两者，就可以画出第三者。

教学启示：变式引领应从学生的已有经验出发，由浅入深，由易到难，这里对作影子、光源、物高三种情况进行了巧妙的"梯度呈现"，利于学生感悟和找到规律。通过实物投影，让学生自己来展示学习成果，这种"兵导兵"的"专业引领"要胜于教师的讲解。感悟是为了提高学生的元认知水平，也是为了让学生既能见到"树木"也能见到"森林"，感悟升华是在前经验的基础上提升学生思维品质的必由之路。

教学反思

新课程改革已经走向内涵发展期，其最显要的特征是教学行为要从"以教为中心"向"以学为中心"转移，要从以"数学学科体系"为中心转向"以学生发展为本"，从关注"教得完整"向学生"学得完整""发展得完整"变革。

一、经验积累

基本活动经验的积累对学生的思维发展很重要，我们不仅要教给学生知识，更要帮助学生形成智慧。知识的载体是书本，而智慧的形成则在于经验积累的过程中。本课中为了帮助学生形成智慧，在课前实践与课堂实践中不仅关注学生基本活动经验的积累，而且关注如何使经验得到不断提升和完善，这对教学目标的顺利达成是很重要的。

二、深度参与

初中学生自觉性、自制力还较差，注意力易分散，而好奇心、好胜心较强。我通过设计有效的问题，充分挖掘教材中的趣味因素，从教学中引起学生学习数学的兴趣，利用知识与兴趣的迁移，逐步引导学生在学习活动中积极而有效地参与实践活动。在综合实践课中，要十分重视学生深度参与，本节课中学生全员全程地深度参与，这是这节课能完成综合实践任务的重要前提。

三、思维发展

教学的本质并不是只关注活动经验的简单积累,而应更加重视如何能够帮助学生在经验的积累中实现相应的思维发展,促进学生的思维品质不断地向更高层次提升。我们应重视数学实践活动的学程设计,尤其应注意扫除学生实践操作和思维中的障碍,学程设计要层层递进,以利于学生发挥自己的学习潜能和发展思维。本节课中学生的思维发展,不是简单地通过反复的实践(熟能生巧)就能够实现的,而是要在实践活动中让学生有所得、有所获,特别是要有反思性思维活动。

四、自觉体悟

本节综合实践课是为利用中心投影的规律构建相似三角形的模型解决一些实际问题服务的。利用相似三角形解决测量问题有多种解法,用中心投影构建"A""X"等模型是重要的基本模型思想,此类问题在中考中也经常出现,除了在相似三角形中,在其他问题(如三角函数)中也是重要的数学模型。为了使学生熟练掌握相关问题,我通过可接受性的实践活动,让学生进行自觉体悟,促进学生自我总结、自觉运用,不断丰富和提升活动经验。自觉体悟的常用方式有独立探究自悟、多维互动领悟和学后反思感悟。

五、抽象概括

本节综合实践课是要让学生了解、掌握在点光源的照射下,不同物体的物高与影长是不成正比例的,使学生会应用这个规律来解决实际问题。这对大部分学生来说是比较困难的。我在课前让学生独立预习(实践活动),先获得一些个人的感知与认知,然后在课堂上进行小组合作交流,再通过进一步的课内小组合作实践活动,提高和完善他们对中心投影规律和相似模型的认知。这节课中学生经历了从对实际问题的操作体验到建立数学模型的过程,发展了学生的抽象概括能力。

六、有效实践

这节综合实践课达到了预期目标,所有学生都学会了利用中心投影的相关规律来建立数学模型,进而利用相似三角形的判定条件和性质来解决实际问题。自觉数学教育,不仅要考虑数学自身的特点,更应遵循学生学习数学的心理规律,强调从学生已有的生活经验出发,让学生亲身经历将实际问题抽象成数学模型并进行解释与应用的过程,进而使学生在获得对数学理解的同时,也在思维能力、情感态度与价值观等多方面得到进步和发展。有效的数学学习活动,不能单纯地依赖模仿与记忆,动手实践、自主探索与合作交流是学生学习数学的重要方式。

数学综合实践课应该考虑建立在学生的认知发展水平和已有的知识经验基础之上,来激发学生的学习积极性,向学生提供充分从事数学活动的机会,帮助他们在自主探索和合作交流的过程中真正理解和掌握基本的数学知识与技能、数学思想和方法,获得广泛的数学活动经验。要让学生真正成为数学课堂的主人,让学生的数学学习活动成为一个生动活泼的、主动的和富有个性的过程。同时,在这样的潜移默化的过程中,学生同样掌握了扎实的数学基础知识、基本技能、基本活动经验和基本数学思想,提升了他们发现问题、提出问题、分析问题和解决问题的能力。

同行品悟

以下是江苏省乡村骨干教师培育站的部分教师对这节课的品悟。

一、铺垫性好

潘老师是一个教学基本功扎实,乐于研究、精于课堂的有心人。这节综合实践课的教学板块清晰,节奏轻快,层层递进。虽然是借班上课,但由于课前实践的铺垫性好,课内实践活动组织有效,不仅拉近了师生间的关系,而且学生在突破难点、分析解题思路和总结经验策略方面都得到了长足的进步,拓宽了学生的知识面,更重要的是促进了教学目标顺利达成。听潘老师的课就是一种享受,让我收获满满,今后将以此作为榜样,改进课堂,继续前行。

二、引领到位

本节课从教学理念、教学策略到课堂教学实施,很好地体现了以学生为中心、以数学实践活动为载体、以思维训练为主线的自觉数学课堂理念。教学中实践操作和问题设计具有层次性，层层递进，引导学生亲身体验和动手操作、用眼观察、动脑思考，多个感官参与学习活动。特别是课内动手实践环节，教师指点到位，学生讲评热烈，通过自主学习学生主动地获取了知识，训练了思维，丰富了学习几何知识的经验。如此获得的知识，印象深刻，易于理解，收到了很好的教学效果，这与潘老师在教学过程中引领到位是分不开的。

三、适时点拨

这节综合实践课是让学生动手操作，自己发现问题并解决问题。让学生在实践操作过程中发现中心投影中的相似三角形模型。在探索的过程中，潘老师对学生适时点拨，在研究完每个问题后还留有一定的时间供学生消化思考。潘老师和学生一起研究解决问题的方法和策略，总结解题经验和规律，为学生的学习提供了很好的启发。今天的课堂很精彩，值得我学习。

四、量身定制

潘老师的课堂氛围轻松，重实践、重探究、重过程，学生们踊跃发言，给学生充分展示自己的机会。潘老师抓住了教学重点，并关注中考热点问题中的"A""X"等相似模型，为了分散教学难点讲授了这节为九年级学生量身定制的综合实践课，这样的课显得尤为扎实。这节课让我学到了最重要的一点：数学课的真正意义不在于讲多少题、讲多少方法，而在于让学生真正收获了多少！只有让学生经历这样的实践探究过程，所学的知识才不容易遗忘。

五、自然过渡

潘老师为学生积极参与实践探究活动创造了多次机会，从课前实践探究自然过渡到对中心投影概念的建构，由此展开教学。潘老师让学生动手动脑体验尝试，体验基本图形，渗透建模思想。问题展开由浅入深，层层推进，起点低落点高，注重让学生自己探索。这样的示范课对我们这些年轻教师来说是一种深度学习的过程，让我体会到成长的快乐，对自觉数学课堂也有了更深层次的理解。

六、合理选材

潘老师对这节综合实践课教学内容的选择和设计都花了很大的心思,因为这节课的教学内容没有现成的教材可循,他的选题、选材,课前和课内综合实践活动的编排、设计,都值得我们借鉴和学习。通过潘老师的说课和其他教师的点评与引领,我懂得了综合实践课的教学内容要贴近学生的最近发展区,课堂教学设计要有其统领性,用丰富有递进性的实践操作活动和有效问题来拓展学生思维的宽度和深度,结合例题和相关分析助力学生形成解决问题的有效策略。

知识是血肉,能力和方法才是灵魂;知识和方法相比,方法更容易成为能力;能力与方法携手,便是潜在的创造力。数学知识的获得和技能的养成是学生数学学习的内容,提升学生的数学素养、思维能力和学习品质才是数学教学的目标。这始终离不开学生的基本活动经验的积累、丰富和提升,如果我们只会向学生灌输知识、灌输结论,以及所谓一把一式的方法,而不重视学生活动经验的积累和元认知能力的开发,这对学生的发展是不利的。只有通过有效的活动,让学生在积累基本活动经验的基础上"自觉体悟",才能促进学生的智慧生成。

后记

走出当前初中数学教育现状的误区和局限性

教育现代化的本质是培养人的策略、方法、途径和能力的现代化。

近十年来,我作为教育部、财政部"国培计划"首批专家库成员,在全国三十多个地区送培送教、名师工作室指导中,发现了一些令人担忧的现象。

一是在"泛行政化"的教育环境中我们仅用"非专业思维"去"理想化"地进行"数学素养教育"可能是不够的。数学素养教育的"自尊"与"自信"并不是缘于其"理念的先进"和"文本的完美",而是缘于其能穿透"黏稠的""功利的""浮躁的"教育教学现实,并不被后者所"消费",能坚守其"自身完善"所蕴含的"高贵品质",细微之处见真章,这是数学素养教育健康发展的底线。

二是现代教育技术进入日常课堂教学是一个必然的发展趋势,但现代教育技术是一把双刃剑,在实际的教学过程中,在教学理念和使用策略上出现了一些不理想的情况。比如,在理论上过于乐观,把现代教育技术会带来的优质课堂教学的可能性当成了必然性,同时片面地否定传统教学,导致"教"与"学"变为两张皮,产生了众多的"现代教育技术"载体上的"传统课堂"。

三是在数学"常态课"中问题就更加突出:教学目标的"压迫",使自主、合作、探究学习方式"基本流产";让学生自主,但教师仍然是总指挥;在没有讨论的价值时,还要让学生"小组合作";无须探究的问题还让学生探究;有些活动动手与动脑脱节,目的性差、没体验、没反思;一些课堂的课件做得很漂亮,整堂课变成了频频切换画面的"课件展示会",由原来的"人灌"改为"电灌",学生的主体地位被严重忽略;教学中将原来的满堂灌改成了满堂问,而且问题的效果差;在升学"精英指标"的观照下只能多关注中等以上的学生,发生在课堂上的"矿难"和"高能耗"时有发生;等等。

我们明白"人是目的",数学素养教育要从"以学生发展为本"的角度去健全学生的人格,要还原和超越学生的生活世界,否则落后的、非人本的数学教育痕迹将会在学生的心灵深处留下阴影,也会给民族的将来留下祸害。数学素养教育中总有一些不容"游离"和"削弱"的东西,那就是数学教育之"道",中国基础教育有着优良的传统和独特的优势,但优势未必是胜势,我们要走出当前初中数学教育现状的误区和局限性,让当下的数学素养教育从迷惘走向明朗、从混沌走向有序。

我们要遵照学生知识、能力和情感所组成的逻辑链生长的规律,在教学中爱护和激发学生的好奇心、想象力,关注学生"问题意识"的养成,鼓励学生经历尝试和探索过程,增强实践能力,积累丰富的活动经验。通过高效的知识呈现方式打破学生在认识上的封闭性,养成学生思维的严谨性、深刻性、求异性、创新性和批判性,有高效的学习方法和自组织学习力,形成良好的学习品质,促进人格健全。

"减负增效""高效课堂""课堂转型""教育创新"是不可逆转的时代对数学素养教育的要求,将会"迫使"我们的数学教育教学观念和教学方式出现"阵痛"般的悄然变革,我们不能用诅咒黑暗的心态去面对到来的这一切,我们应用热情和智慧来点亮自己的心灯,用辛劳和汗水向着"数学素养教育"的"智慧深处"行走。

潘建明

2022 年 4 月

寻找中国好课堂

丛书书目

因材循导　自觉建构
　　——潘建明自觉教育初中数学课型 15 例

文化自信　以诗为魂
　　——首届中国诗词教学大会实录

情趣·智慧·创新
　　——支玉恒经典语文课堂 180 例

向美而生　诗哲一体
　　——王崧舟诗意语文经典课堂 13 例

教师生命中最好的时光
　　——王君青春语文代表课 11 例

唤醒诗心　传承风雅
　　——王海兴中小学对联诗词创作 30 课

绿色语文　诗意课堂
　　——赵谦翔绿色语文 12 例

行走的课堂
　　——张玉新原生态语文经典课堂 10 例

情思激荡　高潮迭起
　　——孙双金情智教育语文课堂 12 例

改变思维习惯　唤醒学习潜能
　　——王红梅全脑语文课堂 15 例

如歌的行板
　　——彭才华古诗文课堂 15 例

情味习作　至味文言
　　——罗才军问道课堂 12 例

和而不同　雅学课堂
　　——盛新凤和美课堂 24 例

名篇教学　余味悠长
　　——余映潮经典课文审美教学 16 例

推开窗儿望月
　　——祝禧文化语文经典课堂 15 例

去其浮华　归其本真
　　——汪智星本真语文课堂 18 例

让学生雄踞课堂的中央
　　——龚雄飞学本教学小学语文 12 讲

慧读教学
　　——张学伟统编语文课堂教学 16 例

切问近思　向真而行
　　——邱晓云求真语文课堂 16 例

言语的森林
　　——王良生长语文课堂 12 例

人本共文本　花开总有时
　　——尤立增学情核心语文课堂 12 例

快乐的意义
　　——虞大明快乐教育经典课堂 18 例

云在青天水在瓶
　　——董一菲语文诗意课堂 15 例

无痕，教育的最高境界
　　——徐斌无痕教育数学课堂 18 例

玩出来的数学思维
　　——任勇品玩数学 108 例

让思维之花精彩绽放
　　——任勇名师指导初中数学 15 例

生成，让学生更精彩
　　——潘小明生成教学数学课堂 16 例

思维改变课堂
　　——唐彩斌小学几何图形金课 20 例

人人为师　个个向学
　　——贲友林学为中心数学课堂 15 例

当阳光亲吻乌云
　　——华应龙化错数学经典课堂 16 例

奠基学力　为学赋能
　　——张齐华为学习力而教数学课堂 10 例

让我先试一试
　　——邱学华尝试教学数学课堂 20 例

素养为根　为学而教
　　——赵艳辉践行学科素养创新课堂 15 例

度量天下
　　——俞正强小学数学计量单位教学 20 例

魅力教育　激活成长动力
　　——曾军良魅力初中物理教学 16 例